班级建设新动能

集体教育的研究与实施策略

BANJI JIANSHE XIN DONGNENG

JITI JIAOYU DE YANJIU YU SHISHI CELUE

李德善　著

江蘇鳳凰教育出版社
Phoenix Education Publishing, Ltd

图书在版编目（CIP）数据

班级建设新动能：集体教育的研究与实施策略／李德善著.
—南京：江苏凤凰教育出版社，2020.10

ISBN 978-7-5499-8659-0

Ⅰ.①班… Ⅱ.①李… Ⅲ.①班级—学校管理 Ⅳ.
①G424.21

中国版本图书馆CIP数据核字(2020)第042410号

书　　名　班级建设新动能——集体教育的研究与实施策略
著　　者　李德善
责任编辑　严明瑗
出版发行　江苏凤凰教育出版社（南京市湖南路1号A楼　邮编210009）
苏教网址　http://www.1088.com.cn
照　　排　北京智成同心图文设计有限公司
印　　刷　三河市九洲财鑫印刷有限公司
厂　　址　河北省三河市灵山大口
开　　本　787毫米×1092毫米　1/16
印　　张　15.5
版　　次　2020年10月第1版
印　　次　2020年10月第1次印刷
书　　号　ISBN 978-7-5499-8659-0
定　　价　42.00元
网店网址　http://jsfhjycbs.tmall.com
邮购电话　025-85406265,85400774　短信　02585420909
盗版举报　025-83658579

序　言

德善先生的这本新作《班级建设新动能——集体教育的研究与实施策略》即将面世，承蒙信任，邀我这个离开基础教育40多年的外行作序；本不应贸然受命，但当他把文稿电子版发来时，我一口气读完，马上做出决定：义不容辞，勉力承担。倒不是为了50年前大学读书时同班同组的老同学的“情面”，而是这本书吸引、感动了我。大学毕业后，我曾在天津的中学任教并兼班主任11年。尽管时过境迁，50年间基础教育教学获得了迅速发展，包括理论研究也今非昔比，但阅读这本文稿时的相惜共鸣，把我带回到旧时的情境中。几年前，我曾拜读他赠送的《逐梦：教师专业化成长路径探寻》(2014)，这本书是他从教及搞教研近50年教书育人、潜心思考教师专业化的实践和研究的结晶。为便于我进行序言写作，最近德善先生又提供了他关于班集体激励机制、班集体的建设、学生创新培养、班级文化建设等的相关书籍——《神奇的教育场——打造特色班级文化创新艺术》(2011)、《集体教育新视界》(2014)……我惊异于短短10年他的著作竟如此丰硕！当我再回过头与《逐梦：教师专业化成长路径探寻》一起读，才发现他十几年来一直在“精心破解”集体教育的真谛，志在揭开班级的“面纱”，倡导集体教育。可见，德善先生对集体教育的研究，情有独钟，殚精竭虑。

关于这本书，他在“自序”中开宗明义，“从理论和实践相结合的角度，围绕集体教育的内涵、意义、导向、途径、优化、基础、机理、导师、新视界九个方面对集体教育进行全面阐述，并形成专著《班级建设新动能——集体教育的研究与实施策略》”。在这本书中，他将有关集体教育的概念、理论、操作、总结和沿革进行历史与理论的梳理，在借鉴、取舍中外和前人研究成果的基础上，总结了与团队多年合作研究中获得的与时俱进的本土经验，给读者呈献了一份精心制作的、融理论与实践于一体的集体教育的“精神大餐”，值得我们细细品味、体悟。

该书的突出特点有以下几个方面：在理论方面，学理自成系统，概念界定明晰，逻辑关系严谨，环环紧扣，前后呼应。在方法论方面，堪称理论与实践相结合的行动研究的典范。二者结合中的照应之运思，将理论概念逐层界定并展开论说，为实践操作奠定了理论方法的基础。在实践层面，德善先生胸有全局和定力，带领团队统筹分工：从论证到立项，从研究过程的观察分析、提炼问题、制订方案、研究推进，以及合作中的行动赋权，在如何进行集体教育部分得到充分体现。纵横合作研究不是一件轻松的事，作为纵贯“九五”“十五”“十一五”三个“五年计划”的学术统筹人，这项由天津市教委牵头支持独立申报，以班集体为研究对象的全国教育科学规划课题，15 年间，庞大的持续的研究队伍阵容中既有专业的教育科学研究者，也有教育教学第一线的中小学教师和试点学校班级的学生，尽管以天津项目点为主，但多省市的经验也囊括其中。“大兵团”作战共同完成三项课题的过程，本身就是中国特色的科研奇迹。而这本书堪称与系列行动研究密切关联的收官之作：从班集体激励机制的建构，到班集体建设与学生创新精神培养的研究，班级文化建设策略与机制建设已经水到渠成，收获理论和实践的丰硕成果势在必然。

我认为，该书的意义和价值表现在三个方面：在理论方面，构建了当代本土基础教育中班集体建设的理论体系和概念系统，从班集体的结构要素的分析框架到理想班集体教育范式建模，多有创获；在实践方面，提出了班集体建设的操作进路、对发展水平的评价的经验，在纵横跨界的广泛合作中，开创了研究者多元参与的行动研究的先河；在影响力方面，在经历了 15 年课题运行和后续的研究后将经验写作成书。这本新作兼具作者概括的“实践性、开放性、时代性、规律性、操作性、功能性、相关性、层次性、推广性”等行动研究特点，预示着越来越广的地区、越来越多的班主任及其他教师可从中体味、学习科学的班集体建设和团队建设经验，从而向可推广、可持续的理想目标迈进。

下面我将围绕该书内容的两个重点进行评述：第一个重点是围绕自设问题——何谓集体教育展开论说，第二个重点是如何进行集体教育。这两个重点彼此呼应衔接，前者是问题意识下的界定概念和策略目标，后者是围绕目标实现在理论概念和策略方法指导下的行动实践。本书在体现检验理论、方法论的有效性的同时，既创新集体教育的模式，又总结新的理论方法，指导行动，形成集体教育的良性循环。

具体来说，第一部分，作者不是首先下定义，而是从思想脉络和历史变革的角度进行文献的理论实践梳理，比较异同，看发展趋势，重点落在对本土班集体教育创新案例和创新经验的理论提炼上，在此基础上得出“所谓集体教育，就是通过集体进行的，以集体主义为价值导向的教育”。至此，作者仍意犹未尽，担心简约定义会让读者理解困难，于是从多角度进行阐述：分析了集体教育的主体性、无痕性、导向性三个基本特征；介绍了集体教育的尊重与要求相结合的原则、平行教育影响的原则、前景教育影响的原则；讲述了集体教育的意义——班集体潜在的教育功能，如素质教育实施，学生主体性形成，学生的社会化、合作精神、自我教育和彰显个性的精神家园的构建，它们都通过班集体的平台得以实现。作者还特别界定了本书的关键词，即核心概念“集体教育”，辨析集体教育与个体教育、班集体与集体教育、集体教育与集体主义的区别和联系。第三章还着力阐述我国以集体主义为价值导向的教育，目的是帮助学生正确认识和处理个人与集体的关系，促进集体利益与个人利益的和谐统一。

第二部分更是本书的重头戏，即如何用行动研究的方式有效实现上述目标，将前面的理念、研究框架和方法转化为破解实践运作的路径、策略与方法。作者用“途径”“优化”“基础”“机理”“导师”“新视界”6个关键词概括他破解、实现集体教育目标的6种策略，尽管各有侧重，但更具有一定的交叉性，从不同的角度强调如何使集体教育落地生根。如作为集体教育基本途径的班级活动，作者认为是“助推班集体的生成与发展的重要力量”“提升集体教育效益的有力支撑”，使个体联结成群体，促使集体意识形成。《“弹劾”班委的故事》就是体现师生、生生之间民主、平等交流的成功案例：一名班委因工作方式不当遭遇“反对派”的弹劾；师生民主讨论决定开展班级投票表决，通过辩论，明白真相，最终投票否决了弹劾。这就让每个学生有了明辨是非的体验，并让学生在沟通中学会了解决矛盾的方法。“主题班会”制订“班规”的故事也是通过集体教育管理班级的成功案例:通过小组讨论,达成一致意见,把班规分成学习、纪律、卫生、宣传、体育、实践活动等板块,分组商讨细节条款,形成草案;最后,由组长提交学生大会讨论表决,最终形成“班规”。可见,班集体教育的有效途径就是师生之间多元互动的赋权。

接着,作者继续提出命题并逐一解决。如第五章中提出提升互动水平的优化措施是集体教育的关键,包括师生、生生之间的和谐,分担伤痛,分享喜悦,给予学生鼓励和支持,这些都有助于提升学生对班级的归属感。这里的关键词就是“互动”的“提升”与“和谐”的构建,这一做法不但可在班级和校园推广,更可扩展到家庭和社会层面。

第六章中将班级、家庭和社会作为集体教育的基础,作者如是说:“只有让学校、家庭、社会三股教育力量拧成一股合力,作用于班集体,才能让班集体自身转化成更为强大的教育力量,从而实现集体教育。”树立家校共育的理念,提升家长育人水平,可以实现家长集体的优化。作者还将“社会”这个大熔炉视为教育的归宿 ,引领学生通过社会调查、社会实践等方式认识社会、融入社会,为学生真正成为社会人奠定基础。我非常赞同以社会为课堂的集体教育,并认为广义的社会不仅是我们周边的社会,在全球—地方的联系日益密切和急剧变化的时代,还应该让学生了解地区、全国、世界的形势。

第七章“集体教育的机理”主要阐述了专业理论方法的重要性,分别从人际互动群体动力学理论和心理效应两个角度,分析集体教育的在地应用与创新。阐明集体教育说到底离不开班集体中所有个体之间发生的一切交互作用和影响,其内容包括思想、道德、性格、知识、能力、心理等方面的精神关怀策略,激励扬长策略与科学管理策略。上述理念贯彻和实现方法的落地生根,关键在人。“集体教育的导师”一章强调教师特别是班主任应具备人本理念、民主理念、创新理念,需要在学习、实践中进行自我修炼,引导学生在民主的、和谐的、自由的环境中,通过相互熏陶、渗透、影响、浸润的方式来进行自我教育和集体教育。作者反复强调,应在“班主任主导下突出受教育者主体性、发展性、活动性,形成班级内外教育合力,有效地促进学生素质发展的班级教育系统”。由此看来,就班集体教育的主体而言，对学生的主体性培养是教师的主要目标，双主体的良性互动才能造就健全的人格、真善美的人性，应以仁爱、尊重、责任、关联、创新的态度去面对、关注由近及远的家庭、社区、社会、国家、世界的人类共同体！

这就是这本书能感动我，并让我对德善先生的研究深表敬意的原因。我看到他这样自白：自进入教育研究领域，就给自己设定了目标——“做一个有教育思想，并为践行自己倡导的理念而不懈努力的人”。夫子自道，言行必果；朝乾夕惕，“逐梦”“五心”——“潜心探索、悦心耕耘、精心破解、倾心服务、匠心笔耕”。其事成，其文彰，其梦圆，其志遂。在我钦佩祝福的同时，期盼德善老同学身心康健，效“庾信文章老更成”，在数十年理论累积和田野作业经验的基础上，继续写出宏观与微观视角结合的教育学民族志经典。

杜芳琴

（天津师范大学教授，亚洲妇女学会理事，原中国妇女研究会副会长）

自　序

各级教育行政部门历来都十分重视班集体建设。国家教委（1998年更名为教育部）1990年在《关于进一步加强中小学德育工作的几点意见》中高度肯定了班集体建设的重要意义，指出："班集体是学生成长的重要园地。各中小学要积极开展创建优秀班集体活动。"另外，《小学德育纲要》和《中学德育大纲》亦分别指出，"要全面了解学生，组织培养班集体"，要"组织和建设好班级集体"。其所以如此，是因为班集体是学校教育工作的重要平台，是班主任"实施素质教育的特殊操作系统"（班华先生语）。离开班集体的学校教育和班主任工作都是不可思议的。

随着教育改革的深入，学生"走课"现象的兴起，对班级授课制及集体教育提出了严峻的挑战，甚至产生了"皮之不存，毛将焉附"的质疑，这不能不引起我们的关注。"'走班制'指上课的教室和进行教学的教师固定，学生根据自己的兴趣和学习能力进行层次划分，选择在适合自身实际情况的班级中上课"的一种教学制度（冯文全先生语）。的确，随着"走班制"的推进，必然会对班级管理、教育形态、教育方式产生一定的冲击、挑战。对此，我们要未雨绸缪、与时俱进，不断加强、改进班级管理工作。从"走班制"的实验及发展的态势看，"走班"，无论是班级由静态变为动态，还是由分配变为选择，突出的特点是"自主选班"。正像冯文全先生所讲的那样：走班就是"选择在适合自身实际情况的班级中上课"。换句话说，无论怎么变革，班级（或不同形式的组织、集体）还存在，班级授课制还没有从根本上改变。

班集体是集体教育的重要载体，集体教育是班集体产生作用的聚焦点，是培养学生合作精神的重要途径。班集体潜藏着巨大的集体教育动能，这是教育不可或缺的宝贵资源。我们坚信，这些资源的充分挖掘和利用对转变教育观念、提升教师素养、增强教育效益所产生的作用是不可估量的。要提升班集体建设效益，就必须强化集体教育。2017年8月17日教育部颁发的《中小学德育工作指南》中强调指出："班主任要全面了解学生，加强班集体管理，强化集体教育，建设良好班风，通过多种形式加强与学生家长的沟通联系。"但各基层学校集体教育的现状与教育部关于"加强班集体管理，强化集体教育"的要求是有一定差距的。

从教育实践看，我们很多校长和教师对班集体的重要性是了解的，也做了大量的工作。但他们对班集体之所以能产生集体教育动能缺少认识，对集体教育是班集体产生作用的聚焦点及集体教育的基本原理知之甚少，在此基础上的班集体建设实践是不自觉的，带有很大的盲目性，从而大大地制约了班集体建设的效益。从这个角度讲，我们的班集体建设工作可谓任重而道远。

从教育研究现状看，尽管学术界不乏集体教育的专家乃至大家，但由于各种原因，其观点、理论犹如闪光的珍珠散落在有关专著、文章之中，而全面、系统、专题性的论著所见甚少（或许同我狭窄的阅读视野有关），尚不能满足教育改革与发展的需要及广大教育工作者特别是班主任群体的迫切需求，这不能不说是一件憾事。据此，在诸多好友的鼎力支持下，我以教育部有关政策为导向，以有关理论观点为参照，从理论和实践相结合的角度，围绕集体教育的内涵、意义、导向、途径、优化、基础、机理、导师、新视界九个方面对集体教育进行全面阐述，并形成专著《班级建设新动能——集体教育的研究与实施策略》。期待通过本书的抛砖引玉，引起教育同行的研讨、碰撞、关注，这是我和好友们撰写该书的初衷，就是这个初衷始终激励我在集体教育的征途中砥砺前行。

李德善

目录
Contents

引　言 1

第一章　集体教育的内涵 3

第一节　集体教育的阐释 5

第二节　集体教育的特征及原则 15

第二章　集体教育的意义 23

第一节　班集体潜藏着巨大的教育功能 25

第二节　班集体是学校不可或缺的集体教育组织 33

第三章　集体教育的导向 45

第一节　集体主义是集体教育的价值导向 47

第二节　集体教育需要教育者的统筹引领 57

第四章　集体教育的途径 67

第一节　班级活动是集体教育的基本途径 69

第二节　班级教育活动的范例 83

第五章　集体教育的优化 91

第一节　搞好班集体建设是优化集体教育的前提 93

第二节　提升互动水平是优化集体教育的关键 107

第三节　协同合作是集体主义的精髓 ……117
第六章　集体教育的基础……125
第一节　班级教育合力是班集体形成与发展的基础……127
第二节　班级教育合力的优化……136
第七章　集体教育的机理……149
第一节　集体教育是互动的教育……151
第二节　集体教育的心理效应……162
第八章　集体教育的导师……175
第一节　班主任要优化管理理念……177
第二节　班主任要做好自我修炼……191
第九章　集体教育的新视界……201
第一节　“走班制”应运而生……203
第二节　班集体面临严峻挑战……213
第三节　团队建设的优化势在必行……223
参考文献……232
后　记……235

引 言

集体教育是神奇的，充满了魅力，犹如一座极具开采价值的金矿，对我们有着极大的诱惑。但集体教育是什么？为什么集体教育如此神奇？如何才能彰显集体教育的魅力？所有这些，只有当我们揭开班级神秘的面纱时才能一目了然。为了让大家对集体教育有感性认识，我们不妨先了解一下集体的神奇力量。《中国教育报》曾刊登过一篇文章《班级友谊唤回生命奇迹》，为我们提供了一则精彩的集体教育案例。

刚刚大学毕业的张良清怀着对未来的美好憧憬，应聘到广州一家公司工作。然而，工作不到一个月，7 月 16 日早上，睡梦中的张良清不慎从公司宿舍一米多高的床上跌落下来，只听见“咚”的一声，张良清的头部重重地摔在了地上，即刻失去了知觉。在医院手术后（头颅开刀两次），他一直昏迷不醒，急需要亲人、朋友的呼唤，才可能早日清醒过来。7 月 20 日至 22 日，张良清的父母守候在儿子旁边，不停地和儿子说话、讲故事，希望唤醒“沉睡”的儿子，但夫妻二人一直说到口干舌燥，张良清也没有任何反应。再这样拖下去，张良清不仅随时有生命危险，而且即便是最终醒过来，也可能会留下后遗症。张良清所在的景德镇陶瓷学院机电学院 2007 级材料成型班的同学被这个消息所震惊。短短两天，20 多名同学从珠海、佛山等地匆忙赶到广州，有的同学向公司请了长假，日夜守护。看着躺在病床上失去知觉的张良清，大家都悲伤不已，有的女生忍不住哭了起来。不能到广州探望的同学纷纷发来短信——“小良子，我是黄健彦，你还记得大一的时候，我、你还有李明三个人天天在一起调侃与欢笑吗？你说毕业前要学习知识、积累人脉，5 年后你要自己去开创一番事业，你的事业才刚刚开始，希望你早日康复！小良子，我们都在你身边为你加油……”在医院的同学和张良清的父母一起念同学们发来的短信，张良清的反应越来越强烈了，他的眼角溢满了泪水，并在努力尝试睁开眼睛。7 月 25 日凌晨 5 点，昏睡了整整 10 天的张良清终于醒过来了。张良清的父母喜极而泣，抱头痛哭。在场的同学看到此情此景,也激动地流下了泪水。医院的医护人员说:“这是生命的奇迹，是班集体的浓浓友情硬把他从死神手里夺了回来!”张良清的父亲激动地给班主任李明文和同学们打电话:“张良清醒过来了!谢谢你们!班集体友情的力量太伟大了!你们是张良清的救命恩人!”现在，病情逐渐好转的张良清还在康复中，班上的同学轮流在医院守护他。

《天津教育》曾刊发的一篇文章《49个呼唤》，讲的也是十分感人的集体教育案例。

杜青绪，一个初三的学生却经常不到校上课，同学们去劝了多次，也不起多大作用。一次，班主任家访时问他为什么不来上课，他说，家庭生活困难，反正高中也考不上，上不上都没有意义。在班会上，班主任把他的情况向全班同学做了介绍，问同学们怎么办。全班同学经过讨论，一致认为，绝不能让他掉队，有困难大家帮他!班会上，全班49名同学写了49张纸条装在信封里，请班主任和班长送给他。班主任和班长到杜青绪家后，班长给他读了全班同学给他的留言——这是胡鹏同学写的:“杜青绪，咱们说好了三年后一起参加中考的，你怎么不守约了呢?还是来学校吧，我等着你。”你听刘磊写得多好啊:“杜青绪同学，如果人生是一首优美的乐曲，朋友则是不可缺少的音符;如果说友谊是一块洁白无瑕的玉，需要你我共同把它擦亮。”还有张作伟在想你呢:“……生活中有了你就有了快乐，学习中有了你就有了动力。”——班长一张张地读，当班长把信封送到杜青绪手里的时候，他的双手在颤抖，他的父母也在旁边抹眼泪，他们全家被同学们的深情厚谊感动了。第二天，杜青绪就在父母的陪同下回到了学校。

这是两个真实的教育案例。一个发生在大学，一个发生在中学;一个是集体的深情呼唤创造了生命的奇迹，一个是49声呼唤把濒临辍学的同学又拉回温馨的课堂。尽管两个教育案例的背景不同，教育对象不同，方法也不尽相同，但都充分彰显了集体的神奇力量，这正是一个优秀集体的魅力之所在!

看完这两个案例，或许你对集体教育有些感性认识了。下面，我们将用九章的篇幅从理论与实际的结合上对集体教育进行细细的品味、解读。

第一章

集体教育的内涵

集体的范围非常广，不同的领域有不同的集体，本书所阐述的集体指学校中的班集体，因此，我们谈的集体教育实际上就是班集体教育。本章是集体教育理论的基础部分，是全书的统领与核心。本章重点——集体教育的内涵，是从集体教育的沿革、概念、特征、原则四个方面阐释的。在集体教育的沿革方面，主要论述了集体教育的开创者马卡连柯、我国集体教育的先行者陶行知以及以无锡为代表的中国式集体教育的基本观点。在集体教育的概念方面，重点阐明集体教育就是通过班集体进行的，以集体主义为价值导向的教育。在此基础上，又对集体教育与个体教育、班集体与集体教育、集体教育与集体主义的辩证关系进行了分析。在集体教育的特征方面，运用理论与实践相结合的方法，着重分析了集体教育的主体性、无痕性、导向性三个基本特征；在集体教育的原则方面，主要介绍了马卡连柯提出的尊重与要求相结合的原则、平行教育影响的原则、前景教育影响的原则。我们深信，对集体教育内涵的阐释必将为后面其他章节的展开、延伸奠定坚实的基础。

第一节　集体教育的阐释

一、集体教育的沿革

集体教育是随着班级的产生而逐步形成的一种教育方式。班级是教育发展到一定的阶段才产生的。在漫长的封建社会中，“个别施教”是主要的教育方式。回顾我们的教育史，关注环境对学生个体的影响自古有之，如孔子就对“冠者五六人，童子六七人”的小群体啧啧称赞，家喻户晓的“孟母三迁”被人们传为佳话，特别是《学记》曾明确提出“乐群”的要求等，所有这些实际上就是朴素的集体教育的具体体现。但由于经济基础、政治制度、文化思想的制约，在我国漫长的封建社会中，以“个别施教”为核心的个体教育依然是主导的教育方式。

17 世纪，捷克著名教育家夸美纽斯在总结前人和自己的教学实践经验的基础上，第一个提出并且论证了班级授课制，实现了教学组织形式由个别教学转向班级授课的历史性变革。随着社会的发展，尽管班级授课制已经发生了诸多变化，但它依然是学校教育的主要形式。300 年来，国内外许多教育专家对集体教育进行了积极探索与研究，到 20 世纪 30 年代以后开始出现了较系统的集体教育理论体系。对集体及集体教育进行深刻阐释并形成集体教育理论体系的，是苏联著名教育家马卡连柯和我国著名教育大师陶行知。

（一）马卡连柯——集体教育的开创者

苏联的集体教育理论产生于 20 世纪 20 年代，由克鲁普斯卡娅和马卡连柯奠基；20 世纪 50 年代，苏霍姆林斯基在巴甫雷什中学开展集体教育，标志着集体教育已得到长足发展；20 世纪 80 年代，教育科学博士诺维柯娃主编的《集体教育学》的问世，使集体教育理论从教育科学体系中脱颖而出，从而开拓了集体教育理论的新视界。

集体教育理论是马卡连柯教育理论的重要组成部分，也是其教育思想的核心。作为集体教育理论研究的奠基人，马卡连柯创造性地提出了“在集体中通过集体和为了集体进行教育”的著名原理，也就是说，集体教育是在集体中进行的，是通过集体实现的，其目的是为了集体。这是他对集体教育最通俗、最集中、最凝练的概括，也是集体教育理论的核心和灵魂。马卡连柯的集体教育理论可从以下两个方面阐述。

1．教育工作的主要方式是集体教育

“在集体中，通过集体，为了集体”的教育，是马卡连柯集体教育理论的核心思想。为此，他把集体和集体教育看成其全部教育理论的首要的和关键的问题，并围绕这个命题多次进行强化式阐释。马卡连柯曾指出，“整个集体就是我们教育的对象，我们应当把有组织的教育影响针对着集体。同时我们相信，对个人的最实际的工作方式，是把个人保留在集体内，并且是这样的一种保留，要使个人认为他留在集体里是按着自己的愿望，是自愿的；其次，要使集体也是自愿地容纳这些个人。集体是个人的教师”。

马卡连柯强调指出：“如果没有集体，没有集体的教育，那么，使用个别方法的结果就会有养成个人主义者的危险，也只能有这样的结果。”“最主要的教育手段，就是良好的教师集体和组织完善的、统一的学生集体。”另外，他还针对“一群涣散的教师个体”“一大批零散的班级”及“一个学生在一大群同学中会有些茫然不知所措”的现象，尖锐地指出，“整个集体就是我们教育的对象，我们应当把有组织的教育影响针对着集体。同时我们相信，对个人的最实际的工作方式，是把个人保留在集体内”。

集体作为一种教育手段，潜藏着巨大的教育力量，这是马卡连柯组织、领导、教育集体丰富经验的结晶，并为集体教育奠定了坚实的基础。

2．集体不仅是教育的客体，也是教育的主体

这是马卡连柯关于集体的一个重要判断。他曾经讲过：“我曾长时间地想过：最好先把一个学生管理好、教育好，然后再教育第二个、第三个、第十个。当所有的学生都教育好了的时候，那就会有一个良好的集体了。可是，后来我得到一个结论：有时不应当跟个别学生谈话，而要向大家公开讲话，要采取这样的方式——使每个学生都不得不参加共同的活动。这样一来，我们就教育了集体，团结了集体，加强了集体，以后，集体自身就

能成为很大的教育力量了。”

认真学习马卡连柯的著作，我们不难发现，“集体是教育的主体”是其反复强调的基本思想。马卡连柯不愧为理论与实践相结合的杰出教育家。他在特殊学校工作的16年间，把3 000多名流浪儿童和违法青少年改造成为对社会有用的人才。可以说，是集体教育的理论使他的教育走向成功，是特殊教育的实践丰富、发展了他的集体教育理论。

总之，集体作为教育的主体是马卡连柯集体教育的精髓。在学习马卡连柯的集体教育思想时，我们要结合班集体建设实践，最大限度地发挥集体的能动性和创造性，最大限度地发挥集体的自我教育功能，不断提高我们的教育效益。这就是我们学习马卡连柯集体教育思想的出发点和归宿。

（二）陶行知——我国集体教育的先行者

陶行知是我国伟大的人民教育家。“生活即教育”是陶行知教育理论的核心。所谓“生活即教育”，通俗地讲，是指在生活中受教育，教育在生活中进行，不同的生活有不同的教育。“生活即教育”的实质就是强调教育环境对人的影响以及对人的发展的重要性。在此基础上，陶行知在创建晓庄试验乡村师范学校、山海工学团、育才学校等教育改革实践中，创建、形成了以“集体生活是全盘教育的基础”为中心的集体教育思想体系。陶行知的集体教育理论可从以下两个方面进行阐释。

1. 集体生活是全盘教育的基础

陶行知对集体教育内涵及意义的表述是从集体生活开始的。他的集体教育思想是建立在集体生活对个人发展巨大潜能的判断上的。他在《育才学校教育纲要草案》中提出：“集体生活是全盘教育的基础。”

陶行知还阐释了“集体生活是全盘教育的基础”的三个含义：“第一，集体生活是儿童之自我向社会化道路发展的重要推动力；为儿童心理正常发展所必需。一个不能获得这种正常发展的儿童，可能终其身只是一个悲剧。第二，集体生活可以逐渐培养一个人的集体精神。这是克服个人主义、英雄主义及悲观懦性思想的有效药剂……第三，集体生活是用众人的力量集体地创造合理的生活、进步的生活和丰富的生活；以这种丰富、进步而又合理的生活之血液来滋养儿童，以集体生活之不断的自新创造的过程来教育儿童。”综上所述，正是集体生活对个人潜能的激发，才使集体成为教育的主体，这是陶行知集体教育理论的核心和灵魂。

2. 在真正的集体生活中实施集体教育

没有生活就没有教育，没有集体生活就没有集体教育，集体生活是集体教育的前提。什么是真正的生活？陶行知从三个方面进行了阐述。

第一，在活动的性质上，他极力倡导“丰富、进步而合理的生活”。他认为，“是康健的生活，就是康健的教育，是不康健的生活，就是不康健的教育；是劳动的生活，就是劳动的教育，是不劳动的生活，就是不劳动的教育；是科学的生活，就是科学的教育，是不科学的生活，就是不科学的教育；是艺术的生活，就是艺术的教育，是不艺术的生活，就是不艺术的教育；是改造社会的生活，就是改造社会的教育，是不改造社会的生活，就是不改造社会的教育”。

第二，从生活的要素上，他极力倡导“三种要素”。他认为，“集体生活不仅仅是大家聚在一块过日常生活。我们要想丰富集体生活在教育上之意义，必须使它包含三种要素：为集体自治，为集体探讨，为集体创造”。

第三，从生活的特征上，他极力倡导“三个共同”。他认为，“真正的集体生活必须有共同目的，共同认识，共同参加”。这是因为，没有共同目的、共同认识、共同参加，就没有集体，当然就没有集体生活。

尽管马卡连柯与陶行知的工作环境、生活条件不同，对集体教育的认识角度也不同，但是马卡连柯的“为了我们的政治教育能够实际上在我们的学生和教师的生活里立刻体现出来，没有集体是绝对不可能的”和陶行知的“集体生活是全盘教育的基础”的观点却有着惊人的相似——没有集体就没有教育，教育过程是在集体中并通过集体实现的。正像左其沛老师所说的：“集体主义必须通过集体的生活实践来培养，这是贯穿于陶行知和马卡连柯关于集体教育论述中的一个中心的观点……这是集体教育理论的精髓。无数经验证明，在一个松散的群体中，甚至在一个大乱班中，不从培养集体入手，不通过集体教育途径，想由教师一个一个地劝说，像‘数豌豆’那样，把学生培养成‘集体主义者’，到头来常常是盲人点灯——白费蜡。把思想品德教育，把培养人的过程，仅仅看成个别教育，个别教育又看成仅仅是个别谈话，那是一个很大的误区。”左老师的点评是对马卡连柯和陶行知集体教育理论最好的诠释。

（三）开放前行的中国式集体教育

1．我国班集体建设回顾

著名班集体教育专家唐云增先生主编的《中小学班集体建设经验全书》及《一万个日日夜夜——全国班集体建设研究三十年（1983 ~ 2013）》，均对我国20世纪80年代以后的班集体教育进行了全面、系统、精准的概述，尽管难免有百密一疏，但都不愧为总结我国班集体建设典型经验的“百科全书”。它们是我们总结“开放前行的中国式集体教育”的重要参照和基本依据。

20世纪80年代以后，有很多人关注班集体建设的研究与实践，江苏无锡地区的教育科研工作者对此项研究更是情有独钟。1983年以后，无锡市教育局就开始把这项工作列入重要的议事日程，点燃了班集体建设科学研究的星星之火。1985年，“班集体建设理论与实践研究”的科学研究课题被立项为江苏省教育科研课题。同年6月召开的全国中学政治思想教育工作研讨会上，江坤才同志代表无锡市教育局做了题为“探索班集体建设理论，开拓新形势下班集体建设的道路”的大会发言。1987年，在著名德育专家鲁洁教授的关心下，“班集体科学理论研究”被列为全国教育科学“七五”规划立项重点课题。同年7月，鲁洁教授指派汪晓柳、吴康宁等专家深入无锡市西新中学进行为期三年的班集体建设与教学的相关研究。1994年4月，南京师范大学博士生导师班华教授代表专业委员会，《班主任》杂志社、全国班集体科学研究协作组一起筹办和指导了每年召开一届的班集体建设理论研讨会。

1999年10月，在第八届全国班集体建设理论研讨会上，班华、王宝祥、唐云增、李鸿基、杨连山、李德善、龙意华等15位同志被聘为第一批班集体建设专家组成员，从而使班集体建设理论研讨会和协作地区的班集体建设在专家组的指导下获得了更健康的发展。

在这个过程中，国家教委始终重视和关注班集体建设这件“教育中的大事”。原国家教委副主任柳斌同志专门为《让每一位班主任都学会建设班集体指导丛书》题词。原国家教委副主任韦钰同志给全国班集体建设理论研讨会发来贺信。原国家教委基教司司长姬君式、德育处处长孙学策等领导亲临研讨会并做重要报告。教委领导的高度重视和精心指导为全国班集体建设的健康开展开辟了一条宽广的绿色通道。

2．全国各地班集体建设风生水起

无锡作为中国班集体教育研究与发展的重要地区，为我们提供了诸多的宝贵经验和丰硕的研究成果。像唐迅的专著《班级社会学引论》，唐云增主编的《中小学班集体建设经验全书》《学校班集体建设辞典》《一万个日日夜夜——全国班集体建设研究三十年（1983 ~ 2013）》等都是业界重量级的专著；2003 年 1 月，无锡市教育局主办了《现代班集体研究》杂志，所有这些都对我国教育界产生了深远的影响。如果说“七五”期间这项研究主要是在无锡地区开展的话，从 1992 年开始，这项研究扩展到了全国许多地区，兴起了一年一度的全国性的班集体建设理论研讨会制度。无锡市郊区教育局、杭州市教委和拱墅区教育局、舟山市普陀区教育局、滁州市全椒县教育局、南京市建邺区教育局、天津市红桥区教育局、天津市大港区教育局、宁波市北仑区顾国和中学、成都市新都县教育局等先后成功地承办了第一届到第二十二届全国班集体建设理论研讨会。这些针对性极强的专题性研究，不仅拓宽了培育“四有”新人的路径，提升了班主任的专业素养，而且增强了班集体教育的效益，有力地推进了素质教育的进程。

全国范围的研究与实践大大推进了素质教育的进程。通过班集体建设实施素质教育是从两个方面着手的，一是通过班集体进行教育，即发挥班集体的教育功能；二是通过班集体运作过程进行教育，即把班集体建设过程与学生发展统一起来。

从 20 世纪 80 年代开始，历经 30 年，一万个日日夜夜，一群改革开放的“弄潮儿”围绕集体建设做了两件事——

一是在理论建设上，构建了班集体建设的理论体系，主要理论贡献体现在以下几个方面：提出和界定了班集体的概念；系统分析了班集体的结构要素，建构了班集体的理想模型；把班集体建设作为一项班级教育改革，提出和形成了班集体建设的操作规范；形成了班集体发展水平的评价体系。

二是在班集体建设实践上，开创了群众性研究的先河。"'实践性、开放性、时代性、规律性、操作性、功能性、相关性、层次性、推广性'的实践和研究，让越来越广的地区，越来越多的班主任及其他教师，学会了科学地建设班集体，在建设班集体过程中成为名副其实的优秀班主任；让越来越多的学校提高了教育教学的质量；让广大青少年在优秀班集体中健康快乐成长，成为社会主义事业建设者和接班人；在实践和研究中，构建了我国班集体建设研究的组织系统、实践系统、研究系统和理论系统，为我国教育改革做出了重要创新贡献，从而建立了我们的教育自信"。

30 年，一万个日日夜夜，独具特色的中国式集体教育已经或正在托起一个个班级、一个个家庭、一所所学校乃至中华民族的未来。我们为中国式集体教育点赞，为数以千万计的班主任及广大教师点赞。

二、集体教育的概念

（一）什么是集体教育

谈到集体教育的概念，我们再讲个更具体、更生动的案例。

一位德育主任曾对我讲，他听完我的"加强集体教育，提高育人效应"的讲座后，做了一个实验。他将同年级后进班的一个学困生调到同年级最好的班中去，并对这个班的班主任提出两个要求，一是为该生办个简短而热烈的欢迎仪式，二是请班主任半个月之内不要对该生讲任何一句话，具体工作由班委会负责，如有特殊情况可让这个学生找他。刚过半个月，还没等他找那个学生，那个学生就主动找到他，并对他说："真奇怪，我还是我，为什么到了这个班以后就不一样了呢？"学生接着说："到了这个班以后，总感觉无论是在课上课下还是在校内校外，总有几十双眼睛在盯着我，在环境的同化中我也悄悄地发生了变化。"

半个月内，班主任没有对这个学生进行任何直接的教育，但在集体的影响下，教育效果却显现出来了。这就是集体教育的效果。

所谓集体教育，就是通过集体进行的，以集体主义为价值导向的教育。对此，后面的章节还要进行更加具体的阐述。

（二）与集体教育相关的几个概念

谈到集体教育，有几个概念容易混淆，我们在理解集体教育的内涵时，应注意把握好集体教育与其他几个相关概念——集体教育与个体教育、班集体与集体教育、集体教育与集体主义等的区别及联系。

1. 集体教育与个体教育

集体教育是相对于个体教育而言的。很显然，这是两种不同的教育方式，一种是通过集体，一种是通过个体。班主任要搞好德育工作，不仅要培养、组织、教育班集体，通过集体教育来实现，还要从每个学生的思想、性格、情感、兴趣、爱好、习惯出发，有针对性地指导、培养、教育个别学生，即通过个别教育来进行。所谓个体教育，是指从班级中每一个学生的具体情况和特点出发进行的有的放矢的教育。集体教育往往是解决学生共性的问题、普遍的问题，个别教育是解决学生个体的问题。另外，集体教育的重要任务是培养每一个学生的集体意识和团队协作精神。集体意识就是对集体的共同利益、共同目标、共同责任和共同荣誉的观念。它是以个体的自我控制为基础的，存在于每一个学生身上。因此，进行个人自我控制教育是培养学生集体意识的补充。正像《小学德育纲要》指出的那样："集体教育与个别教育相结合。学生集体既是教育的对象，又是教育的手段。良好的集体是一种巨大的教育力量，教育者要重视培养学生集体，通过开展集体活动，建立正确的集体舆论，形成良好的风气和传统，发挥集体的教育作用。要调动每个学生的积极性，同时还要针对学生的不同情况进行个别指导，促使其个性在集体中得到充分发展，并初步培养他们自己教育自己的能力。"

综上所述，集体教育是对学生进行教育的基本形式，是个体教育的基础；个体教育是集体教育的深化与补充。二者相辅相成、辩证统一，它们和谐发展，有助于提升教育的效益。

2．班集体与集体教育

班集体是集体教育的载体，集体教育是在班集体建设中生成与发展的，没有班集体就没有集体教育。集体教育可谓班集体功能的集中体现，是班集体建设的魅力所在。班集体建设的实质就是要充分发挥集体教育的功能，以达到育人的目的。从教育的实践来看，许多班主任都在用心地进行着班集体的建设与管理，也取得了不少成绩。但也有不少班主任对班集体能产生教育功能缺少认识，对集体教育的基本原理更是知之甚少。一些班主任对集体教育的认识是不清晰的，甚至是困惑的，因此他们进行的班集体建设实践是不自觉的，带有很大的盲目性。这就大大阻碍了班集体建设。据此，我们必须在理论与实践两个层面上加深对班集体与集体教育辩证关系的理解，使班主任能更自觉、更科学、更充分地发挥集体教育的功能，以进一步提升班集体建设及集体教育的水平。

3．集体教育与集体主义

集体教育指的是教育方式（或称教育途径），而集体主义指的是教育内容,二者既有联系又有区别。班集体是以集体主义为价值导向的社会共同体，集体教育的价值取向是集体主义精神，而集体主义精神的培养只能在集体中进行。集体主义是对他人和社会表现出来的思想准则、生活准则、道德准则，这种精神只有在社会生活或集体生活中才能有较充分的体现。也就是说，在集体中展现的东西只有在集体中才能培养、强化和验证。班集体在形成和发展过程中，不仅使自己的成员团结起来，形成集体意识，产生集体荣誉感和责任感，而且使成员通过集体活动学会正确处理个人与集体、自由与纪律、民主与集中、权利与义务、命令与服从等的关系。这就是说，集体教育必须以集体主义为价值导向，而集体教育又是形成集体主义精神的非常重要的精神环境。

（三）集体教育名言举隅

1．苏霍姆林斯基

集体的功能不是自发产生的，这需要教育者遵循教育规律，从学生的实际出发积极地创造条件。

集体，只有当它在精神上不断成长时，才是真正的集体，并且才能由此产生巨大的教育力量。

要使孩子、学生有上进心，使他渴望别人对他产生好的印象。这是集体的教育力量最起作用的源泉之一。

集体的统一，不能排斥个性的发展。

如果学生没有个性，那就不会有集体。

我们发展、保护和珍惜每个人的自我尊重感，培养心灵对善良语言和美好事物的敏感，也就是在提高集体的教育作用。

只有当每个人都为别人操心、关怀别人的时候，集体才能成为有效的教育力量。

集体是教师创造的，它不可能凭空产生，也不可能自发地存在。没有聪明能干的教师，就没有集体。

让学生充分享受人与人交往中的乐趣具有巨大的教育意义。

集体对个人产生良好影响的必要条件是情感洋溢的集体生活。集体的劳动生活，是集体对个体施加影响的一个重要前提。

2．维果茨基（苏联著名心理学家）

教育过程乃是三方面的积极过程，即学生的积极性、教师的积极性以及处于他们二者之间的环境的积极性。

如果说教师对学生施加直接影响是无能为力的话，那么，当通过社会环境对学生施加影响时，教师则是万能的了。

一位教师只懂讲课并不能算是一位称职的好教师，因为他只是完成了他部分的职责，要使讲课对学生能真正起着智力发展的作用，还必须善于组织课堂中学生群体的这一微社会环境。

社会环境乃是教育过程的真正杠杆，教师的全部作用在于驾驭这一杠杆。

第二节 集体教育的特征及原则

一、集体教育的特征

集体教育的特征主要体现在主体性、无痕性、导向性三个方面。

（一）主体性

主体性是从教育主体（教育力量）的角度讲的。从集体教育的概念可以看出，班集体是集体教育的主体。集体作为教育的主体是集体教育的本质特征。马卡连柯认为，集体不仅仅是教育的客体，也是教育的主体，这是对集体的认识的一种飞跃。过去谈到教育力量，往往更多的是指教师个体，而很少把集体视为一种教育力量，即教育主体。但在我们的实际工作中，集体作为教育的主体的案例还是很多的，下面就是其中的一个。

“报告！”班长推开办公室的门走到我面前，“王老师，咱们班的‘遵纪守法’红旗被屈主任摘走了……”话没说完，班长便哭了起来。我急忙问：“为什么？”“张立晨他们在楼道打闹被屈主任看见了。”班长哽咽着。“又在楼道打闹，我刚强调不许在楼道追跑打闹，他们就是不听。”我火冒三丈，边说边气冲冲地跟班长来到教室。

教室里安静极了，同学们都注视着我，看得出来，他们在等着看我如何处理这件事。我一脸怒气，站在讲台前，沉默着……无声的沉默，使教室里的空气快要炸裂了。这时，那三位违纪的学生如同“罪犯”似的深深地低着头，都不敢正视我。在沉默中，班委们流泪了，同学们流泪了……是啊，班集体的目标牵动着同学们的心。目标完成了，他们欣喜若狂；完成目标的过程中受挫了，他们万分悲伤。多好的学生啊！我的满腔怒火慢慢消失了：“同学们，今天我们班发生了一件不愉快的事，我和同学们一样难受……今天，红旗丢了，明天我们一定再夺回来！”学生抹着眼泪自发地召开了“誓师会”。

同学们七嘴八舌地“猛批”那几位违纪的同学，并提出许多宝贵的建议。

班长最后说:“红旗被摘走了也是一件好事，它暴露出我们班还存在着一些问题。我建议以‘红旗被摘走’为题，每个同学都进行反思……只要我们全班同心协力，红旗定会回来的。同学们，有没有决心把红旗争回来?”“有!”同学们坚定的回答声在教室中回荡……半个月后，红旗又重新挂到我们班的墙壁上。再次走进教室的时候，我突然发现，学生似乎又长大了，班集体更加成熟了。

红旗又夺回来了，学生似乎又长大了，班集体更加成熟了……靠的是什么?靠的不是说教，不是控制，更不是命令，而是作为教育主体的集体所产生的熏陶、影响、渗透作用。这就是集体作为教育主体所彰显的独特魅力。

（二）无痕性

无痕性是从教育影响方式的角度讲的。集体教育与个体教育在其影响方式上是不同的。如果说个体教育的影响方式是多元的，如通过控制法、示范法、说教法、激励法、暗示法、活动法、评价法、陶冶法、实践法等，那集体教育的影响方式则是一元的、唯一的。这主要指集体成员的平行影响，如渗透、熏陶、激励、同化等。这种影响是无声无息、悄然进行的，是“随风潜入夜，润物细无声”的。

一位班主任给我讲了一个真实的故事。

一年夏天，刘老师带领高一(2)班学生参加了学校组织的军训活动。在军训结束前的一个上午，全年级学生列队在操场上听指导员训话。刘老师所带的班的学生排列的队伍像一个矩形方阵，横竖成线，整齐威武，俨然就是一支真正的连队。同学们虽然被晒得黑里透红，但个个神采奕奕，好不威风。那天，天气特别闷热，同学们的汗水沿着脸颊往下流，一些蚊虫也不时地袭扰着他们。尽管如此，他们依然一动不动像钉子一样钉在训练场上，没有一个人去擦拭汗水，也没有一个人去驱赶蚊虫……中间休息的时候，王浩等10余名学生向刘老师围拢过来，王浩向刘老师调皮地行了一个军礼，乐呵呵地说:“刘老师，我们怎么样?行吗?”“不是行不行，而是非常棒!”当刘老师用纸巾为王浩擦拭脸上的汗水的时候，发现他的脸上和胳膊上一片片被蚊子叮咬的痕迹，特别心疼。她一边给他抹花露水，一边说：“怎么咬得这么厉害？”“大家都知道蚊子叮咬时，只要稍微动动身子就管用，可那样的场合谁敢动啊？这不蚊子就更猖狂了吗？”王皓是个热心肠，但他有个特点就是自控力不强，军训前刘老师给他做了许多工作，总担心他在军训中出问题。但王浩在军训期间的表现让刘老师刮目相看，兴奋不已。

一句“那样的场合谁敢动啊”不正是对集体教育无痕性最好的解读吗？

（三）导向性

导向性是从教育主导内容的角度讲的。集体教育是通过集体进行，以集体主义为价值导向的教育，这是集体教育的突出特征。通过集体所进行的其他教育内容都是在集体主义的基础上拓展和延伸的。这就是说，集体教育以集体主义为价值导向不仅有着十分重要的意义，而且是完全可能的。下面就是以集体主义为价值导向对学生进行教育的成功案例。

“咱们班出小偷了，订报的钱丢了！”全班一片沸腾，教室里失去了往日的平静。黄老师控制好烦躁的情绪，说：“别‘小偷’‘小偷’地喊，我不相信咱们班会有这样的人，他肯定遇到特殊的困难了，我们一定要帮助他渡过难关，这是咱们班的优良传统。”黄老师一边说一边看向一个眼神闪烁的学生。这个学生平常关心集体，有较强的集体荣誉感，容不得任何人说自己的班不好。黄老师又接着说：“这笔钱是班里用来订阅报纸的，没了这笔钱肯定会对班里的工作造成影响，更重要的是，此事如果让别人知道，人家怎么看咱们班？”全班非常安静，那个学生低着头。“这个钱决不会丢，我们一会儿准能找到，因为咱们班是一个优秀的集体！”黄老师非常有把握地说。当天下午，丢失的钱果然找到了。

从表面上看，这个问题的解决主要是通过针对个体的教育，实质上却是黄老师通过集体并运用集体主义精神使这个问题迎刃而解的。

二、集体教育的原则

马卡连柯将集体教育的原则概括为三个，即尊重与要求相结合的原则、平行教育影响的原则、前景教育影响的原则。

（一）尊重与要求相结合的原则

该原则是指作为教育主体的集体在教育过程中，往往把对学生的严格要求和尊重呵护结合起来，即对其成员的教育影响表现为要求与尊重的辩证统一。马卡连柯曾对此有过精彩的论述："我的基本原则（我认为这不仅是我个人的基本原则，也是所有苏维埃教师的基本原则）永远是尽量多地要求一个人，同时也要尽可能地尊重他。"在他看来，要求与尊重是一回事。他认为，我们对个人提出的要求，表现了对个人力量和可能性的尊重；而在我们的尊重里，同时也表现出我们对个人的要求。马卡连柯的观点是对教育本质的深刻诠释，迄今仍有着重要的现实意义。教育实践表明：要求与尊重是辩证统一的，要求与尊重的和谐定能把集体教育引向成功；而没有尊重的要求和没有要求的尊重都会把集体教育引向误区。

所谓尊重，是指集体关注学生思想品德的成长，信任他们的能力，并尊重他们的人格、情感、主体精神、个性特征。尊重是教育的基石，是教师职业道德的核心，是搞好教育工作的前提和基础。教育者如果不尊重、热爱自己的教育对象，教育活动就无法进行。从这个意义上讲，没有尊重，没有爱，就没有教育。与此同时，尊重学生，必须伴之以严格要求。所谓严格要求，是指在学生原有的基础上，提出进一步的严格要求，进行管理和教育。班集体按照教育方针的要求严格地教育、管理学生，是对社会主义教育事业和学生高度负责的具体体现。"严是爱，松是害，不管不教要变坏。"这种要求的特点是坚定的、彻底的、明确的、合理的、统一的。没有严格的要求，便没有成功的教育。这里的尊重是从教育出发的理智的尊重，这里的要求是尊重基础上的合理的要求。马卡连柯对谢苗的教育过程就是对这个原则最好的佐证。

有一次，马卡连柯交给曾经盗窃过但已有了些转变的谢苗一个重要任务，让他到距离教养院很远的地方去取五百卢布，并当面交给他一张证明和一支手枪。这高度的信任使谢苗不敢相信自己的耳朵，他心灵深处受到的震撼使他身上许多美好的东西被唤醒了。傍晚，他骑马回来，把五百卢布交给马卡连柯。第二次，谢苗又勇敢地完成了同样的任务。后来，他激动地对马卡连柯说："我骑在马上一路上想，要是世上真有上帝就好了。要是上帝派了一个人从树林里跑出来袭击我……哪怕有十个人，不管他有多少，我都要开枪打他们，我要像狗一样扑上去用牙咬他们，撕他们，除非他们把我杀死……”

这就是信任的巨大力量。信任背后其实是要求与尊重的和谐统一。马卡连柯交给谢苗重要任务本身就是严格要求的具体体现，没有期望，没有要求，就不可能给他如此重要的任务；而马卡连柯把如此重要的任务交给曾犯有严重过错的谢苗，对谢苗而言就是最大的尊重和信任，这是问题的关键所在。

（二）平行教育影响的原则

平行教育影响的原则也称为“同时作用原则”。马卡连柯认为，集体与个人二者关系密切，不可能有置身集体以外的个人。因此，教育个人和教育集体既可以同时作为教育目的，个人和集体又可以同时作为教育对象。他认为，“每当我们给个人一种影响的时候，这影响必定同时应当是集体的一种影响。相反的，每当我们涉及集体的时候，同时也应当成为对于组成集体的每一个个人的教育”。马卡连柯后来用平行教育影响来概括他的上述思想，强调教育个人与教育集体的活动应同时进行，每一项针对集体开展的教育活动都应收到既教育集体又教育个人的效果。

学生瓦夏因为醉心于踢足球，而忽视了家庭作业。马卡连柯不是找瓦夏本人谈话，而是找来了他的好朋友舒拉谈起班上的一些事情，随后很自然地提到了瓦夏：“按瓦夏的能力来讲，他可以成为班上的优秀生，但是他沉迷于踢足球，结果什么都弄坏了。”接着又感叹道：“难道你朋友的意志就是这样薄弱，不能克制自己？不，决不会，我相信瓦夏是能够克制自己的。”随后马卡连柯又转到了其他的话题上。谈话之后，舒拉立即跑到瓦夏那里去，转告谈话内容，并用教师的姿态和声调使谈话更有感染力。从那天起，瓦夏能坐下来做功课，在没有做好前，他能一直不离开座位。在集体的影响下，瓦夏很快就克服了自己的毛病。

这种案例在我们的教育实践中也是比较多的。一位中学校长曾经遇到这样一种情况：早晨上操，他看到某个位置上缺了一名同学，于是他就点了这个同学的名，并进行了批评，结果第二天早晨，这个同学仍未到，他又进行了点名批评，第三天早晨这个同学还是未到。于是这位校长改变了方式，他不批评这个同学了，而是说某个班级中缺了一名同学，并批评了这个班级，结果第四天早晨，这个同学到了。因为点名批评这个班级之后，这个班级中的其他同学会埋怨那个因为未到而损害了班级名誉的同学，并在舆论上给这个同学施加压力，这个同学在舆论的压力下就正常出操了。

同是这位校长，同是做这位做操缺席的学生的工作，为什么前后的结果完全不同呢？显然，是校长转变了教育策略。前几次校长的教育对象只是学生个体，后来的教育对象既指向学生个体，又指向班级。这样，学生个体影响了班级，而班级又影响了学生个体。这就是教育的平行影响。

（三）前景教育影响的原则

前景教育影响的原则实际上就是我们常说的目标导向原则。马卡连柯认为，集体的生命活力在于围绕目标不停地前进，一个自由的人类集体的生活方式就是向前行进，它死亡的方式就是停滞。因此，马卡连柯要求教师要不断地向集体提出新的奋斗目标来刺激集体的活力。这种新的目标就是前景，是人们对美好前途的希望。他强调，培养人，就是培养他对前途的希望，“人的生活的真正刺激就是明天的欢乐”。在马卡连柯看来，前景教育可以分为三个步骤，即近景、中景和远景。近景是指当即着手完成的目标，中景是指经努力短时间内可实现的目标，远景是指集体较长时间内方能完成的目标。一般地说，这“三景”分别以周或月、学期、学年为基本单位。近景主要是针对还没有能力安排自己未来长远的意向和兴趣的儿童，随着儿童年龄的增长，近景将逐渐让位给中景和远景。无论是近景、中景的实现还是远景的实现，都应当起到激励学生努力学习和工作的作用，防止享乐主义情绪的产生。运用前景教育指导班集体的主要方法：必须遵循由近及远、由低级到高级的发展程序；必须遵循理想与现实相结合的原则；必须遵循个人前景与集体前景相结合的原则；必须遵循物质利益与精神利益相结合的原则。在实践中运用前景教育对学生进行教育，其效果往往是比较明显的。

下面是来自浙江的张玉芳老师的一篇典型案例。

这学期，我尝试对学生实行目标管理法，即每个人都把自己这学期要达成的目标写在目标卡上，贴在桌角，每两周进行一次考核审定。具体操作时要注意以下几个方面：一是目标的自主性。目标由学生自己制订，觉得自己哪方面比较薄弱，就在哪方面下功夫。把自主权还给学生有助于他们去努力实现自己的目标。二是目标的精细化。目标要明确，要注重细节，如“不乱扔垃圾”“每节课都做好课前准备”“排队时不讲话”“心中有他人，有好东西懂得与他人分享”这样的目标更易操作。三是目标的全面性。制订目标时要引导学生不仅仅关注在校的表现和学习上的事情，还要关注习惯的养成、校外的表现及其为人态度、处事能力、交往能力。四是目标可考核。从心理学角度来说，如果对学生的目标长期不理睬，他们就会自动放弃，因此要每两个星期考核一次。实行目标管理两个月来，学生上课专心了，写作业速度快了，卫生死角没了，家长反映孩子懂事了。

张玉芳老师的目标管理法实际上就是给学生及集体展示了一个美好的前景，从而对学生、集体产生了一种前景（目标）的导向、激励、鞭策作用，这是典型的前景教育影响原则的体现。

第二章

集体教育的意义

班集体潜藏着巨大的教育功能，对学校教育、师生发展有着十分重要的意义。本章将从四个方面进行阐释，即班集体可助力推进素质教育、班集体是学生健康成长的精神家园、班集体是孕育集体主义精神的“氧吧”、班集体是学校教育工作的重要载体。

集体教育有益于学生主动发展、增强德育效益、提升智育水平，而这三个方面都是实施素质教育的核心内容。毫无疑问，班集体可助力推进素质教育，是学生健康成长的精神家园；班集体不仅为学生营造了愉悦、进取的学习、生活氛围，而且有益于学生个体的社会化、个性风格的彰显、自我教育能力的提升；班集体作为孕育集体主义精神的天然“氧吧”，为集体主义精神培养提供了十分广阔的平台和绿色通道；班集体是班主任工作和学校德育工作的重要实施场域，直接关系着德育工作的水平乃至成败，是学校不可或缺的最基本的集体教育组织。教育实践告诉我们，班集体建设的过程就是集体教育不断优化并产生作用的过程，这个过程不仅是学生全面、和谐发展的过程，也是班主任提升专业素养的过程。深入理解集体教育的意义对于不断提升广大德育工作者的积极性、增强集体教育的效益大有裨益。

第一节　班集体潜藏着巨大的教育功能

教育部2017年8月颁发的《中小学德育工作指南》特别指出:“班主任要全面了解学生，加强班集体管理，强化集体教育，建设良好班风。”国家教委1993年3月颁发的《小学德育纲要》明确指出:“集体教育与个别教育相结合。学生集体既是教育的对象，又是教育的手段。良好的集体是一种巨大的教育力量，教育者要重视培养学生集体，通过开展集体活动，建立正确的集体舆论，形成良好的风气和传统，发挥集体的教育作用。要调动每个学生的积极性，同时还要针对学生的不同情况进行个别指导，促使其个性在集体中得到充分发展，并初步培养他们自己教育自己的能力。”

班集体是集体教育的载体，班集体建设及其优化就是要通过集体教育对学生施加影响，使学生得以全面而主动地发展。为此，班集体建设的过程就是彰显集体教育的过程，班集体建设的魅力就在于集体教育。从这个意义上说，班集体建设与集体教育的目标是一致的、统一的。讲班集体建设的意义，实质上就是讲集体教育的意义。班集体蕴藏着巨大的教育潜能，这实际上就是班集体的教育功能，只不过因概括的角度不同，结论也不尽相同。有的概括为社会化功能、教育功能、组织功能、个性化功能；有的概括为以集体主义精神激励人，以多彩的精神生活凝聚人，以正确的舆论引导人，以和谐的人际关系陶冶人，以科学的班级管理规范人，以干部的核心作用团结人，以班主任的良好形象感召人。我认为，班集体的教育功能主要体现在以下两个方面，即班集体可助力推进素质教育，是学生健康成长的精神家园。

一、班集体可助力推进素质教育

（一）集体教育有益于学生主动发展

素质教育有三大要义，第一是面向全体学生，第二是要求德、智、体、美全面发展，第三是让学生主动发展，而让学生主动发展是其核心要义。

让学生主动发展的实质就是彰显学生的主体性。主体性是人性的精华，是人作为活动主体所具有的根本属性。“主体性”一词虽然具有多义性，但它总是含有同客体的被动性、消极性相对立的积极创造的、能动的意义，含有同人的本能活动、盲目活动的自发性、适应性相对立的自觉的、自主的意义。人的主体性，从根本上说，就是指人在同客体的相互作用中所表现出来的能动性、自主性和创造性。弘扬人的主体性是时代发展的客观需要，培养人的主体性是现代各国教育的共同追求。学生是主动发展还是被动发展是当前深化教育教学改革所要解决的主要矛盾，是区别应试教育与素质教育的重要标志。

从青少年的特点看，当前青少年学生的个性倾向性极强。所谓个性倾向性，一是指求新、求异、求奇，二是指独立意识、叛逆意识不断增强。面对个性倾向性较强的孩子，靠强制性教育，如命令、控制、说教甚至惩罚，是绝对不行的。它有悖于学生主动发展和主体性的彰显，而恰恰是酿成各种不良行为的重要原因。以熏陶、影响、渗透、浸润为主要特征的集体教育则能满足青少年学生的心理需求。这是因为,丰富多彩的班集体生活、集体活动包含了极为丰富的教育内容，充满了生动新鲜的创造力量。一个和谐、团结、进取的班集体，不仅可以改变学生的生活质量，而且可以引发学生无限的创造力和潜能，使每一个学生都有机会充分展示并发展自己的才能，从而使学生得到全面、生动、主动的发展。以价值观、班风、舆论、思维方式、行为方式为代表的健康的班集体生活直面全体学生，通过熏陶、影响、渗透、暗示所产生的凝聚、驱动、同化效应更有利于学生的主动发展。无疑，集体教育是一种潜在的教育力量，有益于推进素质教育。

（二）集体教育有益于增强教育效益

教育在本质上是互动的。教育是让学习有意识地持续交流的过程。新课程改革把教学的本质定位在交往、互动上。那么，有利于师生、生生交往、互动的教育方式是什么呢？我想，不应该是命令、控制、说教，而应该是在民主、和谐、自由的环境中，通过相互的熏陶、渗透、影响、浸润来进行的。集体教育符合教育的基本要求，彰显了教育的真谛。陈瑞瑞先生在

《德育与班主任》一书中指出："活动和交往是思想品德形成的基础，这是德育的基本规律之一。对学生来说，他们的活动和交往基本上是在学生集体中进行的。"显然，这是班集体的魅力所在，是集体教育独特的功能。正因为集体教育是互动的、无痕的教育，才更符合学生的心理状态，更易于增强德育的效益。下面这个例子是对集体教育实效性最好的诠释。

"老师，难忘那个温暖的集体，难忘您的爱，在教师节到来之际，献上我对您最真挚的祝福。"这是我在教师节收到的一条短信。发短信的人是新疆班毕业生戴维。这个短信使我回想起他在毕业前夕的一段经历。一天下午，班长告诉我，戴维被隔离了。由于环境的变化，他显得焦躁不安。当我拎着慰问品走进隔离教室时，只听戴维喊道："老师别进来！这屋里有病毒。"从他的话语中，我听出了抱怨。我微笑着说："放心吧，老师以前出过水痘，这病毒奈何不了我的。还没吃晚饭吧，我给你买了你喜欢吃的烤包子，趁热吃吧。"他抬起头来，接过热腾腾的包子，又看了看放在一旁的慰问品，有些不好意思地说："老师，我的心里很不舒服……"是的，对于一个外地学生因病隔离，我是非常理解的：环境的隔离让他感到孤独，而心灵的隔离更是他难以抚平的创伤。我想，班主任一个人的爱毕竟是有限的，我要让他感受到集体的温暖。首先，我和任课教师联系，每天为他送去最新的复习资料，并将每道题的详解都写在卷子上。然后，我向学生们讲述了隔离室中的戴维面对病痛的孤独。有的学生立即给戴维发了短信："花落的声音秋知道，流泪的感觉心知道，每当你孤独难支、犹豫徘徊时，我们感同身受。""兄弟，把病魔看作挑战，把信念当作武器，你能赢！""无数的思念化作心中无限的祝福，默默地为你祈祷，祝你早日康复！我们期待很快又看见你生龙活虎的身影！"

值日生每天都给他带去一个苹果，并通过传达爱心的千纸鹤，写上一段祝福的话语；全体同学利用大课间，自发地到操场上向隔离教室挥手，并竖起大拇指鼓励戴维要坚强。每每透过玻璃窗，都能看到戴维的眼中闪烁着晶莹的泪光……在老师的关怀、同学们的鼓励下，病愈后的戴维以良好的成绩考入了理想的大学。

戴维毕业后将这段经历写成文章——《天使的笑容》发表在《天津教育》

上："在寒冷的初春，天使般的老师将41位同学的爱心与祝福带给'受伤'的我，是同学们的呼唤鼓舞着我渡过了难关。您的笑容也温暖着我的一生。"隔离中的温暖不仅戴维感受到了，凡是听过或读过《隔离中的温暖》的人都感受到了。此案例在全国第二届班主任能力大赛上征服了所有人，荣获一等奖。另外，前面第一章中提及的那位班主任尽管半个月没有直接对新转来的学生进行任何教育，但该学生的行为却发生了可喜变化的案例也是典型的集体教育功能的体现。尽管班主任没有直接进行教育，但是教育自始至终都在悄悄地进行。之所以如此，就因为这种教育是淡化痕迹的教育，它完全适应学生的心理需求，因而是最有效的教育，这是其成功的关键所在。

天津市师范学校附属小学在培养学生"关爱他人"的系列教育中，营造了浓郁的大爱氛围。全校师生精心设计并在全校开展了"未来老年公寓设计方案竞标"活动。学生走进社区老年公寓，除了为老人们奉献爱心外，还设计了具有科技含量的近百种方案，如"贴心鞋""舒心椅""神奇的服装""多功能眼镜""老年读书机"等。这项活动的开展不仅充分展现了学生丰富的想象力和竞争意识，而且"关爱他人"亦成为他们自觉的行为。

（三）集体教育有益于提升智育水平

集体教育是互动的教育。每一个班集体中，都始终存在着师生之间、生生之间相互影响、相互作用、相互渗透的关系。在教学过程中，如果教师能认真、正确地利用这种关系，就能极大地提升教学效率。在整个学习过程中，无论是学习知识、改进学习方法，还是激发学习动机，班集体都发挥着不可替代的作用。

天津第五中学高中新疆预科1班学生在参与"班集体活动与学生创新精神培养"的研究过程中，通过大量的综合实践活动，使创新精神得以激发。该班学生哈依纳尔在浓郁的创新氛围的激励下，不唯书，不唯上，不唯权威，对政治老师在课上引用的"木桶理论"提出了质疑。哈依纳尔认为，"木桶理论"的运用是有条件的，它只适用于直立状态下的木桶。他还用一个小实验为自己的观点提供支撑。我们姑且不谈这个观点的对与错，该生在创新氛围的激励下所表现出来的敢于批判、勇于挑战、大胆质疑的精神实在是难能可贵的。这个事例表明，一个优秀的班集体是彰显学生主体精神、培育学生创新精神的摇篮。而学生主体精神的彰显、创新意识的培养不正是极为重要的教学目标吗？

二、班集体是学生健康成长的精神家园

（一）班集体是学生社会化的摇篮

班集体是学生社会化的摇篮。社会化是指一个人从自然人变为社会人的过程，具体来讲，就是将社会观念、思想、道德、文化内化为个体的过程。社会化的途径主要有同辈群体、大众媒体、家庭教育、学校教育。这四个途径在学生社会化的过程中都从不同的角度产生着十分重要的作用。学校，特别是班集体作为一个微型社会，是学生最系统、最全面的社会化环境，对学生的社会化产生着重要的作用。班集体作为学生的精神共同体，按一定的社会要求，以教育目标为导向，以课程、集体规范、交往、人际关系、班级文化等为载体，借助同化、暗示、从众等社会心理机制为学生的社会化提供了一个有目的的、有计划的、可控制的微观社会环境，向学生传授社会文化历史经验，指点社会生活目标，教导社会规范，培养社会角色意识，不断提高集体成员的社会心理素质，为学生认识社会，将来走向社会，逐渐成为社会所需要的建设者和接班人奠定了坚实的基础。

“分到好班级，交上好同学，取得好成绩”已成为时下许多家长的一种精神追求，甚至有的家长说：“一定要给孩子找个好学校，学习不好可以努力，但如果学习的环境不好，就容易学坏。”这反映了家长对教育环境的重要性的认识。随着教育的发展，人们越来越认识到，班集体是学生最重要的教育影响源，是学生学习、生活、发展的重要时空，是微型的社会环境，是满足学生积极心理需求的最佳场所，是促进学生主动发展的沃土和摇篮。学生在这里活动的时间最长，交往的频率最高，受教育的时间最长，受到的影响最系统。北京市广渠门中学“宏志班”的成功实践充分彰显了班集体独特的魅力。

“宏志班”是1995年9月1日在全国率先创办的专门招收城市中品学兼优、生活贫困学生的免费高中班。“宏志班”以“特别有礼貌，特别守纪律，特别能吃苦，特别能忍耐，特别有志气，特别有作为”为班训，这一

班训被大家誉为“宏志精神”。作为青少年学生中的一个特殊群体,“宏志班”学生以良好的素质和优秀的表现，得到各方面的好评，该班先后被评为市、区优秀班集体，市红旗团支部。从1995年到2009年，已毕业的726名“宏志班”学生全部考入大学学习深造。据不完全统计,毕业生中有博士后两名，博士生十余名，有近四分之一的学生获博士学位。

北京市广渠门中学的校长认为，升学率不是他们追求的唯一目标，让学生成为一个健康快乐的人，才是他们更深切的期望。“宏志班”的意义不只是改变了上千名学生的命运,它更感染着学校所有的学生,感染着全社会。第一届“宏志班”毕业生刘明把他的第一份工资捐给了“宏志班”毕业基金；第二届“宏志班”学生中先后有27人填写了“捐献眼角膜志愿书”；面对汶川地震、舟曲泥石流、希望工程等重大事件，每一次他们都毫不犹豫地向更需要帮助的人伸出援手……

北京市广渠门中学的经验告诉我们，以“特别有礼貌，特别能吃苦，特别能忍耐，特别有志气，特别有作为”为核心的班级精神孕育了学生大爱无垠、永不言弃、砥砺前行的健康人格和乐观心态，为学生的社会化进程奠定了坚实的基础。

（二）班集体是学生自我教育的平台

苏霍姆林斯基认为，真正的教育是自我教育，自我教育是教育的真谛。学生的自我教育是从认识别人，并把自己和同伴进行比较开始的，是从别人的评价和自己的评价开始的，从分析、评价他人的行为到分析、评价自己的行为，从自我认识、自我评价到自我立法、自我践履，构成了自我教育的过程。这样的教育过程，都是通过集体成员间的交往、互动实现的。对此，唐云增先生进行过深刻的阐释:“在以集体主义为价值导向的班级社会中，集体的共同目标为个性自我教育提供了发展蓝图；在集体的共同活动中为每个成员找到自我教育中表现自己天赋与才能的机会，在某个领域中找到自身的独特位置；在集体中以集体规范与价值标准，为个体自我教育提供参照准则与规约，并作为行动指南；在集体期望的背景下，激起个体对自我教育的展望与要求；在集体的情谊关系中，个体学会如何按照集体主义精神进行角色学习与角色训练，并在成功的角色训练中进行着自我教育。”而集体成员间的交往、互动所形成的民主、和谐、进取的氛围就是自我教育最肥沃的土壤。下面就是典型的在集体中进行自我教育的案例。

在一次班主任研讨会上，张老师的发言引起了我的关注。张老师批评了一个学困生，可这个学生竟当场骂了她。回到办公室后，她气得一句话都没说，带着一肚子委屈回到家中。傍晚，这个学生敲门，来向张老师道歉。“这么短的时间学生为什么会认错？”我不解地问。张老师说：“那天我回家后，全班学生都没有走，他们开了一个‘声讨会’，全班几乎一个声音——‘你必须向张老师赔礼道歉’，在全班同学的巨大压力下，学生就来找我道歉了。”

在张老师没在现场的情况下，教育也悄然发生了。这就是典型的在集体中进行自我教育的成功案例。

（三）班集体是彰显学生个性的沃土

马克思说：“只有在集体中，个人才能获得全面发展其才能的手段，也就是说，只有在集体中才有可能有个人自由。”具体地说，班集体对学生个性的发展主要体现在以下两个方面。

第一，丰富多彩的班级活动以及多样化的班级岗位为学生提供了展示才华、彰显个性的广阔舞台。在一次学生的聚会上，一个已经当了领导干部的学生对我说：“时过境迁，上学时许多事都忘了，唯一难忘的是学校、班级开展的一些活动，这些活动成就了今天的我。”是的，不仅是这个学生，许多学生都是在集体的影响、熏陶、激励下，在集体活动的平台上崭露头角，使自己的兴趣、特长、爱好、个性得以展现、升华、发展的。

第二，在丰富多彩的集体学习、生活、交往的过程中，学生相互学习、取长补短，为自己个性的发展创造了有利条件。英国文学家萧伯纳对人际互动及其效果进行了极为形象的描述：如果两个人每人有一个苹果，将他们各自拥有的这个苹果相互交换的话，他们每一个人还是只有一个苹果；而如果将两个人的思想进行交换的话，那每一个人的思想都会有所变化，并且二者结合会产生一种“1+1>2”的新的思想。两个人一对一的简单、即时的交往和互动尚且如此，几十个人的群体成员之间长时间的交往、互动所产生的能量，激起的火花，对成员的影响是不言而喻的。下面就是一个在集体中彰显个性的案例。

“三好学生”的评选工作总算是结束了，我心中的一块大石头也落地了，但事情却不像我想的那么简单。

“谁能用‘高兴’这个词造句？”一次语文课上我提出了这样一个问题，同学们纷纷举起了小手。最近几天，我发现刘宁同学情绪低落，上课时总是无精打采的，我决定叫他来回答问题。他站起来说道：“被选上的‘三好学生’高兴，我不高兴。”虽然说后半句话时他的声音很小，但我却听得清清楚楚。听了他的话，同学们议论纷纷，有的说：“没选上就没选上，有什么了不起！”几名落选的同学也小声议论起来，好像在说：“你不高兴，我还不高兴呢！我不也没选上吗！”听了同学们的议论，我觉得他们说的并没有错，每个人都有自己的优点，没选上不就因为名额少吗。如何才能调动每个同学的积极性？经过思考，我计上心来——“同学们，你们每个人都有自己的优点，在班集体中都是不可替代的，今天我们将利用班会时间开展‘班级吉尼斯’的评选。”班会课上，同学们反应热烈，一张张小脸涨得通红，一双双小手高高举起，有的说：“我会唱的歌最多，有人敢向我挑战吗？”有的说：“在体育课上我可是长跑比赛的冠军。”还有的说：“我的纪律最棒，我得的‘纪律星’最多。”……刘宁在同学们激烈的发言声中抬起了头。于是我说：“同学们，我们班里还有一名出色的小画家呢！他在全国的绘画竞赛中多次获奖，你们知道这位同学是谁吗？”“刘宁！”同学们异口同声地说。通过评选，我惊异地发现，一个小小的班级竟然也是人才济济。“小小歌唱家”“故事大王”“文明礼貌之星”“纪律小标兵”“数学小博士”“读书小蜜蜂”“古诗文小状元”“热心服务员”“长跑冠军”……真是不评不知道，一评真奇妙。班内学生的各项“吉尼斯纪录”满满地记录了一个本子。本子的封面是刘宁同学主动要求帮着设计的，画面上有一只展翅欲飞的雄鹰。

李晓丹老师在班级开展的“班级吉尼斯”活动为充分展示学生的才华、特长乃至个性提供了广阔的平台。实践证明，班集体的确是彰显学生个性的沃土。

第二节 班集体是学校不可或缺的集体教育组织

一、班集体是孕育集体主义精神的“氧吧”

（一）集体主义是我国公民道德建设的原则

集体主义是我国公民道德建设的原则。

1996年《中共中央关于加强社会主义精神文明建设若干重要问题的决议》中指出：“社会主义道德建设要以为人民服务为核心，以集体主义为原则，以爱祖国、爱人民、爱劳动、爱科学、爱社会主义为基本要求……”

2001年中共中央颁布的《公民道德建设实施纲要》中指出：“集体主义作为公民道德建设的原则，是社会主义经济、政治和文化建设的必然要求。在社会主义社会，人民当家做主，国家利益、集体利益和个人利益根本上的一致，使集体主义成为调节三者利益关系的重要原则。要把集体主义精神渗入社会生产和生活的各个层面，引导人们正确认识和处理国家、集体、个人的利益关系，提倡个人利益服从集体利益、局部利益服从整体利益、当前利益服从长远利益，反对小团体主义、本位主义和损公肥私、损人利己，把个人的理想与奋斗融入广大人民的共同理想和奋斗之中。”

2002年党的十六大报告《全面建设小康社会，开创中国特色社会主义事业新局面》中指出：“弘扬爱国主义精神，以为人民服务为核心、以集体主义为原则、以诚实守信为重点，加强社会公德、职业道德和家庭美德教育。”

我国著名伦理学家罗国杰先生对集体主义的价值进行了精辟的论述：“集体主义是社会主义社会在思想道德领域中最基本的价值导向。在建设中国特色社会主义的伟大实践中，集体主义是动员和团结全国各族人民投身社会主义现代化建设的强大思想武器。在改革开放和发展商品经济的新形势下，加强对全国人民的集体主义思想教育，既是精神文明建设所面临的重要课题，也是培养社会主义事业的建设者和接班人的现实需要。”不仅如此，罗国杰先生还对集体主义的价值进行了具体的阐释。他认为，“弘扬集体主义精神，有利于发挥广大群众的积极创造精神，能够更好地激励广大人民群众发挥前所未有的创造能力……”“只有集体主义的价值导向，才能激发我们关心他人、关心社会、为人民服务的献身精神……”“弘扬集体主义精神，有利于引导广大人民消除两极分化，有利于全国人民走共同富裕的道路……”“弘扬集体主义精神，能够在更加深入的层面上发挥爱国主义思想，形成强大的民族向心力”。综上所述，要建设新时代的中国，必须以集体主义的价值观为精神支柱，形成强大的凝聚力，为实现中华民族伟大复兴的中国梦奠定坚实的思想基础。

（二）集体主义教育是我国教育的基本内容

《小学德育纲要》明确提出，要加强“热爱集体的教育。教育学生知道自己是集体中的一员，要热爱集体、关心集体，培养集体意识和为集体服务的能力；服从集体决定，遵守纪律，努力完成集体交给的任务，珍惜集体荣誉，为集体争光；在集体中团结、谦让、互助、合作，关心他人，积极参加集体活动，学习做集体的小主人”。

《中学德育大纲》也明确指出，要加强集体主义教育，积极开展“正确处理自我与他人、个人与集体、自由与纪律关系的教育”“尊重、关心、理解他人，集体成员之间团结协作的教育”“正确处理个人利益与集体利益、国家利益关系的教育”“以集体主义为导向的人生价值观教育”。

陈瑞瑞先生认为，“集体主义是共产主义道德的基本原则，是共产主义道德的核心内容。因此，高尚的集体主义精神，还是学生形成社会责任感、树立共产主义理想的思想道德基础”。

总之，中央的有关文件及原国家教委的有关政策、法规都对集体主义的价值予以了充分的肯定，对此我们要高度关注。另外，原国家教委还对各级各类学校、学生在加强集体主义教育方面提出了明确要求，广大教育工作者要认真落实。

（三）班集体是学校孕育集体主义精神的重要场所

社会是人们交互作用的产物。马克思指出：“一个人的发展取决于和他直接或间接进行交往的其他一切人的发展。”的确如此。在生活中，我们总是先认识身边的人，再认识这个世界。一个人身边有多少人，就有多大的世界；有什么样的人，就有什么样的世界。这些人素质的高低，决定了你的高雅与低俗、辽远与浅狭、明媚与卑琐。这就是说，任何一个人的发展都同他所处环境中的人的交往、互动休戚相关，而这些人际间的交往、互动就是人的发展的动力源。集体主义当然也如此，因为它本身就是在人与人的交往、互动中表现出来的道德规范和伦理精神。教育实践证明：以交往、互动为主要特征的班集体有利于培养集体主义精神，它是培育集体主义精神的摇篮。班集体的教育功能集中体现在集体主义精神的培养上。对学生来说，离开班集体培养集体主义精神是不可能的。这是因为，离开集体就不可能有人的交往与互动，就不可能有集体主义精神的生成与发展。可以这样说，班集体是孕育集体主义精神的大熔炉。请看下面的例子。

2011 年 3 月 27 日下午，河北衡水中学为高二年级 1 880 名学生隆重举行了第 12 届“感恩自强，勇担责任”成人宣誓仪式。仪式在学校操场举行。庄严的升国旗仪式和雄壮的国歌声过后，18 响礼炮鸣响。接着副校长致词，祝福同学们长大成人，希望他们在拥有公民的权利的同时，不忘公民的责任和义务，勇敢担负起中华民族伟大复兴的重任。之后，在优美的乐曲声中，学生依次踏上红地毯，由领导、家长和教师为他们戴上学校特制的具有中国传统特色的红色“成人帽”，学生向师长恭行“拜谢礼”。戴上“成人帽”的学生表情庄重，走过学校特意为他们搭起的“成人门”，踏上红地毯铺就的“成才路”，步入学校礼堂。整个过程庄严而隆重，令人激动。

在礼堂里，伴着《生日快乐》的音乐声，一个直径 1.8 米、高 1.8 米、插着 18 支蜡烛的巨型蛋糕被缓缓推上主席台。张文茂校长与嘉宾一同点燃了 18 支蜡烛，全场掌声雷动，经久不息。接着，全场灯光熄灭，巨型蛋糕上 18 支蜡烛闪烁着迷人的光芒，学生在烛光中面对国旗，许下了他们心中美好的愿望。许愿后，各级领导和嘉宾为学生颁发了《中华人民共和国宪法》、“成人纪念章”。随后，刘克嘉、夏睿、王然、耿佳四名学生身着汉服表演了配乐诗朗诵《十八岁畅想》，将成人礼推向了高潮。听着四位学生的深情表达，很多师生流下了动情的眼泪。最后，全体学生起立，举起右手，面对国旗发出了铿锵誓言：“我是中华人民共和国公民，面对国旗庄严宣誓……

为中华民族的富强、民主、文明与和谐，艰苦创业，奋斗终生！”一名参加仪式的家长说：“这个仪式不简单，因为精心组织，每个环节都会对学生有所触动，我相信这样的仪式对孩子是一次精神洗礼，相信他会受益一生。”

“18岁成人宣誓仪式”是河北衡水中学精品德育活动之一，到今年为止已经坚持了12届。正如张文茂校长在2009年写给本报的专稿中所说的那样：“德育是一项幸福的事业，对学生的教育不是三天两天，不是三年两年，而应该是一辈子的事，要通过我们富有成效的工作，充满激情的活动，生活化的举措，让学生在活动中、在实践中感悟做人的道理，在灵魂受到强烈震撼的同时，受到足以影响其一生的教育。”

前面谈到的“红旗被摘走之后”的案例也是如此。集体的目标牵动着学生的心。一个目标实现了，他们欣喜若狂；红旗被摘走，在实现目标的过程中受挫了,他们万分悲伤。学生们抹着眼泪自发地召开了“誓师会”……半个月后，红旗又重新挂到班里的墙壁上。红旗又夺回来了，同学们似乎又长大了，班集体更加成熟了……长大、成熟的标志是什么？集体主义精神的提升无疑是长大、成熟最重要的标志。所有这一切都充分阐明了“在集体中展现的东西，只有在集体中去培养”以及“班集体是孕育集体主义精神的摇篮”的观点。

二、班集体是学校教育工作的重要载体

（一）班集体是学校工作的根基

班集体是学校工作的根基,没有根基的建筑是无法存在的。李永生在《和谐班级的建设：班级中的交往与互动》一书中指出，班级是学校最基层的组织,是教师和学生进行活动的基本场所,是学校开展教育活动的基本单位,也是学校进行德育管理工作的基点。学校所有的教育教学工作都是通过班级进行的。有人曾形象地把班级比喻为学生磨炼本领、学会生存、创造人生的“驿站”,是进行知识信息交流、体验快乐与忧愁、酿造希望与收获的“生活舞台”。班级建设的成效如何,从结果上看,会直接关系到学校教育的成效,关系到学生的个性化与社会化发展的广度与深度。因此，包括家长在内的许多人，都自觉不自觉地把班级及其建设视为影响孩子成长的十分重要的

因素。不仅如此，班级作为学校教育的基本单位，能直接反映学校教育功能实施的成效。从这个意义上讲，班级不仅是班主任进行德育工作的重要载体，也是学校进行德育工作、全面推进素质教育的特殊操作系统。

各级教育行政部门历来都十分重视班集体建设。2011 年 6 月 20 日，教育部以“双百”人物中的共产党员的名字命名了 128 个中小学班集体。围绕这项活动的开展及班集体建设的话题，《中国教育报》记者专访教育部基础教育一司时，有关领导表示：“中小学班集体对中小学生、中小学校甚至是中国教育都太重要了。中小学校长和教师怎么重视班集体建设都不过分。我们也希望，各地中小学能够以这次命名活动为契机……加强班集体建设。”这是从中国教育的高度来阐释班集体建设意义的，这是对班集体建设价值的最好诠释。

（二）班集体是班主任工作的重要操作系统

1．班集体是班主任工作的主要抓手

教育部《关于进一步加强中小学班主任工作的意见》（以下简称《意见》）明确指出，“中小学班主任是中小学教师队伍的重要组成部分，是班级工作的组织者、班集体建设的指导者、中小学生健康成长的引领者，是中小学思想道德教育的骨干，是沟通家长和社区的桥梁，是实施素质教育的重要力量”。这样的角色定位就决定了搞好班集体建设是班主任的主要职责。另外，教育部（国家教委）下达的有关文件进一步明确了班主任的职责。国家教委制定的《中学班主任工作暂行规定》明确指出：“班主任的基本任务是按照德、智、体、美全面发展的要求，开展班级工作，全面教育、管理、指导学生，使他们成为有理想、有道德、有文化、有纪律、体魄健康的公民。”《意见》共提出五条班主任工作职责，其中两条都涉及班级和班集体建设，一是要做好班级的管理工作，二是要组织好班集体活动。由此可见，班集体是班主任工作的重要载体，班集体建设是班主任工作的主要内容，是班主任工作的重点，是班主任义不容辞的职责。班主任的工作时间和精力都集中在班级的教育与管理上。正像著名教育家班华教授所说的那样，“班主任在班级中的地位、作用，班主任的职责及其劳动性质决定了他在班级学

生素质教育中的特殊操作系统。……他的整个操作系统可以表述为：班主任主导下突出受教育者主体性、发展性、活动性，形成班级内外教育合力，有效地促进学生素质发展的班级教育系统”。

2．集体教育功能有待进一步发挥

班集体建设在我国有着优良的传统，各级教育部门、学校也比较重视。从政策与法规上讲，教育部（国家教委）及有关部门颁发了诸多文件、法规，对班集体建设提出了明确的要求。

我曾经对天津市宝坻区第九中学、新疆和田地区第二中学、安徽省亳州市第一中学南校、天津市北辰区李咀小学的238名教师进行过一次问卷调查（如下图）。

集体教育问卷调查（选择题部分）

第1题　在教育教学工作中，班集体对你有作用（或帮助）吗？

选项	小计	比例
A．经常	228人	95.80%
B．偶尔	9人	3.78%
C．没有	1人	0.42%
本题有效填写人次	238人	

第2题　在教育工作中，你通过（利用）班级进行管理、教育过学生吗？

选项	小计	比例
A．经常	205人	86.13%
B．偶尔	33人	13.87%
C．没有	0人	0%
本题有效填写人次	238人	

第 3 题　在教育教学工作中，你有计划、有目的地进行过班集体建设吗？

选项	小计	比例
A．经常	186 人	78.15%
B．偶尔	44 人	18.49%
C．没有	8 人	3.36%
本题有效填写人次	238 人	

第 4 题　我认为集体教育是（　　）。

选项	小计	比例
A．教育内容	48 人	20.17%
B．教育观念	116 人	48.74%
C．教育手段	74 人	31.09%
本题有效填写人次	238 人	

上述问卷尽管在设计、取样、统计过程中难免有不规范、不严谨之处，但与我们所了解的班级建设实践基本上是吻合的。从这个角度讲，这次问卷的结果可以以小见大，据此，我们可以初步得出两个结论。

第一，我国班集体建设的实践总体是健康的。在参与调查问卷的 238 人中，认为在教育教学工作中班集体经常起作用的占 95.80%，经常通过班级进行管理、教育学生的占 86.13%，经常有计划、有目的地进行班集体建设的占 78.15%；认为班集体没有作用，没有有计划、有目的地进行班集体建设的一共才 9 人，只占调查人数的 3.78%。这组数据和班级建设实践表明，大多数班主任是重视班集体建设的，我们的班集体建设的实践基本上是健康的。

第二，集体教育理论亟待提升。在对第 4 题的回答中，选择“教育内容”和“教育观念”的共 164 人，而选择“教育手段”的有 74 人。这就是说，有 68.91% 的教师对作为教育手段或教育方式的集体教育认识不清。

在调查问卷第 5 题“用最短的话（一两句话）说明什么是集体教育”的简答题中，回答基本正确的共 65 人，占总数的 27.31%。

在调查问卷第 6 题“参加工作后什么教育理论（说一两个就行）对你的影响较大”的简答题中，参加问卷调查的 238 位教师的回答涉及了情感理论、建构理论、合作教育理论、需求理论、行为理论等60多种教育理论，而明确涉及马卡连柯、陶行知集体教育理论的只有1人（仅占参加问卷调查教师总数的0.42%），仅有6位教师涉及了愿景理论、平行教育原则。这几组数据说明，不少班主任对集体教育理论了解甚少、认识模糊，这极大地影响了班集体建设的效益，这一情况必须引起我们的关注。

另外，从问卷调查及我们了解的情况看，各地班集体建设的发展是不平衡的。一些学校对班级建设还不够重视，对集体教育的指导与管理显得无力，甚至个别学校在班集体建设中出现了“放任自流”“徒有其名”“自生自灭”的现象，严重地影响了德育的效益。部分地区的班主任对班集体建设及集体教育的漠视值得我们关注。从班集体建设（集体教育）的现状看，班集体的作用与部分学校、班主任对班集体建设的重视程度有很大关系；从集体教育入手去研究提高德育实效性的问题还没有引起广大班主任的重视；一些班主任对班集体的认识往往集中在它的工具意义上；一些班主任对集体教育理论了解甚少，有计划的、自觉的实践也不多；集体主义精神的弱化影响了集体教育功能的发挥。

综上所述，部分学校、班主任对班集体建设认识不清、指导无力、管理不善，尚不能满足学校班集体建设及德育工作的需要，集体教育的优化可以说是任重道远。这些必须引起有关部门、学校、班主任的高度关注。

（三）班主任在班集体建设中成长

教育实践告诉我们，班集体建设的过程不仅是学生全面、和谐发展的过程，也是班主任提升专业素养的过程。

1. 集体教育的过程是班主任道德素养提升的过程

班集体建设是个复杂的系统工程，它不可能是一帆风顺的，肯定会遇到许许多多这样或那样的问题。班集体建设的过程就是不断解决问题、克服各种矛盾的过程，是敬业、奉献的过程。班主任在整个班集体建设过程中只有积极进取，不为名利所惑，不被讥讽嘲笑所动，才能建设好班集体。另外，在建设班集体的过程中，班主任要身教重于言教，要求学生做到的自己首先要做到。要想让学生坚持正确的政治方向，班主任首先要坚持正确的政治方向；要想培养学生的创新精神，班主任必须首先具有创新精神；要想培养学生健康的心理素质，班主任必须具备良好的心理素质……可以说，班集体建设的过程就是对班主任道德素养的挑战、锤炼、考验的过程，也是班主任自我教育的过程。下面这个事例讲述的是浙江省义乌市赤岸镇赤岸初级中学刘会然老师在班集体中成长的感人故事。

大学毕业时，我被分配到一所偏僻的乡村中学，学校几乎所有的男教师都吸烟。刚开始工作时，学校领导交给我一个全校最“烂”的班。小事天天有、大事不间断的烦恼，令年轻的我迅速变成了“烟民”。开始，我还是怀着“不抛弃、不放弃”的信念来教育这群学生的，但不久，有个男生竟然偷了我办公桌里的钱去网吧玩游戏。更令人难以置信的是，全班学生竟然都包庇他。从那以后，我的信念动摇了，烟也吸得更凶了。

终于，我因吸烟过度，在课堂上时常爆发出令学生心惊肉跳的咳嗽声。有几个学生怯怯地请求我：“老师，戒烟好吗？”我愤怒了：“戒烟，戒烟，你们为什么不戒掉你们的陋习！”最后，我因咳嗽越来越重住进了医院。住院期间，一位同事来医院看我，带来了全班同学给我的一封信。同学们在信里说，他们当初并不是学校最差的班级，只是因为原来的班主任根本不爱他们，他们才自暴自弃的。上次偷我钱包的同学的父亲是个脾气非常暴躁的人，一旦知道这件事，一定会打断他的腿，所以全班同学才包庇他。同学们在信上说：“都是我们不好，惹得老师生病住院。吸烟是最危害健康的，老师，我们商量好了，以后不再惹祸，只要您能戒掉烟，我们所有同学保证戒掉各种陋习，我们都希望您早日回来……”最后是同学们密密麻麻的签名。看完信，我有种莫名的感动。

出院后，我通过逐步减少抽烟量的方法试着戒烟，我发觉每个学生也都在努力地改变自己，班级在纪律和卫生方面也很少再被扣分，任课教师也渐渐反映我们班上课纪律好多了。

终于有一天，我在班会课上郑重宣布“戒烟成功”。同学们为我欢呼雀跃。感谢这群让我戒烟的学生，是他们让我明白：只要信念在，没有什么不能改变。

2．集体教育的过程是锤炼班主任专业能力的过程

班主任的能力都是在实践锻炼中培养的，班集体是培育班主任能力的

有效平台。如前面所说的那样，班集体建设的过程就是不断解决问题、不断克服各种矛盾的过程，是对班主任的挑战、锤炼、考验的过程。面对困难、挑战的时候，班主任除了要具备敬业、奉献的精神外，还要具备相应的专业能力，这是做好班主任工作的保障。实践证明，班集体建设的过程就是培育班主任组织能力、协调能力、交往能力、创新能力、教育能力的过程。综上所述，班集体不仅是学生成长的摇篮，也是师生共同发展的殿堂，是提升班主任专业素养的重要平台。下面就是一则班主任在班集体建设中锤炼自身综合能力的教育案例。

我班有一位女生，心理素质极差，性格内向，疑心很重，平常不和任何人来往。随着青春期的到来和高三学习压力的加大，她出现了严重的心理问题。有时在课上突然拍桌子，大喊大叫；有时忽而泪流满面，忽而破口大骂；有时无缘无故捶打自己的脑袋，谁也劝不得；有时竟然在全班同学面前点火烧东西……同学们谁都不敢接近她，更不敢同她说话，有的家长打电话要求给自己的孩子换座位，有的家长要求学校将这名女生劝退，有的家长甚至产生了让孩子转学的念头。这名女生的家长极不配合我们的工作，既不同意带孩子去看病，更不愿意让孩子休学疗养，还经常挑我们工作中的毛病。一个学生把全班搅得非常混乱。劝她退学吧，对孩子的影响那是难以估量的，况且家长也不同意；留下她吧，万一影响了其他学生的高考，这个责任谁也担不起……在校长的支持下，我带着希望、压力开始了极其艰难的工作。我和年级组、政教处的教师们多次召开班干部会、任课教师会、家长会，做好任课教师、家长、同学们的思想工作。号召大家主动接近和关心她，用真情去温暖她，千方百计地把她从病态的边缘拉回来。全体任课教师、学生、家长都用大爱践行了自己的承诺。同学们对她平时的异常表现不再害怕、不再惊恐，而是装作若无其事；当她怀疑谁说她什么时，同学还向她赔礼道歉；课上她泪流满面时，教师轻轻抚摸她的头以示安慰；每次重要考试时，教师们都亲自送她入场，以笑脸迎她出场，并鼓励她一定能考好；当她有问题时教师会优先解答；每次考试后，教师或校长会亲自帮她分析……功夫不负有心人。我们无微不至的关心和爱抚使她有了信心，压力减轻了，病情逐渐好转。更令人惊喜的是高考前她竟完全恢复了正常，并以优秀成绩考入一所重点大学。我们成功了！我们终于从严重疾患的边缘把她拉了回来。

集体教育过程也是拓展班主任专业知识的过程。我们都知道，育人是班集体建设的宗旨。而以人为研究对象的班主任工作本身就是一个非常复杂的系统工程。不仅如此，班集体建设本身也是一门科学，建设一个良好的班集体除了需要教育学、心理学、德育学、行为科学知识以外，还需要集体教育学、群体动力学、社会学等有关知识。任何一门科学，除了有其独特的理论体系外，还有其自身的规律、特点、策略、原则等。因此，班集体建设的过程，就是学习、探索、践行相关教育理论的过程，当然也是学习班主任专业理论的过程。

综上所述，班集体建设过程是班主任在集体中不断成长的过程，这充分佐证了班集体不仅是学生成长的摇篮，也是班主任成长的摇篮的观点。

第三章

集体教育的导向

集体教育是通过集体进行的以集体主义为价值导向的教育，这是集体教育的突出特征，它是由学校的社会主义性质决定的。集体主义精神培养是学校教育的重要内容，其教育目的是使学生正确认识和处理个人与集体的关系，促进集体与个体的利益和谐统一。集体主义具有时代性，新时期的集体主义强调集体与个体的发展是辩证统一的。从总体上讲，集体利益是个体利益的集中体现，是个体利益的最大化。我们尊重个体发展，更强调以责任感、凝聚力、荣誉感的培育为集体教育的抓手，进而在集体教育中使学生养成尊重他人、团结友爱的习惯，提升为集体服务的意识及能力，学会正确处理个人与集体的关系。集体教育作为一种教育方式，需要教育者的统筹引领，集体教育的方向取决于教育者价值导向的内容。我们认为，集体主义是集体教育正确的价值导向，爱国主义教育、理想教育、道德教育都是集体教育的重要内容，也是集体教育正确的价值导向的根基。

第一节　集体主义是集体教育的价值导向

一、集体主义导向是由学校的社会主义性质决定的

（一）集体主义是社会主义学校的必然要求

集体主义是无产阶级世界观的内容之一，它是与社会主义事业密切联系在一起的。集体教育是通过集体进行的以集体主义为价值导向的教育，这是集体教育的突出特征，它是由学校的社会主义性质决定的。“社会主义社会是建立在生产资料公有制的基础上、按集体原则组织起来的新型社会，在这种社会中生活的人都不是彼此孤立和游离于集体之外的人。‘我们的教育任务就是要培养集体主义者’，而只有当一个人长时间参加了有合理组织的、有纪律的、坚忍不拔的和有自豪感的那种集体生活时，才能培养出集体主义者的思想、信念和行为习惯”。

集体主义教育是社会主义学校教育的必然要求。我国的教育方针指出，教育必须为社会主义现代化建设服务，必须与生产劳动相结合，培养德、智、体等全面发展的社会主义建设者和接班人。这就决定了学校教育要以集体主义精神作为思想道德建设的一个基本原则。在学校，我们通过集体教育，引导学生正确认识和处理个人与集体、个人与社会、个人与国家的关系，努力让学生具有集体主义价值认同，锤炼学生的集体主义精神，锻造学生的集体主义品格，帮助学生从思想上和行动上践行集体主义价值观。

在我国，集体主义精神是公民道德建设的一个原则。

从国家层面来看，中央印发的《公民道德建设实施纲要》把集体主义作为公民道德建设的内容加以倡导——“集体主义作为公民道德建设的原则，是社会主义经济、政治和文化建设的必然要求。在社会主义社会，人民当家做主，国家利益、集体利益和个人利益根本上的一致，使集体主义成为调节三者利益关系的重要原则。要把集体主义精神渗入社会生产和生活的各个层面，引导人们正确认识和处理国家、集体、个人的利益关系，

提倡个人利益服从集体利益、局部利益服从整体利益、当前利益服从长远利益，反对小团体主义、本位主义和损公肥私、损人利己，把个人的理想与奋斗融入广大人民的共同理想和奋斗之中”。

在学校教育层面，1993 年，国家教委颁发的《小学德育纲要》强调指出，小学德育要加强“热爱集体的教育”；1995 年 2 月，国家教委正式颁发的《中学德育大纲》将“集体主义教育”作为重要的德育内容，并明确提出初中、高中阶段教育的具体要求。1995 年 11 月，国家教委颁布试行《中国普通高等学校德育大纲》，明确将“树立以社会主义集体主义为核心的人生观和价值观。努力为人民服务，发扬对国家和人民的奉献精神，顾全大局，正确处理国家、集体、个人之间的利益关系；反对拜金主义、享乐主义和极端个人主义”作为重要德育目标，提出“要针对高校学生及各学习阶段的特点安排德育内容，形成以爱国主义、集体主义、社会主义教育为核心的、相对稳定的教育内容体系”。2000 年 12 月，中共中央办公厅、国务院办公厅印发的《关于适应新形势，进一步加强和改进中小学德育工作的意见》指出：“中学德育工作的基本任务是把学生培养成为热爱社会主义祖国的具有社会公德、法治意识、文明行为习惯的遵纪守法的公民，引导他们逐步树立正确的世界观、人生观和价值观，不断提高爱国主义、集体主义和社会主义思想觉悟，为他们中的优秀分子将来能够成长为共产主义者奠定基础。”2004 年 2 月，中共中央、国务院在《关于进一步加强和改进未成年人思想道德建设的若干意见》中将“积极倡导集体主义精神和社会主义人道主义精神，引导广大未成年人牢固树立心中有祖国、心中有集体、心中有他人的意识”作为未成年人思想道德建设的主要任务之一。

综上所述，集体主义教育是社会主义学校的必然要求，学校教育要高度重视集体主义教育，要用集体主义精神铸造学生的个性，发展他们的自我教育能力。引导学生学会正确处理个人与他人、个人与集体、个人与社会的关系，使他们成为方向正确、道德高尚、热爱社会、热爱祖国的集体主义者。

（二）集体主义是集体与个人利益的和谐统一

1．传统集体主义的特点

传统的集体主义强调个人利益无条件服从集体利益，而无视个人利益；只强调“我为人人”，而淡化“人人为我”，因而把集体利益与个人利益割裂开来，形成非此即彼、势不两立的对立关系。在班集体建设中也有类似情况，有的教师只强调集体，忽视了学生个人的自由和个性发展，极大地挫伤了学生对班集体建设的积极性。

在学校，传统的集体主义多强调“绝对服从”“班集体至上”等，甚至衍化出了“班主任权威”“班干部说了算”等披着集体主义外衣的学校官僚主义、本位主义。有时，集体甚至会成为与学生个体相对立的存在，造成集体主义畸形存在或被异化。其实，随着时代变迁，集体主义也在不断丰富和发展，其内涵和特点也应该具有明显的时代特点。

2．新时期集体主义的特点

集体主义作为一种道德原则，其最大意义在于成为规范人们行为的指导，也是在调整个人利益和集体利益关系时所遵循的根本原则。随着社会经济、政治的发展，集体主义的内涵和特点也在发生变化。新时期集体主义有如下特点。

第一，集体发展与个人发展是辩证统一的。坚持以人为本是新时期集体主义的基本要求；集体发展是个人发展的基础，个人发展是集体发展的动力；个人对集体奉献，集体受益的同时，个人也同样会受益，这便是“我为人人，人人为我”的集体情怀。

第二，集体利益与个人利益是和谐统一的。首先，个人利益是集体利益的基础，满足每个个体正当利益的过程，其实也就是实现集体利益的过程。其次，集体利益在一般的情况下与个人利益并不矛盾，集体利益是个人利益的集中体现，是个人利益的最大化。再次，集体利益与个人利益出现冲突时，要区别对待：对于包含个人利益在内的共同利益、共同目标、共同责任和共同荣誉，每一个集体成员都应该以集体利益为重，主动地维护它，积极地为它做贡献，必要时甚至可以牺牲一些个人利益；当集体中某些人的目的是维护自己的不正当利益时，不能允许其借集体之名要求他人做出牺牲。

第三，正当合理的个人利益是集体利益最大化的重要体现。我们必须正视个人的正当权益，尊重个人的主动性、创造性及价值，要在集体中倡导并尽力做到“人尽其才，才尽其用”。当然，个人利益不能触犯集体利益，在实现个人利益的时候，不能以损害对方利益为前提。因此，个人利益虽有正当性、合理性，但应该以不违背、不损害集体利益为底线。

第四，在任何集体中，在以不影响和不牺牲他人利益为前提的情况下来实现个人利益，同样也是集体主义的体现。

小马 16 岁，是高一年级的一名住宿男生，他有睡觉打呼噜的毛病，经过多家医院治疗也不见效果。在高一开学第一天，他就找到班主任，告诉班主任自己睡觉打呼噜，怕影响同学，希望班主任安排宿舍时给予考虑，班主任当时没在意。一周后，因小马睡觉打呼噜声音太大严重影响睡眠，同宿舍的同学陆续找到班主任。班主任让大家再适应一段时间，如果不能适应再想办法。一个月后的一天，小马在周记本里夹了一张小纸条，大意是说，一个月了，自己还在用药，但还是没有效果，自己影响了同学休息感觉很不好意思，经过与家人商量，考虑到实际情况，准备去外面租房，家长来陪读。最后，经过班主任的协调，学校在校内单独给小马安排了宿舍。

天津市的某高职学校，一个睡觉打呼噜的男生 3 年调换了 6 个宿舍，把同宿舍的每一个同学都影响得休息不好，有的同学甚至凌晨给辅导员打电话要求调宿舍，有的同学难以忍受呼噜声，躲到宿舍楼道睡。

我们比较这两位同学的表现可以看出，小马同学为了不影响集体，不影响同学休息，提前跟班主任要求并主动请求搬出宿舍，这种做法体现了小马的集体主义意识。

我们知道，班集体建设的宗旨就是为了使班集体健康稳定地发展，形成积极向上的班风、良好的学风、融洽的师生关系、和谐的班级氛围。在一个行为习惯优良、学习成绩优异、师生关系融洽的和谐班集体中，学生的个性也会得到充分的发展。每个学生在奉行个人利益服从集体利益并为实现集体目标而努力的同时，也一定会赢得理解、尊重、赞誉。这时，我们会发现，集体利益与个人利益是高度一致的，个人利益会以集体主义的方式体现，并最大限度地得以满足，从而促使个体得以充分发展。

二. 集体主义精神的培育

（一）集体教育的主要目标

1. 养成尊重他人、团结友爱的习惯

尊重是接受的前提，是沟通与交流的基础，是班集体良好氛围营造的先决条件。我们知道，班集体是通过师生间、生生间、教师与家长间的交往互动、彼此影响而发展的。在这个过程中如果没有尊重，就不可能有快乐和谐的交往互动。成员间无法形成团结友爱的良好氛围，班级就很难形成一致的价值取向，集体主义精神在班集体内就很难生根发芽。所以，尊重他人是集体教育的重要目标，也是班集体建设的重要策略。

尊重他人，就是要尊重他人的人格、情感、个性、需要和主体地位。侮辱、体罚、诽谤、当众指责等都是对他人人格的不尊重，班主任在班集体建设中要善于发现问题，及时引领班集体健康发展。当下，追星、对异性的爱慕、单亲孩子的教育等问题已成为班主任建设班集体过程中遇到的普遍问题，这些问题也都涉及教育引导过程中的情感尊重问题。许多班主任在处理这些问题的时候，多是通过单独交流、倾听，进而通过沟通疏导、召开主题班会、组织班级活动等方式来解决的。

许多学生在集体中会表现出这样或那样的“问题”,其实,每一个“问题”的背后都有一段故事。在很多情况下，我们都应该尊重学生的情感、个性、需要，尊重学生的主体地位。同时我们也应该引导学生要相互尊重。

在班集体中，每一个个体的存在都是以个人的个性存在为基础的，尊重人归根到底是尊重人的个性，在平等博爱的基础上尊重每一个个体的人格。尊重学生的个性意味着要承认学生的个别差异，尊重个性的多样化。

尊重他人和团结友爱是班集体教育的重要内容，也是班集体稳定、健康发展的需要。马卡连柯指出:“集体是个人的老师。”在班集体管理过程中，班主任要通过价值引领、榜样带动、活动跟进、舆论监督来强化集体内部

的认识、合作，为学生尊重他人和团结友爱提供肥沃的土壤，让学生在丰富多彩的集体生活中，满足自尊和自我表现的需要，也为他们提供尊重他人、学习他人的机会。

2. 提升为集体服务的意识及能力

为集体服务的意识是集体主义精神的核心价值之一，它是在班集体发展过程中，对全体学生要着力引导、培养的重要思想和品质。我们要通过班集体的建设和发展，让每一位成员都逐渐认识到自己是集体的一员，有义务为集体服务，要逐渐养成为集体服务的意识，提升为集体服务的能力。

天津市蓟州区桑梓镇中心小学的曹玉杰、尹丽丽等班主任在班级管理过程中，开展“人人有事做，事事有人做”活动。她们把班级的每一项工作都精细化并分派、落实到每一个人，让班级的每一位成员每天都承担一定的任务、职责，为集体做一件事，或者养护一盆花，或者负责擦一次黑板，或者开关一扇窗，或者提醒开关灯，等等。总之，班内每件事都落实到每个人，让“在集体中，服务集体”成为每一位班级成员在“享受集体利益”的同时必尽的责任和义务。

这样，在集体中，班集体成员基于共同的价值引领和价值认同，就会相互关心、相互学习、相互帮助，他们会逐渐明白为集体就是为自己，明白“人人为我，我为人人”的道理，从而提升为集体服务的意识及能力，进而把“为集体服务”固化为一种责任和应尽的义务。

3. 学会正确处理个人与集体的关系

学会正确处理个人与集体的关系是集体教育的目标要求，也是集体主义精神培育的核心内容，它对学生的终身发展起着至关重要的作用。在处理个人与集体关系的问题上，我们要让学生懂得：第一，要维护集体荣誉。第二，要正确处理个人与集体的关系，个人要与集体和谐发展。集体主义原则从根本目的上说，不是个人服从集体，而是个人和集体的和谐发展。集体主义原则的最高理想就是达到使两种利益和谐共生、同步实现的目的。按照集体主义要求，在发生利益冲突时，人们既应当划清个人正当权益与不合理要求的界限，又应当眼光远大、心胸开阔，自觉地从维护绝大多数人民群众的根本利益出发，以社会集体利益为重，按集体的层次选择道德行为。第三，要与人为善、和睦相处，把维护个人权益与承担集体责任统一起来。第四，只有把个人价值和个人发展目标与集体、国家前途命运紧密联系在一起，才能最大限度地实现个人价值。

我们在集体教育的过程中可以从以下几方面进行尝试：第一，要以正确的、恰当的要求去规范学生的行为；第二，要用丰富多彩的活动去引领学生；第三，要用典型的案例剖析去矫正学生的个性偏差；第四，教育的方法和途径要多样化。

学校是学生从家庭进入社会的“过渡地带”。在这里，他们要学会做事、学会交往、学会做人、学会求知，他们将懂得纪律与秩序，丰富与人相处的方法与经验，学会正确处理个人与集体的关系。

（二）加强对学生责任感、荣誉感的培育，增强集体的凝聚力

1. 责任感培育

在班集体建设过程中，责任感培育是很重要的，如果每一位学生都有极强的责任感，那这个班级就会有极强的荣誉感和凝聚力。可以说，让每位成员都有自觉的责任意识，是班级健康发展的基础。因此，班主任一定要高度重视对学生责任感的培育。

责任意识是可以通过集体教育来培养的。责任意识培养应该落实在日常活动中，并融入教育活动的要求中，教育者要善于引导。在班集体建设过程中，强化“我的责任”意识有助于责任感的培养。

天津市第五中学的宓雅梅老师是这样培养学生的责任感的：（1）规范日常行为，唤醒学生的自我责任；（2）培养学生的主人翁意识，强化学生的班级责任；（3）寻求家长支持，拓展学生的家庭责任；（4）开展丰富多彩的活动，深化学生的社会责任。在培育学生的责任感时，目标要具体化，过程要系统化，方法要多样化。

责任感是集体主义精神的原动力。在集体中，如果每一个成员都有极强的责任意识，那么，集体就会有强大的生命力和战斗力。作为班主任，一定要下大力气，站在一定高度，研究责任感教育，加强对班集体的责任感培育。

2. 荣誉感培育

集体荣誉感是一种热爱集体、关心集体，自觉地为集体尽义务、做贡献、争荣誉的道德情感。它是推动集体成员积极向上的精神动力，也是集体教育过程中要着重培养的集体情感。在学校班集体建设过程中，培育集体荣誉感是十分重要和必要的。

天津市蓟州区桑梓镇西吕庄中心小学的王洋老师是一名语文老师，并且一直做小学班主任工作。在多年的语文教学实践中，她尝试进行了“小组集体写日记”活动。她把学生分成几个学习小组，每个小组6名同学共用一个日记本，小组成员每天轮流写日记，其他成员每天给日记写评语或读后感。这样，每篇日记下面都会有其他5个人的读后感或评语。每位同学写日记或读后感都很认真，每个人都想把自己最好的“作品”展示给其他成员。每月一次的“小组日记展”也是一次小组荣誉展。王老师还根据小学生不同年龄的特点采取在本子上盖小红花图章、在班级公示栏奖励小五星、发“星光”小奖状（如“纪律之星”“礼仪之星”“助人之星”等）等方式培养学生的荣誉意识。

集体之所以成为集体，是因为它有凝聚力。一个集体要发展成为优秀的集体，它一定是有极强的凝聚力的。要想让集体优秀，就必须加大对其凝聚力的培育。任何一个集体在最初组建之时，每一名成员各有想法，这是很正常的。但集体教育的最大魅力就在于集体既是教育的客体，也是教育的主体，用集体教育集体并产生新的集体，集体成员之间会产生巨大的教育力量，这都是产生凝聚力的“温室”和“种子”。

山东的王老师采取了五个策略强化班集体的凝聚力：第一，强化针对性的教育，为形成集体凝聚力打好坚实的基础。班级建设之初她开展了三项活动——树自信，让学生讲自己最成功的一次体验或经历；找优点，让每个学生在第一次班会上向全班同学展示自己的优点；我能行，适时召开主题班会，让学生用事实说出“我能行”。第二，制订共同的奋斗目标，为增强班级凝聚力提供内在动力。第三，开展丰富多彩的活动，为提高班级凝聚力提供有效的教育载体。第四，建立完善的班级管理制度，为保持班级凝聚力提供可靠的保障。第五，营造正确的舆论氛围，为巩固班级凝聚力创造良好的条件。

广东的侯老师采取三项举措来加强班集体凝聚力：第一，确立班级共同目标；第二，巧用合作与竞争；第三，建立多向交往沟通网络。

甘肃的黄老师针对班级凝聚力的培育实施了五个策略：提出明确的奋斗目标、选择和培养班干部、形成良好班风、组织丰富多彩的活动、做好个别学生的教育工作。

广西的庞老师针对班级凝聚力的培育做了以下工作：让学生在思想上认识集体与个体的关系；树立正确的集体舆论，发挥集体教育优势；设评比栏，调动学生为集体服务的积极性；成立帮带小组，鼓励学生间互相帮助；让学校、社会、家庭通力合作，形成凝聚力培育的教育合力。

在集体发展过程中，班级活动是培育班级凝聚力的重要举措和抓手。班级活动中的交往过程给了学生表现才能、增长才干、相互理解的机会。通过班级活动，不断促进班级人际交流，可对学生产生积极的导向作用，从而增强班级的凝聚力。管理者团队要善于设计和引导集体活动的每一个发展环节，精心设计每一次活动，让每个成员都分担一定的任务，扮演自己感到可以胜任和满意的角色，自觉、主动地想办法来参与活动，自然而然地融入教育过程。苏霍姆林斯基说："班主任的教育艺术就在于把集体生活组织得对儿童具有巨大的情绪吸引力，使集体的成员个个都爱自己的集体，以自己集体的成绩自豪。"当每一个成员都真正形成了集体意识并且产生了对集体的责任感和荣誉感的时候，松散的班级群体就会迅速发展为成熟的班集体。

许多班主任会通过共同目标追求、共同情感激励来达成共同价值引领，使每一个成员都对集体产生归属感和心理认同，使每一个成员都把集体荣誉看成自己荣誉的一部分。在一个集体中，如果全体成员都意识到，正是由于自己和同学的共同努力才使集体获得荣誉，那么，这种成功的体验会给学生带来愉悦的心理感受和自我肯定的满足感。而崇高的集体荣誉感又会对个体产生有益的心理激励，促进个体追求更高的荣誉。同时，体验集体荣誉的愉悦感和自我肯定的需要也能引导个体不断上进。

无数实践证明，明确的集体奋斗目标和正确的价值取向会唤起集体成员的集体荣誉意识。每一个集体奋斗目标的确立，都会激励集体成员担负起自己的职责，为实现目标积极努力。在实现目标的道路上，成员会自觉地将集体的愿景化为个体努力的动力。一旦这个奋斗目标需要大家共同努力才能达成，就会激起成员相互支持、团结合作的愿望。这也是集体荣誉感生根滋长的过程。可见，实现集体奋斗目标的过程，也是培育集体荣誉感的过程。一旦集体奋斗目标通过大家的共同努力得以实现，集体的荣誉感和凝聚力就会进一步得到升华。

苏霍姆林斯基指出："集体是人们复杂的精神共同体，活动是集体形成的基本条件。"每个成员在班级的价值观和规范的约束下都享有一定的权利并承担相应的义务，这使他们在感觉集体规范和集体舆论的压力的同时，能自觉对照集体的要求、同伴的行为，努力调整自己的行为，使之更符合要求，趋于合理。同时，以集体主义为价值取向的集体生活和教育活动会促使集体成员不断增进交往，加强合作。在此过程中，每一名成员都会在体验中不断明确并实现班级奋斗目标，逐步认识个人与集体的关系，认识到个人服从集体的意义，认识到集体合作、互助、包容的意义，认识到团结、统一的价值，认识到每个成员对集体应负的责任和应尽的义务。

第二节　集体教育需要教育者的统筹引领

一. 集体教育需要正确的价值的干预

（一）集体教育是重要的教育方式

集体教育之所以是教育方式，可从两个方面去理解：一是集体教育的概念。集体教育是“以共产主义的道德规范集体主义思想为指导，以集体的手段组织教育过程，把学生培养成集体主义者的教育”。简言之，集体教育就是通过集体的手段进行的，以集体主义为价值导向的教育。从这个角度讲，集体教育是教育的手段、教育的抓手，是对学生进行教育的基本形式。二是教育的要素。一般来讲，教育包含教育者、受教育者、教育影响三个要素。整个教育的过程就是教育者通过教育影响对受教育者施加影响的过程。教育影响就是实现教育目的的工具、媒介、方法。集体教育是通过集体进行的教育，个体教育是通过个体进行的教育。显然，这是两种不同的教育影响，实质上就是不同的教育方式、教育手段。作为教育方式的集体教育，要充分挖掘集体中蕴含的丰富的教育资源，促进成员间交流彼此需要的和可借鉴的诸多教育信息，只加速彼此学识的增长、品德的提升、人格的完善、习惯的养成、思想的成熟是远远不够的。这就是说，“集体教育需要一定的价值的干预”。这就意味着我们对集体要进行怎样的教育，就要首先输入怎样的教育内容。

不论我国学校教育怎么改革，班集体都是学校教育教学的基本单位，在今后很长一段时间，集体教育还会是最主要的教育方式。

（二）集体教育的方向取决于教育者价值导向的内容

集体教育的效益，指的是教育的结果。集体教育结果的好坏，与教育者价值导向的内容有很大关系。在学校中，集体教育最直接的短期效益主要体现在班风、学风、学习成绩、班级参加各种集体活动取得成绩的好坏上；长期效益则体现在学生步入社会后对社会贡献的大小和有无违法犯罪的现象上。

马老师是一位物理教师，他有多年班主任工作的经验，但他所带的班级从未获得过三好班集体等荣誉，他所带班在学校和年级的各项活动中从未获得过较好的名次，用他自己的话说，是自己“倒霉”“没遇到过好学生”。有一年，他所带的班从高一的54人到高二学年结束时剩下46人，中途有8人因违纪被劝转到其他学校学习。高一第二学期，他找到年级组组长说班里两个男生屡次违纪、不服管教，要求年级组出面劝他们转走，他说这两个男生转走班风会立即好转，但这两个男生转学后班风还是不尽如人意。马老师管理班级的方式基本上是学校和年级有什么活动他就告诉班干部做什么，自己没有带班理念和育人方略，一直信奉并教育学生：“反正你不好好学习，将来你自己吃亏，实在不听话你就转走。”他让违纪学生擦黑板、搞卫生，用惩罚性措施管理违纪学生。

后来，年级组组长杨老师接手了马老师的班主任工作，杨老师利用暑假开学第一周，把自己教过的在读大学生和已经参加工作的学生共12人召集到班上，跟同学们进行了交流和座谈，主要是解决本班学生思想消极、纪律涣散、信心不足的问题，希望学生们能够登高远望。第三周又召集了家长会，杨老师与科任教师一起帮助学生及家长制订高考奋斗目标和学习方案，同时通过“我的责任我承当”“我能行”“我原来是这样”的现场主题简短发言，传递每位学生和家长发自内心的宣言。接下来，杨老师又组织学生确定了班训，选定了班歌，制订了“倾听花开”每日成长记录。为了让学生们每天激情满满，杨老师利用晨读时间，每天安排一名学生给同学们讲一则励志故事或一段励志的话。就这样，杨老师让学生们从开学第一天就激情澎湃，班风和精神面貌焕然一新。高三第一学期该班就被评为校级“三好班集体”。高考时，该班本科上线率在12个平行班中排名第三。

同样一个集体，在两种不同观念、策略的引导下，产生的效益相差悬殊。由此可见，教育者对集体输入的教育内容和教育者的价值导向内容深深地影响着集体教育的效益。教育者应该善于抓住时机，适时地将合理的、积极的、健康向上的价值导向内容，通过各种活动润物无声地输入到集体中，进而促进集体教育获得最大效益。

天津市蓟州区杨家楼中学的一位班主任曾讲过这样一件事。

一年一度的学校歌咏比赛又要开始了。作为高三学生，为了不耽误迎考复习，班干部们经过讨论，决定今年的比赛曲目不再学唱新歌了，而是从学过的歌曲中选择两首参赛。他们把备选的四首歌曲拿给我，我与几位班委商量后选了其中两首——《风雨同舟》和《公仆颂》。之后，班委又建议在比赛前一周利用每天中午放学后的时间练习一遍，然后再去吃午饭，我也同意了。练习的第一天，我有点不放心，就去教室看看大家练习的情况。其实我们班在各项活动中表现都蛮好的，学生们心很齐。但是，当我走近教室，还是感觉到了异样，大部分学生在练习唱歌，有几个学生却坐在座位上写作业。我看到后很生气，就推门走进了教室。几个写作业的学生看到我进了教室，就不好意思地站起来一起练习唱歌。练习完一遍后，我示意大家坐好，然后对大家说道："我们之所以选择这两首歌是有原因的。《风雨同舟》是1998年抗洪时广为传唱的一首歌曲。我们班在过去的两年多时间里取得了优异的成绩，包括量化评比、运动会、歌咏比赛在内的所有活动，我们在全校12个班中一直是第一名。现在是高三，我知道这个时候是最需要我们风雨同舟的，不管遇到多大的风雨，相信我们都会扛过去。从今天起，我们要把它作为迎接高考的战斗誓言，我们要把它作为班歌，一直唱到考场上，大家同意吗？"学生立刻群情激奋，高声齐呼"同意"。我接着说："同学们，一年之后，你们就要升入大学或走向社会了。我们之所以选择《公仆颂》作为我们的比赛曲目，也是要向学校汇报、向学校保证：今后，我们要做孔繁森那样的好人，做他那样的好党员，做他那样的好干部。我希望我们接下来几天的练习，大家能心怀感恩、心存敬畏。感恩我们一路同行，感恩遇见了你，尊敬我们这个集体的过去，敬畏我们的美好未来！"我讲完以后，学生们报以热烈的掌声，尽管我们只练习了5天，但在歌咏比赛中我们依然获得了第一名。

当然，集体教育需要以集体主义为统领的价值内容导向，而这些教育内容应该像血液一样被不断输入集体这个"机体"之中。只有这样，集体才会不断健康成长。2011年6月20日，教育部以李大钊、刘胡兰等"双百"人物中的共产党员的名字命名了128个中小学班集体。教育部基础教育一司领导在接受媒体采访时说："这次活动是为了引导中小学生铭记历史、继承宝贵财富、弘扬光荣传统，同时，引导中小学以此为契机，加强中小学班集体建设……实践证明，如果学校善于积极开发利用身边的历史资源，开展好学生德育工作，那么，这所学校的校风就更正，学风就更好，孩子们的精神面貌就更积极向上，班集体带给孩子们的吸引力就更强。在这样的班集体，也很少有孩子会出现心理问题。"

宁夏吴忠市第二中学初一（1）班班名为"邓稼先班"，"这是一个欢乐的集体，这是一个焕发着健康生命力的集体，这是一个有着鲜明个性和浓郁文化气息的集体"。在班主任金晶老师的带领下，他们用名人名字命名班级，并围绕名人打造班级文化。在班内召开"我最崇拜的名人"主题班会，每位学生都把自己收集到的做出巨大贡献的名人向全班同学展示；举办"我所崇拜的名人"征文竞赛，并进行评选和展出；以小组为单位进行名人的提选与辩论，以民主投票的方式决定本班以哪位名人命名。在这个过程中，邓稼先脱颖而出成为这个班的班级名人。在名人感召下，这个班成为班风正、学风浓、个性鲜明、团结互助，竞争力、凝聚力极强的班集体。"邓稼先班"的学生马媛说："邓稼先爷爷热爱科学、无私奉献、淡泊名利的精神将永远激励我们前行。"班主任金晶说："我将用'两弹一星'精神教育我的学生从小树立远大理想，好好学习，长大后成为有用的人。"

综上所述，我们不难看出，集体教育的方向取决于教育者价值导向的内容，教育者价值导向的内容通过集体教育产生作用。教育者，尤其是班主任，他们的专业精神、专业理念、专业知识、专业能力时时刻刻影响着集体主义精神的感召力，影响着学生，影响着整个集体的发展。一个有理想信念、有道德情操、有扎实学识、有仁爱之心的教育者一定会成为学生锤炼品格的引路人、学习知识的引路人、创新思维的引路人、奉献祖国的引路人。一个教育者若以爱国、敬业、诚信、友善的价值观投身教育事业，将自己的教育行为融入社会主义核心价值观体系，并将此作为引领集体发展的追求，必将打造出一个"聚是一团火，散是满天星"的集体。

（三）教育者根据班集体发展的实际实现由“主导”向“辅导”角色的转变

集体教育需要教育者的统筹引领。我们已经知道，集体具有主体、客体双重属性，集体自身会成为很大的教育力量，这就要求我们在实施集体教育的过程中，要根据班集体发展的实际实现由“主导”向“辅导”角色的转变。在回答“你是怎样管理班集体的”问题时，许多知名班主任都会不约而同地提到“自主管理”“民主管理”。

天津市蓟州区杨家楼中学的班主任张春余说：“我初当班主任时，对学生总是不放心，什么事情都要包办，建立班级规章制度，安排班干部、课代表、宿舍长、小组长，事无巨细，全部要亲力亲为。到头来自己和学生都感觉很累，班集体的发展并不顺畅。现在，我再接手新的班级，基本上是采取‘扶着走—领着走—看着走’的思路进行班级管理。建立完善的班级组织，然后引导学生建立制度，各负其责，班级的大大小小活动都由各班委去组织协调。他们办不了的我再去帮助协调和完善。现在，我带的班级的学生积极性高、主动性强，班干部工作能力明显增强，班风正，学风浓，成绩好。”

自我教育、发挥集体强大的教育力量是马卡连柯集体教育思想中的重要思想。我们也深深感到，班主任不能以在集体教育过程中发挥绝对主导作用的身份自居，这在很大程度上会扼杀学生自我教育的机会。自我教育、自主发展其实也应该成为集体教育的目标追求。所以，在班集体发展过程中，班主任不能完全取代集体成员的作用，他在集体中所发挥的作用应当根据集体的发展阶段有所区别，应当实现从“主导”到“辅导”的角色转变。

一般来说，在班集体刚刚组建时，有必要主要依靠班主任来制订规章制度和班级目标，学生只需要按照要求行动即可。在班集体发展的初级阶段，班主任应当致力于培养和提高学生的自觉性、自主性和创造性，使他们养成自我约束、自我教育、自我管理、自我反省的能力，进而逐步成为教育活动的主体和自我发展的主体。当班集体发展到较为成熟的阶段时，班主任可以适当减少对班级发展的影响力，要乐于成为班级发展的参谋，为学生表达自己的意愿提供机会。班主任必须不断转变管理理念，改进和完善管理方法，提高教育效果。从上面的事例我们也能看出，教育者根据班集体发展的实际实现由“主导”向“辅导”角色的转变，能有效提升集体教育的效益。

二、用正确的价值取向引领集体教育

集体教育是通过集体进行的，以集体主义为价值导向的教育，“集体主义作为主导价值观也并非要在一切领域发挥主导作用，而是要起总的方向上的引导作用、多元价值观念中的协调作用”。“集体主义是社会主义价值观、人生观的核心，是爱国主义的思想基础，是社会主义道德建设必须坚持的基本原则，是我们时代的主旋律”。也正基于此，集体主义成了我国公民道德教育的原则，它与爱国教育、理想教育、道德教育等有着千丝万缕的联系。在集体教育实践中，集体主义教育是这些教育的基础，加强了这些教育也就提升了集体教育的水平。

（一）爱国主义教育

爱国主义教育是学校道德教育的重要内容，也是集体教育极其重要的价值取向。这是因为，爱国主义是个人或集体对祖国的一种积极和支持的态度，是对祖国的一种最深厚的情感。同时，爱国主义也是一种政治信念、政治立场、道德规范和行为准则。在集体教育中，要始终唱响爱国主义教育主旋律。

1．爱国主义教育的内容

爱国主义是指个人或集体对祖国的一种积极和支持的态度，集中表现为民族自尊心和民族自信心，为保卫祖国和争取祖国的独立富强而献身的奋斗精神。爱国主义不仅体现在政治、法律、道德、艺术、宗教等各种意识形态和整个上层建筑之中，而且渗透到社会生活各个方面，成为影响民族和国家命运的重要因素。

2．怎样进行爱国主义教育

在培育学生爱国情感方面，天津市蓟州区桑梓中学的李春和老师认为，爱国情感是基础，是爱国主义思想形成的原动力。李春和老师利用主题班会和自己教语文课的优势，强化学生的情感体验，曾经组织过“在语文课本中饱览祖国大好河山”“英雄们的家国情怀”等研究性学习活动，召开过“祖国我爱你”主题班会。在集体教育中，李春和老师让学生从爱同学、爱老师、爱班级、爱学校做起，珍惜校园环境，珍惜班级良好的学习环境，从身边的小事做起，培养学生的爱国情怀。

在培育学生爱国思想方面，天津市蓟州区杨家楼中学的赵玉泉老师认为，爱国思想是爱国主义教育的指南。在集体教育中，爱国主义不是空喊口号。祖国辽阔富饶的疆域、美丽的河山、辉煌的历史、五千年中华文明的传承、令国人瞩目和自豪的建设成就都是爱国主义思想的源泉，我们应该利用传统节日和纪念日让学生知道这些并引以为豪。

在对学生爱国行为的教育方面，赵玉茹先生认为，小学的爱国主义教育方法应侧重于启发小学生对祖国的自然、人文和国家标志物的喜欢、亲近和眷恋；中学的爱国主义教育方法应着重于激发中学生对祖国的地理、历史、发展现状及国际地位的尊重、关注，并引以为光荣和骄傲的情感。小学的爱国主义教育方法要特别强调具体、直观、形象、生动，那种高深莫测、抽象乏味、看不见摸不着的空洞说教是难以奏效的；中学的爱国主义教育可采用有关地理历史知识、英雄事迹、建设成就的演讲会，知识竞赛和参观访问等方法，使学生受到感染，产生共鸣。

爱国是具体的，不是抽象的。爱国这种民族精神不仅是一种朴素情感的表达，也是一种理性的要求。每一个集体都应高擎爱国主义大旗，这是毋庸置疑的。集体教育应该把爱国主义作为第一价值取向，要理直气壮地、大张旗鼓地、脚踏实地地、扎扎实实地用爱国主义价值取向引领集体教育。只有这样，我们的方向才不会错，集体教育的根基才会厚重，集体教育的力量才会强大，集体中每一位成员才能观念先进、视野开阔、目标远大。

（二）理想教育

在集体教育中，理想教育是至关重要的。这是因为，理想既是一个人的追求目标，又是一个人奋斗的动力。我们常把理想比作“帆”，船挂上帆才能顺风行驶。一个人只有确立了切合实际的、远大的理想，才能自主、自信、自立、自省、自强。

曾有这样一则故事：

1968年夏天，正是知识青年上山下乡的高潮时期。这一年，曹南薇17岁。她没有父亲，和母亲相依为命。她患小儿麻痹症，按政策不下乡，但是留城也找不到工作。那时还没有个体户。一天，曹南薇在报纸上看到关于“高能物理”的报道。17岁的她竟然心潮起伏。她把报纸剪下来，天天拿出来看。她想，高能物理这么重要，我能不能做点什么？就这样，她不经意间定下了自己的目标。她开始学习。她把自己关在家里，一年又一年，初中、高中、大学、专业课程，她都学完了。十年后，1978年，她27岁，她的论文在国家级刊物上发表，引起了轰动。随即国家高能物理研究所接纳了她，使得她的理想的实现找到了更加广阔的天地。她的成功，全在于她17岁那年看到报纸后，为自己定下了目标。多少像她这样的人，因为没有目标，到27岁，甚至37岁的时候仍然一事无成。

在一定程度上，理想信念对人的成长成才具有决定性影响。从人的一生来看，理想是一种目标追求和人生规划。尤其是青少年时期，理想开始萌芽并逐渐清晰，有些人确立了明确的人生目标。在此基础上，许多良好的行为习惯和美好的品德开始塑造和养成。所以，理想教育应该成为集体教育的重要内容和抓手，“树立理想、建立信念、实现人生价值”应该成为集体教育的重要内容。

大家都知道，毛泽东在17岁时写下“孩儿立志出乡关，学不成名誓不还。埋骨何须桑梓地，人生无处不青山”；周恩来12岁将“为中华之崛起而读书”作为自己的人生理想；茅以升10岁立志“长大了要造桥”。他们理想清晰，信念坚定，终成大业。邓小平特别重视理想信念教育，他说：“现在中国提出‘四有’，有理想、有道德、有文化、有纪律。其中我们最强调的，是有理想。”他还说：“我们一定要经常教育我们的人民，尤其是我们的青年，要有理想。”

理想是清晰化了的目标和人生追求。有了理想，就有了目标，心中有目标，脚下就有路。一个集体如果每一位成员都有清晰、正确的理想追求，那这个集体就会充满积极向上的正能量，每一位成员都会有责任感、使命感和进取心。

理想信念是人生的强大精神动力。我们在教育实践中也经常发现，理想远大、目标明确的学生会始终保持积极进取的人生态度、昂扬向上的精神状态和不屈不挠的坚强意志。

在集体教育过程中，我们可以帮助和引导学生树立理想：培养学生养成良好的兴趣爱好；用名人伟人等榜样的真实奋斗事迹引领学生敢于确立理想；在集体中开展理想教育，提示和引导学生把个人理想融于社会、生活、职业当中，与他们一起规划实现理想的路径；及时对政治信仰迷茫、理想信念模糊、价值取向扭曲、诚信意识淡薄、社会责任感缺乏、艰苦奋斗精神淡化、团结协作观念较差、心理素质欠佳的学生做好引导和帮助。努力打造“集体有目标，人人有理想”的团结向上的优秀集体。

（三）道德教育

道德是人们行为活动的规范或行为的准则，也是调整人与人之间、人与集体之间关系的行为规范。《中小学德育工作指南》强调，要引导学生养成良好的道德品质，为学生一生的成长奠定坚实的思想基础。《公民道德建设实施纲要》指出，要逐步形成社会主义道德体系。党的十九大报告中提到，要“加强思想道德建设”，并指出，“要提高人民思想觉悟、道德水准、文明素养，提高全社会文明程度……深入实施公民道德建设工程，推进社会公德、职业道德、家庭美德、个人品德建设，激励人们向上向善、孝老爱亲，忠于祖国，忠于人民”。

天津市蓟州区杨家楼中学是一所农村高中学校。学校组织学生每天早晨诵读传承中华美德的国学经典；每天下午和晚上唱健康向上的歌曲；每天晚上组织学生观看30分钟的《百家讲坛》节目。每月组织“文明之星”“助人之星”“秩序之星”“纪律之星”“礼仪之星”“美德之星”等多“星”评选活动。每学期组织两次“夸夸我的老师”“夸夸我的同学”“夸夸我的同事”活动。每年放暑假、寒假，学校都要给家长发本校组织编写的家庭教育小故事材料，并给学生留“育德”作业。学校要求每位班主任每学期至少要组织两节“道德教育”主题班会。“让成功的育德拉动育智的成功”是学校的管理理念之一。这所学校已成为目前天津市唯一一所地处农村半山区的“高中特色学校”。

在集体教育中，我们要高度重视道德教育，一般来说，学校道德教育的内容包括：第一，教育和引导学生要诚实、正直、谦虚、宽厚、有同情心、活泼、开朗、勇敢、坚强、有毅力、不怕困难、不任性、惜时守信、认真负责、自尊自爱、积极进取、知荣辱、明事理；第二，教育和引导学生要维护社会公德、恪守职业道德、传承家庭美德、修炼个人品德；第三，教育和引导学生学习道德规范、丰富道德情感、增强道德意识、提高道德觉悟、树立道德信念、培养道德品质、内化道德认同、养成道德习惯。

道德教育是一种观念教育，它通过正确处理人与人、人与社会、人与国家、人与集体之间的关系的教育，教给学生是非、善恶、荣辱、公德等观念。道德教育是一种规范教育，它以一定的社会道德原则和规范为教育内容，来引导和规范学生的思想和行为，并使之从内心认可和接受。道德教育是一种习惯养成教育，它是一种有目的的对学生的思想和行为习惯施加影响，以引导他们自觉履行道德义务的活动，践行社会公认的规范的道德行为。道德教育是一种文化传承教育，它是一种借助集体的力量来传承中华民族优良道德传统的教育。

学校道德教育必须传递正向价值，培养学生良好的习惯和态度。但道德教育不是一蹴而就的，它应该是一个渐进和浸润的过程。它需要教育者精心设计和耐心打磨，它需要正面启发和积极诱导，它更需要道德要求具体明确、活动助力跟进。

第四章

集体教育的途径

马卡连柯曾说过:“集体并不等于一群人，而是一个有目的地组织起来进行活动的机构，是一个有活动能力的机构。这是集体的第一个特征。”集体教育之所以是一种极为有效的教育方式，源于活动。班级活动是助推班集体教育生成与发展的重要力量。

本章第一节对“班级活动是集体教育的基本途径”进行论述，用翔实的案例阐明班级活动的概念、意义和基本类型。依据不同的角度，班级活动有多种分类，这里着重从课堂教学活动和班级教育活动两大系列进行细述。在课堂教学活动中，注重合作学习的深化和课堂氛围的优化，通过实施集体教育来提高课堂实效；在班级教育活动中，以活动内容为主线，通过真实的案例介绍各种常见活动的组织形式，供大家参考。

第二节主要介绍班级教育活动的两个范例。一是主题班会活动，二是班级文化建设活动。主题班会活动是最常见、最直接、最有效的集体教育方式。这里力求通过真实的案例叙述主题班会的概念和意义,并从氛围熏陶、自主参与、强化互动三个方面介绍如何优化主题班会。班级文化建设活动是系统的综合性活动，班级文化是集体教育的灵魂，集体教育往往通过班级文化活动彰显作用。本节将着重揭示班级文化的内涵和班级文化建设的活动策略。

第一节　班级活动是集体教育的基本途径

实践证明，有组织、有计划、科学有序地开展班级活动是促进集体教育生成与发展，充分发挥集体教育功能的基本途径。

一、班级活动的内涵及意义

（一）班级活动的内涵

1. 班级活动的概念

对班级活动的研究仁者见仁，智者见智，各种概念不胜枚举。我认为，班级活动是以班级为基本单位，为实现教育目标，在班主任及任课教师指导下，集体共同参与，坚持以集体主义价值观为导向，有目的、有计划、有组织、科学有序地为促进学生全面发展基础上的个性发展而进行的一切教育教学活动。

组织这样的活动难吗？让我们先看一看天津的辛老师是怎样通过集体教育活动让爱升华的。

李方一个人在教室里偷偷看妈妈的照片，不小心被同学发现了，后又被大家起哄嘲笑。他在同学面前愤怒地把妈妈年轻时跳舞的照片撕掉了，还和同学大吵了一架。

事情闹到班主任辛老师处，辛老师经了解才知道，李方的妈妈现在是个残疾人，同学的嘲笑让李方觉得抬不起头来。

随着社会物质生活越来越丰富，孩子们的竞争意识越来越强，有些竞争变成了攀比。有些孩子撒娇任性，缺少感恩和责任意识。他们不懂得替父母分忧，讨厌做家务，甚至看不起自己的父母，嘲笑他人的父母，对父母给予的爱视若无睹。其实，懂得感恩父母非常重要，如果能将这种感恩升华为对他人、对国家、对社会的爱，学生就具备了真、善、美的优秀品质。结合这次的事情，辛老师决定召开一次主题班会活动，为此她还做了精心的准备。

辛老师请同学们用一周的时间完成以下作业：了解并记住父母的生日；了解自己出生时的情况，如出生时间、地点、天气状况等；了解自己小时候的一些事情，如最难忘的一件事；做一天家庭小主人，整理家务，打扫卫生，帮父母买菜做饭。

随着作业一项项的完成，辛老师发现一些孩子身上有了变化。比如，有的孩子不再让父母替他们拿书包了，有的不吃零食了，有的比以前更爱劳动了，还有的用自己的零花钱给父母买了生日礼物……李方同学还找到老师反思上次撕照片的错误行为。

辛老师如期召开了"我爱爸爸，我爱妈妈"的主题班会。班会的第一个议程是"猜猜他是谁"。教室前面的大屏幕上开始逐一展示出同学们幼时的照片，不署名，让大家猜。51个小宝贝，51张圆润的小脸，51双充满好奇的小眼睛……大家一起猜呀、笑呀。好多张照片，除了本人以外，居然没有人能猜对，大家的变化简直太大了。看着眼前这些欢呼雀跃的孩子，辛老师的眼睛模糊了，她语重心长地对孩子们说："同学们，照片上的你们和现在的你们不一样，这都是你们的父母用心血浇灌的结果啊！"听辛老师这样说，很多孩子收起了笑容。

班会的第二个议程是"讲讲小时候的故事"。辛老师第一个发言："我的生日在最冷的季节——腊月，我的妈妈因为受寒落下病根，从此她再也不能生育，所以我是独生女。为了回报妈妈，我上学时非常努力，常常是三好学生；工作后认真负责，不让妈妈操心；成家有了孩子以后坚持自己带孩子，不给妈妈添麻烦。每当我过生日时都要给妈妈买些她爱吃的东西，因为我懂得孩子的生日是母亲的受难日。现在我的两个女儿也是这样做的，我感到十分欣慰。"故事讲完了，孩子们爆发出热烈的掌声。

接下来，孩子们如数家珍般地述说着父母对他们的爱。一个、两个、三个……笑声、掌声，伴着泪水此起彼伏。"我发言！"李方突然站起来说，"我说说妈妈的故事。"原来，李方幼时患重病，妈妈在大雪天带他去医院，路上遭遇了交通事故。在摔倒的那一刻，妈妈用身体垫在李方身下。李方安然无恙，妈妈却落下了终身残疾，舞蹈也不能跳了。李方哽咽地说完故事，从口袋中拿出了那张已修复好的照片说："我爱以前的妈妈，但更爱现在的妈妈！我一定好好学习，做一个好学生，做一个让妈妈感到自豪的孩子！”掌声再次响起来，李方脸上洋溢着幸福快乐的笑容。全班学生也都被感染了，都立志要做让妈妈感到自豪的孩子。

班会后，学生们居然还自发地成立了“献爱心”小社团，计划定期去敬老院、社区开展义务帮扶活动。

这是一个典型的集体教育案例。辛老师发现问题后，抓住这个教育点，开展了一次成功的集体教育。发生在李方身上的问题具有普遍性，若单独施教，虽然针对性强、目的明确、方法也更直接，但是教师的工作“成本”会大大提高，不同学生受到教育的效果也不一定相同。辛老师巧用集体教育，通过预设作业让学生亲身体验到父母的爱，再通过主题班会让这种爱互相感染、互相渗透，在全体学生中产生共鸣。学生不但懂得了感恩父母，更学会了感恩社会。爱，因活动、因集体教育而完美升华。

2．班级活动的特征

通过上述案例我们不难发现，班级活动之所以能成功实现集体教育的目标，是因为它具有以下几个显著特征。

第一，班级活动有预设情境，能引发成员普遍关注，并深入人心。这是活动成功的前提。辛老师给学生留的作业就是给学生创设一种体验性情境，在班会中展示照片则是视觉情境，辛老师自己先讲故事利用的是榜样情境。这个过程中的每一环节都能给学生深刻的启发与感染。

第二，班级活动在集体中进行。人多方成集体，人多活动的作用范围才大。所以，在组织活动时，要创造机会，鼓励更多的人积极主动地参加活动。

第三，班级活动使师生、生生有交流，有互动。师生、生生的交流和互动是学生群体发展的基本机制，是班集体活动的社会本质特征。个体的体验与感受只有通过交流与互动才能被放大，才能变得更深刻，才会更有感染力。

第四，班级活动能使学生形成集体价值观，并在班级形成强大的舆论氛围。在上面的案例中，通过参加活动，学生深刻体会到父母对自己的爱是无私的，是伟大的，从而形成了“我们要爱自己的父母，要通过自己的努力报答父母”的价值取向。

组织这样的班级活动，有利于集体教育的实现。广大教师在当前班级授课体制下可以多利用集体教育开展工作，会收到事半功倍的效果。

（二）班级活动的意义

活动促进了人的个性化和社会化发展。教育本身也是一种活动。显而易见，班级活动作为集体教育的基本途径，其作用和意义更为巨大。

1. 班级活动是助推班集体生成与发展的重要力量

班级活动使个体联结成群体，又为群体提供交流、互动的平台，最终促使群体意识逐渐形成。在活动中，全体学生通过交往、了解、相互合作，又使班集体产生强大的凝聚力和向心力。班级活动成为打造团结向上的班集体的重要手段。下面通过《弹劾班委的故事》来体会一下这种作用。

王芳是我班的生活委员，肯吃苦，有干劲，但是因为班级工作上的一些失误与几个学生产生了矛盾。这几名学生联合了一些不明真相的同学，叫嚣着要“弹劾”王芳。作为班主任，我深知学生干部干的活越多、越认真，可能越得罪人，我必须维护学生干部的正当权益。如果利用班主任的权威来化解双方的矛盾，虽然可行，但是不能保证所有学生都心悦诚服。思考之后，我觉得集体中发生的事情，还是由集体来解决更合适。那就按照规定，启动“弹劾”程序。

我和“议长”精心策划了整个“弹劾”活动。“议长”按照程序主持会议，要求双方先互相陈述理由，然后当堂对质。接下来全体同学发表看法，最后表决裁定。有人提出王芳摆官架子、态度不好、工作马虎；有人认为她工作雷厉风行、敢作敢为；有人为她鸣不平；有人批评那几个学生拈轻怕重、斤斤计较；有人提出众人拾柴火焰高，应多为班级奉献；等等。在这个过程中，我发现王芳时而羞愧，时而激动；另一方则由趾高气扬变得垂头丧气。果然，最终投票否决了“弹劾”。

会后，王芳激动地说：“老师，我真没想到会是这样的结果。开始觉得自己很委屈，即使不‘弹劾’我，我也不想干了。但听到同学们的发言，我特感动，觉得还有好多工作没有做好，以后我会加倍努力，不辜负同学们对我的信任。也非常感谢老师您！”那几个学生也说：“老师，我们错了，我们的境界和王芳差得太远了。您放心，今后我们不再斤斤计较，一定积极配合班干部工作，为班级争光。”听了他们的话，我庆幸我选择了这样的教育方式。

什么是集体？用马卡连柯的话说：“集体是活生生的社会有机体，它所以是一个有机体，就是因为它那里有机构、有权能、有责任、有各部分之间的相互关系和相互依赖，如果这样的因素一点也没有的话，也就没有集体了，有的只是随随便便的一个人群罢了。”“‘弹劾’班委”“议长”这些制度、岗位，通过一次活动变得真实、鲜活、有意义。民主是集体的核心。在集体中，班主任不是包揽一切，而是放手让学生自己管理；在班干部管理中也坚持让学生考察监督，并注重建立监督制度和机制，这都是民主建设非常重要的环节。当集体中出现问题时，教师不是自作主张，而是有计划、有组织地开展班级活动，把问题交给集体去讨论、辨别，使事情得到圆满解决，学生心悦诚服。一次成功的集体自治活动，昭示着班集体正向成熟迈进。

2．班级活动是提升集体教育效益的有力支撑

班级活动以集体主义为价值取向，可帮助学生克服个人主义，培养集体主义品质。在班级活动中，学生既有自我管理、认识、提高的空间，又有相互合作、协调、矫正、教育的体验，这些都为学生健康成长提供了肥沃的土壤。班级活动具有导向性，能为学生提供机会和舞台，能鼓励学生个性化发展。班级活动具有实践性，能激发学生的主动参与意识，培养学生的实践能力。总之，班级活动是集体教育效益提升的有力支撑。

辛老师组织的这次活动，受到教育的不仅是李方一人，教育效益的广度也因活动而增大。在针对棘手的教育难题上，班级活动也会让教育的力度增强。在工作中每位教师都会遇到“不听话、有个性”的学生。有时候苦口婆心的教育收效甚微。本书第一章曾介绍一位中学校长处理逃避上操的学生的做法。前两次针对学生个体的教育也是失败了，第三次针对集体的教育成功了。究其原因，是因为学生个体的行为给班级抹黑了，让同学

们也跟着丢脸了。换句话说，就是只针对个体的教育会让其他成员成为“外人”，会让他们产生“事不关己，高高挂起”的旁观心态。但是，当把个体事件放到集体中，“一荣俱荣，一损俱损”、荣辱与共的情绪就会被激发，形成强大的教育合力。正如马卡连柯所说：“我们认为个人对个人的影响是一种狭隘的和有限的因素。”“不应该教育个别的人，而要教育整个集体，这是正确的教育的唯一途径。”

二、班级活动的基本类型

班级活动丰富多彩、形式多样，依据不同的角度会有不同的分类。在班级授课制的现代学校中，班级活动按照活动内容可分为课堂教学活动和课堂教学活动以外的教育活动两大系列。

（一）课堂教学活动

课堂教学活动约占学生在校时间的四分之三，是学校工作的中心，担负着培养学生德、智、体、美全面发展的任务。教育部在 2017 年 8 月颁布的《中小学德育工作指南》中强调，要“充分发挥课堂教学的主渠道作用”。当前，提高学科素养、提升知识技能仍然是课堂教学的头等大事。我们不难发现，不同的学生因为自身认知水平、意志品质、成长需求的不同，对学业的追求是有很大差异的。很多教师针对个别学生做了大量工作，但效果并不明显，特别是在转化学困生方面更是束手无策。我们有理由相信，如果将个体的学习行为，通过开展相关活动转化为集体的学习行为，在课堂上实施集体教育，一定会大大提升课堂实效。这需要做好以下两点。

1．深化合作学习

小组合作学习是一种系统的结构化学习策略，它采用组间同质、组内异质的原则，将 4~6 名能力各异的学生组成一个学习小组，通过组间竞争、组内合作的方式从事学习活动。小组合作学习这一模式的应用给课堂教学注入了活力，它把个人自学、小组交流、全班讨论、教师指点等有机地结合起来，进而促使小组之间合作、竞争，激发了学生的学习热情，挖掘了学生个体的学习潜能，增大了信息量，使学生在互补促进中共同提高。这不仅能提高师生、生生间的交流和协作能力，还可以培养学生的合作意识、团队精神，让学生的学习由被动变为主动。

化学学科知识点既多又分散，并且有大量知识需要学生识记，这让许多学生望而生畏，逐渐对化学失去了兴趣。多年实践证明，将集体教育的策略引入课堂教学，不但可以改变这种局面，还能大大提高教学效率。

为强化学生记忆，我把学生分组，把知识点分模块定期让学生记忆，通过开展各种竞赛活动进行验收，并给予适当的奖励与惩罚。如“课上抢答赛”——每节课前 5 分钟，利用抢答方式对上节课知识点进行复习与回忆，对个人和小组进行评比；“个体对抗赛”——将每组学生都进行编号，同一号位的学生针对相同知识点进行默写比赛，看哪组学生记忆效果最好；“抽签比赛”——每组随机抽选一名学生参加比赛，利用“一荣俱荣、一损俱损”的奖惩方式进行评价；“组合对抗赛”——全员参与比赛，核算总成绩进行评价。通过开展这些活动，组员集体意识增强了，他们互相学习、互相激励、互相监督，学习劲头明显增强，记忆效果显著提升。

学法决定教法。我开始思考新授课上如何采用集体教育策略。经过长时间尝试，我最终采用“课前设问—小组探究—交流展示—总结提升”的模式进行课堂教学。如在讲授“Fe^{2+}、Fe^{3+} 的性质与检验”一课时，我将生活中的补铁药（硫酸亚铁片）的说明书展示给学生。我根据上面对药物的性状、储藏方法、药物相互作用等的介绍，通过问题引导学生推测亚铁离子可能具有的性质及检验方法，进而预测 Fe^{3+} 的性质与验证方法，再让学生课下查阅资料、小组讨论，找到验证办法。课堂上，各小组交流展示自己的方案，通过组间互评，确定最合理的可行性方案。然后各小组按照方案进行实验验证。这样学生获得的知识记忆是最深刻的。

这种合作式教学，不但增强了学生的学习兴趣，也提高了他们的化学成绩。一名“学困生”感慨道：“小组合作简直太厉害了，以前是老师一个人在监督我学习，现在全组人都在监督我。老师不能时时刻刻在我身边，可是我却时时刻刻生活在组员身边。不好好学习，大家都饶不了我啊。”

可见，在合作与竞争中，学生的归属感、集体荣誉感都在不断地升华。因为集体，为了集体，学困生最终都被感化了。

2．优化课堂氛围

课堂氛围十分重要。若一堂课没有好的氛围，那注定要失败。课堂氛围是指课堂活动中师生相互交往所表现出来的相对稳定的知觉、注意、情感、意志和思维等心理状态。在课堂上实施集体教育离不开集体主义的氛围。

第一，构建良好的师生关系。师生关系是教师与学生在理智、情感和行为等诸多方面进行的动态的人际交往。古人云："亲其师而信其道。""亲师"指良好的师生关系，这是学生接受教师教育的前提，也是课堂氛围形成的基础。良好的师生关系能增强教师的威信，能激发学生的学习热情，为学生自主发展提供动力，还有利于创建优秀班集体，令集体教育的作用更明显。

师生关系是对立统一的，教师处于矛盾的主要方面，在运动变化中起主导作用。因此，构建良好的师生关系关键在教师。首先，教师应该不断提高自身师德素养和业务水平，通过逐渐提升人格魅力来感染学生，征服学生。其次，教师要学会包容，懂得等待，敢于信任。包容、等待、信任是师爱的集中表现。夏丏尊先生说得好："教育没有情感，没有爱，如同池塘没有水一样，没有水，就不能成为池塘；没有情感，没有爱，也就没有教育。"爱心是师生关系的溶解剂。教师只有热爱学生，才能缩短师生间的心理距离，使学生在心理上获得最大的满足，才能赢得学生的尊重和信任，夯实教育学生的感情基础。再次，师生间要民主、平等地交流，教师要公平、公正地对待学生。随着年龄的增长，学生的分析能力和判断能力不断提高，他们不再一味地听从教师的意见和建议，对教师的一言一行有独特的看法，对教师的要求和接受程度也不同。因此，教师要平等地对待每一个学生，多与学生进行交流，学生才会更愿意接近教师，更理解、信任教师，师生关系才会越来越和谐融洽。

可见，情感是主动发展的调控系统，良好的师生关系不仅为课堂氛围提供了坚实的情感基础，也为集体教育提供了情感保障。

第二，创设有效的教学情境。德国教育家第斯多惠说得好："我们认为，教学的艺术不在于传授本领，而在于激励、唤醒、鼓舞，而没有兴奋的情绪怎么能激励人？没有主动性怎么能唤醒沉睡的人？没有生气勃勃的精神怎么能鼓舞人呢？”可见，创设有效的教学情境，是优化课堂氛围的必要手段。

创设情境是指在教学过程中，教师有目的地引入或创设具有一定情绪色彩的、以形象为主体的生动具体的场景，以引起学生一定的情感体验，从而促使学生的心理机能和认知水平均得到发展。创设情境的方法有很多，如问题导入式、直接观察式、故事渲染式、模拟演示式、角色体验式等。天津市宝坻区第一中学的董新欣老师在“合作式写作”课堂教学中的做法就有独到之处。

一节写作课上，出了这样一道作文题：班会课上，同学们对中学生课余时间上网的利弊争论不休，意见不能统一。如果你是班长，请你根据下列信息做总结性发言……

“辩论会上争论不休”是一种什么样的体验？面对这样的题目，学生直接按照信息撰写作文，往往会漏洞百出。为了防止学生审题疏忽，我在课上组织了一场“中学生课余时间上网的利弊”的辩论赛。通过情景再现、角色扮演、亲身体验，让学生感知作为班长在何种环境下、该用什么样的语气、总结什么样的发言更合适。赛后，学生们先在各小组内谈体会，初步探讨文章的体裁、人称、时态，并一起合作完成一篇初稿。最后各小组间进行展示与评比，还把大家公认的最好的文稿当成范本，供大家学习。

换位思考是一种非常重要的能力。写作本来是学生自己的事，但是董老师创设了一个体验式情境，引导学生通过亲身体验学会换位思考。通过组织学生开展互促互助活动，不但圆满完成了教学任务，提高了学生的写作水平，还使学生的主体意识和合作意识得到了加强。

（二）课堂教学活动以外的教育活动

教育本身就是一种活动。我们这里说的教育活动是指除学科教学以外的、影响人的身心发展的各种教育活动。任何一项教育活动都离不开教育内容和组织形式，而且形式必须服从内容。根据教育内容的不同，我们将它分为以下几种。

1. 德育活动

德育活动是依据社会发展需要和学生成长需要，遵循学生身心发展规律和思想品德形成规律，有主题、有目的、有计划地组织开展道德学习活动的一种课程形式。德育活动不以传授系统的道德知识为主要任务，而是强调通过开展各种活动，让学生在活动中体验、感悟，丰富、调整原有的认知结构，探求最佳行为方式。根据《中小学德育工作指南》中提出的德育内容，可以把德育活动分为以下几种类型。

第一，理想信念教育活动。通过组织集体性主题讲座、参观、访问、演讲比赛、沙龙派对、研学旅行等活动，开展马列主义、毛泽东思想学习教育，加强中国特色社会主义理论体系学习教育，引导学生深入学习习近平系列重要讲话精神，领会党中央治国理政新理念新思想新战略。加强中国历史特别是近现代史教育、革命文化教育、中国特色社会主义宣传教育、中国梦主题宣传教育、时事政策教育，引导学生深入了解中国革命史、中国共产党史、改革开放史和社会主义发展史，继承革命传统，传承红色基因，深刻领会实现中华民族伟大复兴是中华民族近代以来最伟大的梦想，培养学生对党的政治认同、情感认同、价值认同，不断树立为共产主义远大理想和中国特色社会主义共同理想而奋斗的信念与信心。

第二，社会主义核心价值观教育活动。要把社会主义核心价值观融入国民教育全过程，落实到中小学教育教学和管理服务各环节，深入开展爱国主义教育、国情教育、国家安全教育、民族团结教育、法治教育、诚信教育、文明礼仪教育等，引导学生牢牢把握富强、民主、文明、和谐等价值目标，深刻理解自由、平等、公正、法治等价值取向，自觉遵守爱国、敬业、诚信、友善等价值准则，将社会主义核心价值观内化于心、外化于行。

在这方面，新疆和田地区第二中学做得尤为到位。24 个字的核心价值观是每学期初全校师生闭卷测试内容之一，以确保全员知晓。他们还把社会主义核心价值观融入校园文化创建活动，在校园处处加以体现；他们把《中国人的宣言——价值观之歌》作为学校每个成员必会的曲目之一，作为每天的课间音乐；他们每天早上第一节课前都要进行爱国宣誓；他们定期开展相关主题，如“学道德模范、诵中华经典、做有德之人”“弘扬雷锋精神，共建文明风尚”“美化校园我先行”“放飞梦想”等班团会活动。

第三，中华优秀传统文化教育活动。组织开展弘扬民族精神教育月活动，利用中华民族传统节日纪念活动，大力开展家国情怀教育、社会关爱教育和人格修养教育，传承发展中华优秀传统文化，大力弘扬核心价值理念、中华传统美德、中华人文精神，引导学生了解中华优秀传统文化的历史渊源、发展脉络、精神内涵，增强文化自觉和文化自信。

天津市宝坻区的中小学校每年都开展“袁黄文化”主题教育实践活动，组织学生了解历史名人的事迹，学习《了凡四训》的积善精神，积极开展善行实践，大力提升学生的民族自豪感。

第四，生态文明教育活动。通过开展绿色班级、绿色校园创建活动，加强节约教育和环境保护教育，开展大气、土地、水、粮食等资源的基本国情教育，帮助学生了解祖国的大好河山和地理地貌，开展节粮节水节电教育活动，推动实行垃圾分类，倡导绿色消费，引导学生树立尊重自然、顺应自然、保护自然的发展理念，养成勤俭节约、低碳环保、自觉劳动的生活习惯，形成健康文明的生活方式。

第五，心理健康教育活动。通过群体辅导、主题教育活动，开展认识自我、尊重生命、学会学习、人际交往、情绪调适、升学择业、人生规划以及适应社会生活等方面的教育，引导学生增强调控心理、自主自助、应对挫折、适应环境的能力，培养学生健全的人格、积极的心态和良好的个性心理品质。

新疆和田地区第二中学的每个班级，每周都有一节心理健康课，每月都开展一次大型的群体心理辅导活动，如“相信自己”“人生规划”“放飞梦想”“考前减压”“面对挫折”等。这些活动的开展，为培养学生健康的心理起到了非常重要的作用，至今该校未发生一例因学生心理问题导致的不良事件。

2．其他活动

第一，科技教育活动。科技教育活动是指通过定期举办科技讲座、参观考察、参与科技类校本实践课程等方式，组织、引导学生学习科学技术，培养学生科学的人文精神、创新精神和实践能力的教育活动。班级科技活动是进行集体教育的有效形式，需要通过大家共同参与、密切配合才能办好。

天津市宝坻区第九中学在科技教育活动方面走在全区前列。学校坐落在潮白河国家湿地公园北侧，毗邻北三河管理处、金拓测绘中心、技术质量监督局等多家科技单位。依据地源优势，学校开设了“水文监测”“土地测绘”“药品检测”等数十门科技校本课程。高二年级理科班每学期都要完成一次“湿地生物种群调查报告”科普调查实践活动。活动主题的确定、预期目标的制订、行动方案的设计、活动的组织、成果的收集汇总、调查报告的撰写等都由学生完成，每一环节都需要发挥集体的智慧和力量。活动的开展，不仅有利于发展学生的观察能力、思维能力和动手能力，也锻炼了学生的团队协作能力和创新能力。

第二，文娱活动。文娱活动包括文化艺术、娱乐、游戏、竞技体育等多种活动，是以培养学生良好的身体素质、艺术修养、审美情趣和人文素养为主要内容，融趣味性、娱乐性、竞争性、健身性和教育性等多种功能于一体的班级活动。班集体定期组织文娱活动，一方面，对于发展学生的社会适应能力具有独特的作用。通过活动，学生的合作和竞争意识、交往能力、对集体和社会的关心程度都会得到加强。另一方面，可以增进集体成员间的信任、友谊，成员容易获得存在感、归属感，还可以最大限度地提高班集体的凝聚力和荣誉感。正如马卡连柯所说：“我认为把游戏放在儿童集体里是完全必要的……”“我深信没有这种游戏，要建立真正愉快健全的集体是比较困难的。”

新疆和田地区第二中学在组织学生开展集体文娱活动方面做得非常好。他们每年都要举办各种节日庆典活动，如校园文化艺术节，有诗歌朗诵大赛、歌舞大赛、书画大赛等；校园体育节，有拔河比赛、足（篮）球比赛、田径比赛等；有元旦班级联欢会、教师联欢会；有入学、入班欢迎仪式；有考前解压游戏会、毕业欢送活动等。最让我们记忆犹新的是一位叫比拉力的学生，因为成绩不好，他在同学面前非常自卑，平常不善于与同学交流，久而久之，便成了集体中的“局外人”。但是，在高二年级校园文化艺术节上，他以一首《乌拉巴托的夜》唱响全校，班里学生也开始对他刮目相看。这使他逐渐有了自信，学习也开始刻苦起来，最终成为集体中非常积极、活跃的一员。可见，每个人都有闪光点，但是需要有更多活动平台让他们绽放光彩。

第三，劳动教育活动。劳动也是班级最常见的活动，而且是其他活动不可代替的实践活动。其目的在于培养学生的劳动观念，增强学生热爱劳动、热爱劳动人民的思想情感。让学生体味劳动的艰辛，养成勤俭节约、艰苦创业的优良品德，是班级劳动教育活动不可忽视的任务。班级劳动教育活动可分为自我服务性劳动活动和公益性劳动活动。

自我服务性劳动，指自己的事情自己做。如照料自己的生活、保持个人与环境的整洁等。不同的学生因各自的要求不同，自我服务的意识差别很大。如果利用集体教育，将学生自我服务性劳动转化为集体统一的劳动行动，将会收到非常好的效果。我曾经担任13年寄宿制高中的班主任，每年都利用集体教育开展宿舍内务评比活动，效果非常明显。

依据“个体量化，集体评价”的原则开展活动，组织评委对每名住宿生的内务进行量化打分，对宿舍所有成员的综合成绩进行评比，分数最高的宿舍取得胜利，并得到嘉奖。通过组织这样的活动，我们经常会发现这样的现象：宿舍内多了好多学生“教官”，手把手地教同学整理。原来，为了提升宿舍内务的整体水平，取得比赛的胜利，整理能力强的学生就成了义务“教官”。

“一花独放不是春，百花齐放春满园。”个人内务本是自己的事，通过量化评比就变成了大家的事。为了宿舍的荣誉，大家都要进步。

公益性劳动，又称义务劳动，往往指不计定额、不要报酬、出于自己的自由意志而进行的劳动。开展这类活动最好坚持集体统一行动。首先，要做好动员，创设活动情境，大力倡导为社会、为集体、为人民做有益的事。其次，要以班级形式组织开展，注重引导学生认识个人与集体的关系，培养他们的集体荣誉感、归属感和责任感，使他们成为不谋私利、不计报酬、公而忘私、团结协作、助人为乐的人。再次，除了要进行合理周密的安排，还要做好劳动后的总结评价工作。天津市宝坻区第四中学紧邻区光荣院，从2000年开始，区光荣院就成了学校的公益活动基地，学生定期到这里开展公益活动。

2018年3月，邢红梅老师带领校学生会及“守望剧社”成员如期来到活动基地。学生先是对光荣院进行了认真打扫，然后又为老人们献上了一场自编自导的表演。老人们与学生一起快乐地观看节目,结束时还合影留念。临别时,老人们依依不舍,紧紧握住学生的手,再三叮嘱:“以后有空要记得常来,好好学习,报效祖国!”

付出的是辛苦,收获的是快乐。一场公益活动不仅能让学生知孝心、懂感恩,传承中华美德,还能丰富他们的人生阅历,增强他们的社会责任意识。

第二节　班级教育活动的范例

内容必须通过具体的形式才能展现，好的教育内容需要好的形式才能发挥最大的作用。班级活动形式丰富多彩，主题班会是最常见、最直接、最有效的集体教育活动；而班级文化建设活动是系统的综合性活动，班级文化是集体教育的灵魂。本节将重点关注这两类活动的组织、优化方法，为大家提供可行性范例。

一、主题班会活动

主题班会主题鲜明、形式多样、效果显著，是集体教育最常用的一种活动形式。

（一）主题班会的概念及作用

主题班会是在班主任具体指导下，围绕特定主题，对学生进行教育的重要形式。主题班会是以班级为单位的全体学生参与的会议或活动，是最适合进行集体教育的活动。突出的主题首先形成了触动人心的情境；会议在集体中进行，全员参与；会议的形式为交流、互动提供了平台；集中会议的形式最能形成一致的价值取向或正确的舆论氛围。具体地说，主题班会活动至少有以下三种明显作用。

第一，主题班会是促进集体教育生成与发展的主要形式。组织得当的主题班会把个体集合在一起，最能产生凝聚力。它既能促进班级学生的团结，又能加深师生、生生之间的了解，成为密切师生、生生关系的纽带。主题班会的形式更能明确、统一和强化学生对某个问题的认识。前面提到的“弹劾”班委的故事，就是通过主题班会的形式开展的一次民主集中制的教育活动。

第二，主题班会是班集体中每一个成员交往、互动的平台。大家面对面开会，才能有更多接触的机会，也更方便交流、互动。有了交流、互动，学生就有了体验，就会让感悟更深。通过召开主题班会，逃避上操的学生清楚了自己的不当行为给同学和集体带来了很大的负面影响；通过召开主题班会，生活委员的工作得到大家的谅解和肯定。端午节来临前，天津市第三中学的孙老师组织学生召开了“万水千山‘粽’是情”主题班会。

班会前，大家做了充足的准备。学生们不仅搜集了大量与端午节相关的信息，精心挑选了小故事，还分别从家里带来了包粽子的食材。学生有的带来了家长事先浸泡好的糯米，有的和家长一起亲手摘来了苇叶，有的带来了大枣，有的带来了五彩线。老师也从家里带来了灶具。班会共有四个环节：讲历史——由学生代表以讲故事的方式述说端午节的由来与风俗；论精神——以“我谈端午精神”为题，每位同学对端午节蕴含的精神品质及其现实意义发表看法；做粽子——师生一起包粽子、煮粽子；品端午——大家分享美味的粽子，畅谈端午情。

一节快乐的班会课结束了，没有生硬、机械的说教，家国情怀却在互动中伴随着欢笑与美味深入学生心中。

第三，主题班会是学生自我教育的重要形式。学生是主题班会的主角，在组织班会的过程中，学生的创造能力、组织能力、活动能力都能得到极大提高，学生的自我要求、自我完善、自我进取精神也会不断加强。在“万水千山‘粽’是情”的主题班会上，学生们不仅学到了包粽子的技能，还进一步提升了爱家、爱国、爱民的情怀。

（二）主题班会的优化

主题班会作为教育学生的重要载体，在组织实施过程中必须做到在结构完整的基础上力求简约，环环相扣。一节完整的主题班会课应以创设情境导入，激发学生的参与意识，以分享、交流为手段，提高学生对主题的认知。特别应该注重在营造氛围、学生参与、交流互动方面进一步优化。

1. 营造氛围

营造氛围，也称“造势”，制造声势或创设情境，是指在教育过程中，为了达到既定教育目的，创设与教育内容相适应、与学生生活贴近的具体场景或氛围。造了势，就能引起冲击心理的效应。

设计主题班会时，可以通过提出问题点燃学生思想的火花；通过客观事实或学生成长的困惑激发情感，让学生产生共鸣；通过游戏、比赛、角色扮演等活动来提升学生的感悟。这些都能营造激发学生参与的氛围。天津市大港第一中学的赵永丰老师组织的“告别中学生陋习 拥抱新时代文明”主题班会，就是通过体验的方式进行造势的。

班会从“告别陋习靠自己还是靠环境？”的辩论展开。辩论过程中，学生通过扮演正、反不同角色，经过精心组织材料，唇枪舌剑辩论，尖锐地揭示出“主观自我”和“客观环境”对告别陋习的影响。不管哪方获胜，都能让学生深刻体会到只有严格要求自己才有可能告别陋习。

2．自主参与

“纸上得来终觉浅，绝知此事要躬行。”学生只有主动参与到班级活动的策划、筹备、实施、总结的全过程中，才会乐于接受活动所赋予的积极教育内涵。同时，在活动过程中，为使“自己的”活动能得到师生的肯定和认可，参与的学生会想尽一切办法调动所有学生的积极性，尽最大可能展示自己及他人的才能、兴趣、特长和爱好，甚至会挖掘出许多优质的社会教育资源，创造性地开展班会活动。这样的主题班会，不仅能激发学生自我教育、自我发展的内在动力，还能进一步加强集体的凝聚力与战斗力，使集体教育的作用更加强大。对这一点，我深有体会。

“我的班规我做主”是我每年接手新班时必定要召开的主题班会。班规就是班集体的“宪法”，对集体成员有极大的约束作用。有多年学生管理经验的老班主任，手上一定有完善且成熟的班规。但每一届学生的学情不同，而且社会也在飞速发展，学生的认知程度也有差别。为了省事全盘照搬过去或他人的经验，不一定适合现在的学生。况且，外来的约束效果也不一定好。所以，我每次接手新班级都组织学生自己制订班级“宪法”。活动中，我让学生先小组讨论班规应包含几个方面，各组很快达成一致，把班规分成学习、纪律、卫生、宣传、体育、实践活动等模块。接下来，我将每个模块分给一组或几组商讨细节条款，形成草案。最后，由组长提交学生大会讨论表决，最终形成班级“宪法”。

这样的主题班会往往一节课的时间不够用，我们会坚持用几周的时间来进行，甚至有些条款还需要学生课下进行讨论，讨论的程度还很激烈。实践证明，让学生参与制订制度的过程就是管理的过程。

陶行知曾经讲过:“有的时候学生自己共同所立的法，比学校所立的更加近情，更加易行，而这种法律的力量，也更加深入人心。”确实，学生自己制订的“法律”不但更有约束力,而且通过班级“宪法”的成功制订，班集体也会变得更加成熟，集体的力量将通过班级“宪法”充分地展现出来。

3. 强化互动

教育心理学研究表明，儿童头脑中的确切概念是在交往和协作中逐步形成的，离开了交往、协作和互动，则会形成一种对周围世界的谬误性知觉。也就是说，完美的个性、优秀的品格必须在互动、交往的过程中形成，并在人际关系中显示光华，同时对他人产生影响。强化主题班会的互动性，可以促进班级良好人际关系的形成，不但能提高活动目标的达成度，还能促进群体的形成。当学生间的人际关系逐渐由杂乱趋向有序、由单一趋向丰富时，学生群体发展为高级阶段的班集体就具备了可靠的基础。

前面介绍的几个主题班会，学生间通过辩论、体验、讨论等方式进行交流与互动，能很好地形成深入人心且一致的价值取向，最终成功实现活动预期目标。

二、班级文化建设活动

班级文化的丰富与发展是现代班集体的重要标志。班级文化是一种无形的教育力量，它犹如一只看不见的手，以特定的价值取向时时处处对周围的人产生影响。这种“场效应”无疑会成为集体教育的核心力量。

(一) 班级文化的概念及作用

班级文化是指班级成员所共有的相对稳定的思想作风、情感态度、行为方式、思维方式、价值观的复合体。班级文化的核心是教师及多数学生处世和做事的内隐观念(潜在观念)和内隐规矩。所谓内隐观念和内隐规矩，即虽不公开声明，但大家都默默遵循的观念和规矩。班级文化的本质就是班级中以价值观为核心的精神环境。任何成员都不可避免地会受班级文化的影响。下面提到的“无人监考班”就是对班级文化最好的诠释。

一位班主任对学生说:“你们愿不愿意我们班成为全校最信得过的班

级？”“谁会让人信不过啊？”学生们异口同声地说。“那好，这次考试老师不进班监考，只是在走廊偶尔看一眼。”几次试验后，学生几乎没有作弊的了。老师表扬了那几个想作弊但最终没有作弊的学生：“你们用‘大我’战胜了‘小我’。”后来老师向同学们倡议：“我们向学校正式申请‘无人监考班’——这是最‘硬’的‘信得过’啊！大家有没有这个决心？每个人都得表态。”经过讨论，学生一致通过。从那以后，老师再也没有进过这个班监考，这个班也通过了学校的验收，正式成为“无人监考班”。当老师问学生的感受时，一个过去作弊的学生说：“这哪里是无人监考啊？过去是一个人或两个人监考，而现在是全班甚至全校在监考，谁敢作弊啊？”

无人监考，但每个学生都能很好地遵守考场纪律，这就是良好的班级精神环境的作用。对于每个学生来讲，他们不能因自己作弊而使自己的班级让别人“信不过”，这是他们共同遵守的内隐观念和行为方式。其实，这个看不见但时时处处产生激励、驱动、规范作用的“场”就是班级文化。

古人云：“譬犹练丝，染之蓝则青，染之丹则赤。”可见，班级文化一旦形成，便能通过暗示、从众、认同等心理机制对学生产生潜移默化的影响，使学生不知不觉地践行班级文化的价值取向，并产生与班级文化相契合的行为模式。从集体发展角度看，一方面，班级文化的形成标志着成熟班集体的建成，班级文化会成为带动班集体巩固与发展的力量之源。另一方面，班级文化具有凝聚、驱动、同化、规范的功能，又成为集体影响内部成员的力量之源。

（二）营造班级文化的活动策略

班级文化建设的目标内容包括环境文化、人际关系文化、课程文化、活动文化、组织文化、制度文化、精神文化等。班级文化建设的策略就是为完成班级文化建设目标而采取的教育活动的程序、方法、形式和媒体等因素的总和。围绕班级文化建设目标，有效地运用活动策略，可以逐渐使班级成员将他们共同认可的价值观内化为自觉的行动，形成集体的面貌，进而形成文化。在所有的活动策略中，以下三种最关键。

1. 目标导向活动

没有目标就没有方向，目标是一切行动的出发点和归宿。目标就是价值取向，而目标导向则是一种激励。在组织行为学中，激励所采用的手段往往是从个体自身的目标和需要出发的。而个体之所以能从集体中得到其所需，是因为集体目标的实现。也就是说，个体要为集体付出，使集体的目标得以实现，在此过程中个体也实现个人目标。可以这样说，价值取向是班级文化的核心，班级文化的建设过程就是个体的价值取向与集体的价值取向逐渐融合的过程。

北京市庞各庄镇第二中心小学开展了“田园教育”，各个班级以田园教育为目标来营造班级文化。“葫芦班”的班级文化建设即目标导向策略的运用过程。

为了落实“田园教育”，师生共同确定以“葫芦精神”为班级目标，打造“葫芦班”。在这个目标的指引下，学生集思广益，最终确定班名为“葫芦艺苑”。根据葫芦的外形特点，学生充分挖掘其内在的含义，确定了班级文化的核心内涵是“宽容、大度、朴实、无华。希望我们养成葫芦所寓意的‘朴素诚实、宽以待人、团结谦让’的品格”。

在班级目标的指引下，学生开展了设计班级标志的活动。大家协商确定了班训——宽容、大度、朴实、无华，一致通过了班歌——《葫芦娃》，设计了带有葫芦印记的班徽。学生还在窗台上陈列了大大小小的葫芦，用来布置班级环境。学生在这些葫芦上还进行了雕刻、书写和绘画。教室的各种板报园地也是围绕着葫芦的寓意、特点、作用、成长过程来精心设计的。

“葫芦班”无论是集思广益确定班名、大家协商确定班训，还是挂葫芦、画葫芦的活动，都是围绕葫芦展开的。这足以证明，目标导向是班级文化建设中最重要的策略。

2. 整体推进活动

班级文化建设是一项系统工程，它涉及表层次的环境文化建设、浅层次的行为文化建设、中层次的制度文化建设和深层次的精神文化建设。班级文化建设过程是一个全方位、立体化的构建过程，这就要求各层次的要素相互协调、相互统一。因此，活动的开展都不应该是孤立的，而应该是着眼全局的、整体系统的。

天津市宝坻区第四中学的徐晶老师以“不忘初心，践责立行”为总目标，开展责任教育特色班级文化建设，从环境、制度、组织、精神、课程、活动六个方面着手，整体推进。一学期下来，学生人人树立责任意识，处处落实责任义务，在班级形成了人人有事做、事事有人管的“践责”机制。

为了让班级文化在最短时间内初见成效，徐晶老师将班级分成若干个小组，每个小组主导文化建设的一个方面。各小组既职权分开，又相互配合。如有的小组负责班级环境建设，他们精心装饰制作“班级公示栏”“责任在我心中”主题文化墙、“硕果累累”光荣与梦想墙，让每一个展示窗口都彰显责任意识。有的小组负责开展“书香溢班级”活动，他们建设班级图书角，聘任图书管理员，营造“读书伴我成长”的进步氛围。有的小组负责组建“践责”志愿者服务队，他们招收队员，撰写服务计划，定期开展义务活动。有的小组聘请学科教师、家长成为班级辅导教师，开展大家喜爱的班级特色课程。有的小组负责班级机构、机制的建立，定期召开班会，以“人人有责”为目标，确立班级岗位，明确权责，制订“值日班长制度”“岗位聘任制度”等，以完善组织文化。有的小组负责班级标志的设计，他们征集班名、班训，设计班徽、班旗，明确班级精神。

班级文化建设是一项复杂的系统工程，不是通过单一的活动就能实现的，特别是赋予集体教育的班级文化的形成更不是一蹴而就的。班级核心价值是引擎，课程与活动是枢纽，组织与制度是保障，环境是支撑。只有让这些系统有序、联动、规范地运转起来，整体推进，才能完成班级文化建设。

3. 全员参与活动

班级文化建设中的全员参与策略是指在实现班级文化建设的过程中要以每个学生为主体，全体师生共同参与的一种教育管理策略。全员参与的过程是全班学生认同班级目标和价值取向的过程，是每个学生进行内化的过程，也是个人目标与班级目标趋于同化的过程。

引领学生全员参与，首先要激发学生主动参与的意识，这要从培养学生的集体荣誉感入手。集体荣誉感是班集体形成的精神动力，班级文化建设的成败很大程度上取决于学生是否具有较强的集体荣誉感。除了培养集体荣誉感，班主任还要积极搭建学生参与管理的平台，让学生有更多的参与班级文化建设的机会。在班级文化建设中，大家协商确定班训，共同起班名、定班徽、画班旗、立班法、开展各类活动，实现了全员的参与。这种积极主动参与的过程，其实远比内容的教育作用更显著、更有效。

班级文化建设是班级活动中最系统、最重要的活动之一。班级文化是集体教育的灵魂，集体教育正是通过文化的力量实现的。由此可见，集体教育的成功实现一定有赖于班级文化建设活动的成功开展。

第五章

集体教育的优化

班集体建设的过程是集体教育优化的过程，也是不断提升集体教育效能的过程。本章从两个方面阐述集体教育的优化，第一个方面是要搞好班集体建设，第二个方面是提升互动水平。

班集体是实施集体教育的载体，集体教育在班集体建设中生成、发展。夯实班集体建设是实施集体教育的基础。作为学校开展教育教学和教育管理工作的基本单位，班级有着独特的组织结构和组织发展过程。班主任要引领班级成员优化组织管理和运行方式，科学管理班级，开展丰富的班级活动，建设有序稳定、目标明确、班风正、向心力强的集体，保证班级各项教育教学活动有效开展，推进班集体建设，为实施集体教育提供保障。

班集体是在师生共同活动和交往中形成、发展的。有人说，集体教育的本质是集体中的人与人之间的交往和互动，实施集体教育，开展班级活动，进行班集体建设，离不开多方面的人际互动。集体中和谐的人际关系尤为重要，它是提升集体教育互动水平的基础，而人际交往所需的能力是实现互动水平持续有效的可靠保证。班集体是建设各类关系的平台，建设各方面的和谐关系能有效提升互动水平，促进班集体建设，优化集体教育，为学生成长提供良好的环境。

第一节　搞好班集体建设是优化集体教育的前提

一、夯实班集体建设基础

学生来到学校完成分班，班级就存在了。随着班级成员的相处交往、建立关系，班级开始有共同的目标，开展属于自己班级的集体活动，拥有健全的组织和核心力量，拥有导向积极正确的舆论，成员间关系良好，凝聚力逐渐增强。这时，班集体就形成了。班集体是班级发展的高级形式，也是师生享受校园学习生活的重要精神家园，是实施集体教育的载体。所以要夯实班集体建设基础，为学生成长营造良好的环境。

（一）优化班级组织

班级是一个规范化的社会组织，是学校开展教育教学和教育管理工作的基本单位，也是校园生活相对独立的组织，有独特的组织结构和组织发展过程。班集体建设的主要任务是在班主任的引导下，形成一个有序、稳定的班级组织，保证班级各项教育教学活动的顺利开展。

1. 组织优化的意义及结构设计

在班集体建设中，组织优化意义重大。组织建设是集体建设的硬件，是集体建设的重要内容，是班级正常运转的前提。没有组织建设，管理就无从产生。建设一个好的班集体，单靠班主任一人之力是远远不够的，需要调动班级所有成员，需要一个良性运行的组织，各部分相互协调、相互支持、彼此帮助，才能促进班集体建设效能的提高。

班级组织优化还有利于培养学生的集体主义精神。班级内学生来自不同的家庭，在同一间教室中组成了正式的群体，群体发展的高级阶段就是集体。集体主义精神要在集体中培养，学生在校园生活的最基本的集体就是班级。班级这个组织能否成为集体，直接影响到学生能否形成集体主义思想。

组织建设优化可以从组织结构设计和组织运行方式两个方面进行。

不同的班级，组织结构会有所不同。班级组织结构的类型有借鉴军事管理组织的“直线”结构，有根据班级建设目标和班级事务内容及分工需要的职能式“网状”结构，也有传统的“金字塔”结构。这些都采用了层级管理模式。

在进行班级组织结构设计时应该遵循如下原则。一是调研为先，摸清班情，设计要有针对性。二是要适合不同年龄特征的学生。三是要结合教师的班级建设理念，结合班级具体情况，针对不同学生的个性、爱好、水平差异，进行组织安排，选择组织结构。

刘丹在她的《试论班级学生干部“139”组织机构管理模式》一文中介绍了“139”班级组织机构管理模式。

“139”是指以班主任为管理核心，依托3个最得力的学生干部上传下达（即上对班主任，下对各学生委员），并由3个学生干部分工负责、协助、指导所属的9个学生委员共同管理班级的一种方式。这里的“1”指班主任，“3”指班长、团支书、纪律长，“9”则指3个学生干部下属的9个学生委员，即组织、宣传、学习、体育、文娱、清洁、考勤、寝室、安全委员。“139”组织机构管理模式理清了班主任与学生干部、学生干部与学生干部之间的工作关系，责任更明确，分工更具体，学生得到锻炼的机会更多了，学生干部的责任感和使命感更强了，学生的主人翁意识提升了，班集体向心力更强了。

案例中刘丹老师的班级组织结构设计既结合了自身的教育管理理念，又结合了学生、班级的实际情况，能更好地发挥班集体的作用。

2. 选好用好班干部

组织结构确定后，就要选拔、培养、使用班干部。班干部的选用、培养既是班级组织生活的需要，也是学生成长的需要。华东师范大学卜玉华教授认为，“班干部”的设置有利于培养学生的民主观念与集体主义精神。结合工作实际，我认为班干部选拔应遵循以下原则。

第一，面向全体原则。在选拔班干部时，应考虑到全体学生，考察面越广、考察对象越广泛，最终组建的班干部队伍就越符合班级建设的需要。广泛选择班干部，能最大限度地激发学生参与班级建设的热情，增强学生的班级主人翁意识，形成班级建设的良好氛围。

第二，公开公正原则。班级是属于全体学生的班级，班干部选拔也应该在全体学生中进行。所以，选拔过程应该是公开的，这样可以提升学生对班主任、对班干部选拔的信任度，也便于提高班干部在学生中的威信。

第三,激励扬长原则。选拔班干部最根本的目的是培养全面发展的学生,使学生成为国家需要的建设者。要想实现学生培养和组织建设的双赢，就要遵循扬长原则。美国心理学教授霍兰德提出的人职匹配理论认为，当个体的个性特征与职业要求相符时，个体的积极性和潜能会得到激发、调动。在班干部选拔时，也要充分考虑学生的个性特点、兴趣和长处，要因人而异，因人设事，使每位学生的长处都得到最大限度的发挥，使学生都能在班级建设岗位愉悦、投入地工作，不断体验成就感，实现其在班集体中的价值，强化对班集体的归属感，增强对班集体的情感依恋。

班干部产生以后，就要投入到班级工作中。班主任要对班干部进行有计划、有步骤、有针对性的帮扶、培养和指导，激发他们的工作热情，使他们能团结同学，积极工作，带领班级成员共同建设班级。

第一，要强化班干部的服务意识。班干部通过班级工作岗位为班级服务、为全体学生服务，代表全班学生对班级进行管理，以组织者、服务者的身份开展活动。服务意识、服务理念是班干部开展工作的基本思想。

第二，要培养团队意识、责任心。班主任要通过目标管理、多样的活动培养并增强班干部的团队意识，使班干部起到表率作用，引领、凝聚班级学生；明确班级各岗位职责，运用评价激励机制，培养班干部的责任意识。

第三，要传授班级管理方法。在开展班级工作时，班主任要给班干部传授一些工作方法。如对同学要给予充分尊重，从班级利益出发，积极听取同学的心声；加强与同学的沟通交流，多听取同学对班级各项事务的意见，多征集同学对开展班级活动的建议，调动全班同学共同建设班级。

同时，还要引导班干部自我约束、自我管理。让班干部认识到管理班级不仅是约束他人，也要加强自律，只有自我管理能力强，才能起到表率作用。

3. 优化组织运行方式

优化组织运行方式即变革班级管理理念和方式。传统班级管理强调规范、控制，以“管理”为中心，用统一的标准、理想化的规范来打造班集体，规范学生的行为，忽视了集体和个人作为主体的发展需要、权利和责任，忽视了班级管理促进学生发展的价值。我们需要优化班级组织的运行方式，转变班级管理理念——由行政管控变为民主参与，由指派命令变为协商合作。

班级议事是一种民主型班级组织运行方式。班级议事是班级成员参与商议班级事务，共同进行班级建设的一种民主型管理方式，在凸显学生民主参与班级建设、保证学生获得充分发展的基础上，形成和谐班集体。运用班级议事，是把班级各项事务公开，在班级成员参与研讨的基础上形成统一决议、实施，并把实施过程和结果进行总结分析，进一步加以完善的组织运行方式。

北京市大兴区第五中学的张文会老师介绍了他的“班级议事之改善自习纪律”案例。

针对自习课的混乱状态，我提议班委会针对班级“自习课纪律问题”组织开展大讨论，第一次班级议事就这样开始了。班级自习课纪律存在哪些问题？这样的自习课纪律对学习有什么影响？我们需要什么样的自习课纪律？同学们围绕议题讨论得很激烈。第一次班级议事制订了自习课纪律新规。

时间一长，新规起的作用不大了，自习课违纪现象又增多了。第二次关于自习课纪律的班级议事开始了。同学们纷纷表达了自己的真实感受：有的说，每天被人盯着，怕被扣分，心里很压抑；有的说，能不能不扣分，多看看进步？……第二次班级议事对之前的自习课纪律新规进行了调整，学生们对调整后的规定赞赏有加。之后的班级议事，学生们还自发组织去高年级学习，研究如何利用自习课等零散时间。

班级议事促进了该班自习课纪律的改变。班级议事让学生成了班级建设的主人，凸显了学生成长的主体地位，提高了班级管理的效能，优化了集体建设。

（二）提出班级目标

1. 班级目标的概念

20世纪50年代，美国著名管理学家德鲁克提出一种目标管理方法，即从目标出发，以目标为导向，把组织的目的、任务转化为目标，并使组织中各部门和个人的目标与组织的总目标融为一体，形成组织、部门、个人方向一致，明确具体，切实可行的目标体系。后来这一管理方法也在班级管理中得到应用。

班级目标就是指班集体建设过程中师生共同制订的集体奋斗目标。班级从初建到成熟是一个发展的过程，是一个团体生命成长的过程，在这个过程中，形成和巩固师生共同的奋斗目标是集体前进的动力。

2. 班级目标的作用

班级目标在班集体建设中具有导向作用、激励作用、聚合作用。

第一，导向作用。导向作用指在集体建设过程中表现出来的指向性作用。班级目标是班级建设工作具体的行动纲领，它能指引班级成员的行动方向，引领学生建设一个团结向上的班集体。

北京教育科学研究院旧宫实验小学的郑迪老师，在他的班级开学第一个月学校流动红旗评比活动中失利的情况下，组织学生共同分析存在的问题，研讨如何在下个月的学习生活中做到最好，商议确定了第二个月的班级奋斗目标，即力争第二个月的流动红旗。通过个人的努力、同学间的相互提醒、小组的通力合作，郑老师的班级在学校第二个月的流动红旗评比中胜出，实现了班级目标。这就是班级目标的导向作用。

第二，激励作用。行为科学指出，目标是一种刺激因素，人们把目标的价值看得越重要，目标激发出来的力量就越大，实现目标的概率就越高。所以，符合班级实际的好的班级目标能激发学生强烈的进取动机，调动学生的积极性，强化集体凝聚力。郑迪老师班级的学生在研讨如何才能得到流动红旗时，纷纷提出自己的想法和建议。有的学生说："我们以后在进出校门时都要主动向门卫叔叔问好，做到有礼貌。"有的学生说："我要注意在楼道里慢慢地走，不能跑步，在楼道也不能大声说话。"还有的学生说：

"午餐时我要主动帮助食堂的叔叔阿姨分餐，给咱们班加分。"体育委员说："咱们要在上操站队时做到安静、迅速，如果谁忘记了，旁边的同学要提醒他。"卫生委员说："我以后在做眼保健操时，会帮助同学们矫正姿势，提示大家闭眼。"学生为了实现班级争流动红旗的目标和集体荣誉进行自我分析、提出具体的做法，这不就是班级目标激发出来的力量吗？学生的积极表现，不正是班级目标所发挥的激励作用的结果吗？

第三，聚合作用。班级目标是指全班学生通过共同奋斗所要达到的结果，它具有极大的吸引力。它能使学生对集体生活充满信心，产生凝聚作用，增强集体向心力，使学生的积极性得到充分发挥。好的班级目标及其有效实施，还会吸引任课教师、学生家长产生强烈的认同感，激励他们与班主任和班级学生一起形成班集体建设合力。所以，班级学生和全体任课教师、学生家长都应参与制订班级目标，然后再通过一系列的班级活动，使班级成员不断统一思想，自觉调整行动，从而形成强大的班级凝聚力。

3. 班级目标的制订

第一，要民主制订。班主任最好采用与学生民主商议的方法来确定班级目标，以增加学生对班级目标的认同，促使学生按目标的指引去做。对于学生来说，参与目标制订的过程就是认识目标、内化目标的过程，学生一旦认同了目标，就有了奋进的方向和追求，会提高实现目标的自觉性。

民主确定班级目标可以采用自下而上的形式，即先由学生提出班级愿景，然后小组汇总、讨论、选择、修订，再提交班委会商议，最后由师生一起拟订最终的班级目标；也可以采用自上而下的形式，即由班主任根据自己的带班理念、班级学生的实际情况，提出班级目标草案，再交由班委会和各小组分别进行讨论、完善，最后汇总班级成员的意见和建议，经全体通过，确定班级总目标。

第二，要注重层级。马卡连柯的平行教育理论认为，在集体的教育目标中，既要有远景目标，又要有中景目标和近景目标。在制订班级目标时，要考虑目标间的层次性和递进性。也就是说，目标间要体现出结构化、关联性、阶段性，后一个目标要在前一个目标实现的基础上落实，前一个目标的实现又要推进更高层次的目标的实现。

第三，要结合班情。制订班级目标要认真分析班级学生情况，与学生身心发展特点相匹配，从班级实际出发。符合班情的班级发展目标更能激发学生实现目标的激情。江苏省镇江市红旗小学的陈辉老师在《班级目标管理法心得》一文中介绍，自己新接手了小学二年级升三年级的一个班。三年级开学第一次学校表彰会上，该班没有受到任何表彰，学生们都垂头丧气的。在与学生一起反思时，学生纷纷向陈老师介绍说："课间我们班同学总是追跑打闹，违反学校常规，导致班集体扣分。""我们都不爱学习，考试成绩总是很差。""我们班参加比赛成绩不佳，因此不能为班级加分。"……陈辉老师经过对每个学生的观察，在充分考虑班级优点与不足的基础上，提出了班级建设目标——向上、博学、健康，并在班会上与学生、家长一起讨论，得到一致认可。有了这个基于班级实际的班级目标，学生的集体建设激情迸发了。

（三）坚持开展班级活动

不管是促进班级组织的良性运行，还是实现班级发展目标，都不是在静止状态中完成、实现的。班级活动是班级组织运行、实现班级目标的基本路径和强大媒介，班集体是在活动中孕育、发展、形成的。

1. 活动是实现目标的基本路径

广义的班级活动是指以班级为单位组织的一切活动。狭义的班级活动是指除课堂教学活动之外，班级成员共同参与的各种有组织的活动。如班队会、主题教育活动、社会实践活动、文体活动、团体游戏及关于班集体建设问题的各种研讨会等。

内容丰富、形式多样的班级活动可以使学生的主体性得到发挥，为班级人际关系建设创设情境，为师生交流搭建平台，促进学生身心健康发展，促进班集体的形成和发展。尤其是班集体背景下的班级活动，本身就是基于班集体发展的需要，在班级目标的引导下，集体成员相互协作、互动交流，完成集体建设和自我目标实现的过程。所以说，活动是实现班级目标的基本路径。

2. 以目标为导向设计活动

第一，集体建设活动要以班级目标为导向，以集体教育原理为指导，在活动中充分运用“平行教育”“集体主义价值引导”等教育理论，才能有效促进班集体的形成和发展。依据班级目标整体规划系列活动，不仅体现了各阶段活动内容上的层次性，也体现出以目标为导向的活动的连续性和发展性，保障了班级目标的达成。

第二,要确定好活动主题。班级活动的主题要符合集体发展的阶段特点。班级活动的主题要紧紧围绕班级目标或阶段目标确定，从小处着眼，以小见大。还可将各行政部门组织的各类活动巧妙地与班级目标结合，确定活动主题。

第三，做好活动的总结、反思。总结、反思的目的是引领班级成员对班级活动目标达成度进行再思考。活动结束后，应适时与学生一起做好活动的总结、反思。总结、反思能使班级成员对活动目标、活动主题理解得更透彻，对活动效果分析得更客观，使下一阶段班级的目标更明确。

二、科学管理班级

（一）加强班级常规管理

班级常规管理即对班级各种常规工作实施管理。班级常规管理是一种管理手段，即通过运用常规达到班级整体运行常态化的目的。班级常规管理覆盖班主任管理工作的大部分领域，班主任各项管理工作都渗透着常规管理的内容。

1. 班级常规管理的内容

班级常规管理的内容有班级组织建设、班级学习管理、班级生活管理、班级日常行为管理、学生发展指导。

班级组织建设与常规管理都是实现班级目标的重要途径，这两项工作是相互联系的。班级组织建设就像班级日常管理的结构框架，班级日常管理各项内容是班级组织建设工作的具体化。

学习是学生在校的主要任务，占学生在校生活的时间长，是学生成长的主要途径。因此，加强学生学习的常规管理很重要，它既可保障班级学习秩序、营造学习环境，还可以培养学生的良好品质。

学生生活在班级中，需要遵循一定的规范来维系公共生活秩序，这就是班级生活管理。班主任可以从物质生活和社会生活两方面对此进行管理和指导。

班级日常行为管理的内容是依据中小学生守则、日常行为规范以及学校的制度制订的，对学生的一日规范和学生在校园生活的所有行为方式进行教育引导。

2. 班级常规管理的理念

班级常规管理是一项综合性教育管理工作。为促进学生的社会性发展、使学生健康主动地成长，应突出学生作为发展主体的地位，即让学生成为班级常规管理真正的主人，让学生充分掌握自己发展的主动权，以学生个体发展促进集体发展，以集体发展带动学生个体发展，使班级真正成为学生成长的精神家园。

班级常规管理中，学生的主体地位主要体现在学生民主参与常规管理上。目前很多班主任都在积极尝试让学生自主管理班级日常事务，如采用班干部轮换制，人人都有岗位，共同制订班规，运用班级议事制度，放手让学生自主设计、组织主题活动等，通过让学生参与管理班级各项工作和各种活动，使每一名学生都全心全意地为集体建设付出努力。

3. 班级常规管理的举措

班级常规管理的举措因班而异，因班主任而不同。这里介绍几项举措。

第一，建立班级常规制度。任何组织的发展都离不开规则，班级也是如此，否则，就难以建立良好的秩序。制订班级常规制度，可有效维持班级秩序，保障常规管理工作的顺利开展。

第二，汇聚资源形成教育合力。班主任在班级常规管理工作中要善于开发并整合各种教育资源，形成教育合力。班主任要积极团结学科教师，建设教师团队；要善于联合家长，发挥家庭教育资源的助力作用；还要利用社会教育资源，拓宽教育渠道，提高教育效益。

第三，多元评价引领班级常规管理。在班级常规管理中，教师应发动学生一起构建班级生活的多元评价系统，以多元评价引领班级的常规管理。用多元评价方式，将班级生活的方方面面纳入评价内容，将阶段性评价与日常评价、个人评价与小组评价、过程评价与结果评价结合起来，通过多元评价，让每个学生在班级日常生活中都能看到自己的进步和不足，增强学生的自我意识、集体意识和班集体荣誉感。

（二）营造良好班风

1.班风的概念及作用

每个人都会有不同的个性特征和气质类型，每个班级作为一个整体，也会存在有别于其他班级的特质，也就是不同的班级会有不同的班风。班风，即班级风气，是一个班级特有的风貌，是班级中形成的，在情绪、言论、行为、精神面貌等方面长期占主导地位的稳定的倾向，它通过班级成员的言行、习惯、态度等表现出来。

班风一经形成，便会成为一种约束力，反过来影响班级中的每一个成员。班风对外是班级的形象，对内是一种氛围、一种无形的力量。简单来说，班风体现了班级群体的价值观、群体信念、群体态度，班级中的每个成员都会受其影响和约束。它在很大程度上影响着班集体建设和发展的质量。

2.班风的形成

班风是整个集体的风貌，它的形成不是一蹴而就的，一般要经历生成期、成长期、内化期和成熟期四个主要阶段。

第一，班风的生成期。在这一时期，班风的要求对班级成员来说是外来的、强加的。因此，要重视发挥各项规章制度和舆论的宣传作用，以便解决集体要求与个人需求之间的冲突。要让学生了解、理解班风的要求及其意义，明确个人和集体的关系。

第二，班风的成长期。在此阶段，一部分班级成员认同了班风的要求，但还有部分班级成员没有认同。这是班风形成的关键期，因此要借助班级发展目标、班级组织的力量、集体中有影响力的榜样来加强对班风的宣传，开展有针对性、教育性的活动来引导班级成员感受班风的内涵，发挥心理环境的同化作用，让学生认同班风的要求。

第三，班风的内化期。这个时期，班级成员整体接受了班风的要求，但还要继续对班级成员提出要求、实施影响，使其更加深入地理解、内化班风的精神和要求，并自觉地付诸行动，形成习惯。

第四，班风的成熟期。至此，班风的要求已基本成为绝大多数班级成员的自我要求，可以说已基本完成班风要求的内化过程。这个阶段，班风已具有了较大的教育能量。

3. 班风建设的方法

班风建设的方法有很多种，这里主要介绍以下三种。

第一，以明确的班级目标引导班风的形成。班主任应该与学生一起制订出明确的班级目标，以它作为班级风气的精神引领，激发学生的参与欲望，在实现班级目标的过程中形成特有的班风。

第二，榜样的示范引领有助于班风的形成。在班级教育中，榜样的巨大影响力和感染力可以使学生自主、自觉地改变认识，提高自我评价的能力，调整自己的行为。

北京市第四中学原校长刘长铭曾展示过他们学校的教师为帮助学生的“爱心社”筹集爱心款，自编自导话剧并进行义演的活动，他还深情地朗读了义演募捐后来自学生们的感受。

我们学校的教育强调以人育人。你们不曾喋喋不休地教导我们如何做人，如何做事，但是，我们亲眼看到了，我们用心感受到了。当我们知道韩露老师殚精竭虑拿出了17稿的剧本，当我们看到王迪老师拖着病体一遍又一遍地摔倒在舞台，当我们听到老师们嘶哑的嗓音仍旧饱含着激情，当我们窥见幕间休息时老师们在后台备课和批改作业……我们由此知道了什么是四中精神，什么叫四中人。……当我们看到夜幕中，您悄悄离开时浓妆尚在的脸上绽开的欣慰笑容，当我们感受到大大小小二十余个捐款箱的重量……更令人感动的是，面对成功，你们没有自夸，没有得意，你们在做出巨大贡献的同时却一如既往地保持着低调和谦逊。……老师，请放心，我们懂了。

北京市第四中学教师的话剧义演身体力行地为学生诠释了什么是榜样的示范作用。在班风形成的过程中，教师应该发挥自身的榜样示范作用，为形成积极、良好的班风提供精神引领。班主任还要善于发现、培养学生个体或群体榜样。

第三，制度化的班级活动为班风的形成提供保障和发展机会。要让班风形成良好的发展态势，就需要在班级建设中实施制度化的活动，以引领良好班风的形成。肖家芸老师在文章《以温馨班级建设培育爱心》中介绍了“温馨祝福”“温馨鼓励”“温馨提醒”“温馨寝室”等长期坚持实施的温馨举措，肖老师把班级建设得就像一个温暖的家，温馨四溢。

（三）优化班级管理方略

1. 班级管理方略的概念

班级管理方略也可以理解为带班育人方略，就是班主任在建设班集体中采用的育人策略和方法。具体地说，是指班主任在班集体建设中逐步形成的班集体建设的方针、思想及策略、方法的综合，是班主任为了实现育人目标，在带班工作中逐渐形成的相对稳定、富有个性、成效突出、师生认同的班级管理特色。如魏书生老师的“民主科学管理”,霍懋征老师的“爱的教育”，都是基于自己独特的带班经验，思考、提炼出的教育理念，他们鲜明的工作风格在班集体建设过程中逐渐凸显，形成了自己的带班特色。

2. 班级管理方略的形成

班级管理方略强调通过集体建设，形成温馨、积极、向上、和谐的班级氛围，需要班主任站在集体建设的角度总结带班方法，提炼育人策略。具体地说，先要做好带班规划，整体设计集体建设思路和阶段性的实施策略、方法，在实施班集体建设工作中注重积累材料，及时思考，逐渐将班集体建设的策略、方法进行结构化梳理。

班级管理方略的形成不是一蹴而就的，是一个长期、艰辛的探索过程，需要在工作中不断总结班级建设实践经验，不断思考、完善班级建设的整体规划思路。班级建设实践表明，班级管理方略的形成过程可概括为深入实践—回顾反思—交流研讨—总结升华—形成方略。

3. 班级管理方略的提炼

班级管理方略可从三个角度梳理、提炼，进行表达。

第一，从宏观着眼整理提炼。从班级建设全景切入，关照班级发展时空上的整体设计，体现班级建设的结构化、系统性。这是对班级建设工作的整体梳理和全面总结。

潘笑也老师的《蒙以养正——小学六年一贯制班集体建设实践探索》就是跨越班级发展时空，从班级建设全面工作总结入手，对自己小学六年整体带班育人的教育思想和实践策略进行的表达。

潘老师带班育人的教育思想是“蒙以养正”，其教育思想实践分为低段正规、中段正学、高段正心三个层次推进。

低段正规，侧重点放在培养孩子善倾听、会表达、遵守时间、会整理四个习惯上，旨在训练课堂常规、生活常规、校园常规，使学生适应小学生活，养成最基本的学习习惯。

中段正学，从培养正气与灵气、雅气与大气以及辩证地认识规则与自由三个方面着力正学，旨在促使学生从个人意识向集体意识靠拢，营造学习氛围浓郁的集体生活。

高段正心，从探寻自我成长入手，提升学生自主学习、自我管理、自我教育的能力，帮助学生实现从被动学习到主动学习的转变，完成从觉他到自觉的突破，旨在促使学生将学到的知识、良好的习惯内化成个人修养，在影响他人的同时提升自己的品格。

潘老师以“蒙以养正”为指导思想，三个阶段既各有侧重，又相辅相成，以养正为宗旨，从个体培养到团队建设，从格物致知到诚意正心，从认识小我到觉知他我，循序渐进。“蒙以养正”的教育思想贯穿小学生六年学习成长的全过程。

第二，从微观寻找抓手。选取班级建设的一个切入点或个人带班特色，就这一切入点进行思考、提炼，呈现班级建设如何以抓一点统领整个班集体建设，表达带班育人理念。北京市大兴区大辛庄中学的宋佳老师以评价引领为管理理念，以量化评价为班级建设策略，以个人评价、小组评价等不同的量化形式，针对班级和学生发展需要开展“课间对话量化”“优胜星”“进步星”“互助学习小组”等丰富的评比活动，进行集体建设，以量化累积学生发展数据，以评价策略引领学生自主成长，在不断优化评价细则的过程中，不断丰富评价活动，集体建设实效突出。

第三,有的班主任个性鲜明,教育魅力十足。因此,也可以从班主任个性、教育魅力入手,表达班级管理方略。有这样一位小学班主任,她很喜欢画画,学生们也喜欢会画画的她，喜欢看她画画，喜欢听她边画边讲画中的故事。这位班主任就把画画的技能融入班级管理中，用画画助力班风建设，开展养成教育。班主任通过自身的特点、工作风格牵动班级建设全局工作，形成带班特色。可见，自身教育魅力也可以作为班级管理方略的表达角度。

以上仅提供了一些班级管理方略形成的路径和方法，不管从哪个角度入手，思考、提炼班级管理方略，都要包含以下内容：要表达出带班理念或班级建设思想（观点），此理念下班级建设的目标是什么，围绕班级建设总目标、各阶段目标采取的主要措施、策略、方法有哪些，还要用典型案例呈现班级建设成效，最终凸显以学生为成长主体的理念。

第二节　提升互动水平是优化集体教育的关键

集体教育的本质是人的交往教育。在教育教学过程中，和谐的人际关系是提升集体教育互动水平的基础，而人际交往中所需的能力是提高互动水平的可靠保证。

一、人际和谐是提升互动水平的基石

人际和谐是指人际关系的和谐。班级人际关系是指班级成员在班级生活和交往中所形成的人与人之间的各种直接关系的总和，是一种体现交往对象之间情感、态度、认识、行为互动的心理关系，是教育生活不可缺少的组成部分。班集体是建设各类关系的平台和环境，其中各方面的和谐关系建设能有效提升互动水平，促进班集体建设，优化集体教育，为学生成长提供良好的环境。

（一）师生和谐

1. 师生关系和谐的意义

师生关系是教育环境中最普通、最基本的人际关系。苏霍姆林斯基说："我坚信，常常以教育上的巨大不幸和失败而告终的学校内许许多多的冲突，其根源都在于教师不善于与学生交往。"和谐、融洽的师生关系，不仅会对学生产生重要、积极的影响，也能使教师以一种轻松愉快的心境工作，有利于减轻心理压力和疲劳感。

和谐的师生关系还是教育改革的突破口。和谐发展是新课程改革全力倡导和追求的价值取向。教育教学过程中的师生关系必然会在教育改革目标的指引下发生变化。教师要努力创造一个安全、尊重、彼此信任、宽松、和谐的师生交往环境，使学生的身心健康发展。师生关系建设会成为教育改革的一个突破口。

2. 建设和谐师生关系的方法

第一，转变教育观念。教师必须转变传统的学生观，要把学生看成一

群鲜活、有思想、有情义的人。要克服居高临下的权威管理、简单粗暴或随心所欲的主观管理以及放任自流的管理，采取师生人格平等的民主管理，实现平等、对话、合作的和谐师生关系。

第二，锤炼崇高“师爱”。“师爱”是教师的核心价值品质，是一切教育行为的前提，更是建立和谐师生关系的重要条件。关怀、爱护学生是“师爱”，尊重、信任学生是“师爱”，共情、理解学生是“师爱”，敬业、奉献也是“师爱”。特级教师霍懋征认为，教师对待学生应该“激励、赏识、参与、期待”，只有这样的师生交往才是“师爱”的表现。建立和谐师生关系，教师要不断提高自己“师爱”的能力。

第三，营造和谐氛围。在班级生活中，教师要通过多种方式积极营造宽松、民主、平等的集体生活氛围，凸显学生的主体性，在充分尊重学生的前提下，给学生表达的机会，以理解学生为中心，营造师生平等对话的环境。

（二）生生和谐

生生关系对学生学习、生活、身心健康成长都至关重要。生生关系是同龄人间或心理发展水平相当的个体间在交往过程中建立和发展起来的一种人际关系。这种人际关系是平行的、平等的，是学生在班级生活中乃至今后的社会生活中起着重要作用的人际关系。皮亚杰认为，“同伴关系”是道德成熟的脊梁。教师要引导、帮助学生建立良好和谐的生生关系，使学生在其中获得积极的情感需要，体现自身社会价值，发展社会认知，形成健全人格。

1. 生生关系和谐的意义

和谐的生生关系是学生情感支持的力量源泉。和谐的生生关系可以让学生在日常同学交往中体验到快乐，在倾诉与合作中发现朋友、发展友谊，推动学生情感的发展，还可以帮助学生分担悲伤、痛苦，分享喜悦，消除孤独感，给予学生鼓励和支持。

和谐的生生关系还可以提高学生对班级的归属感。如果学生在班级中得到同学的认可和支持，那么他就会在班级中有更强的融入感，对自己的班级也有更强的认同感，拥有更强的学习动力、良好的学习情绪，更容易融入集体，主动投身到班级生活中。

2. 建设和谐生生关系的方法

第一，创设集体环境。教师应该为学生积极营造温暖、和谐、健康向上、团结一心的班级氛围。班级内集体主义观念的培养，会使学生产生使命感，同学间彼此关爱、互相帮助。教师要经常引导和培育正确的集体舆论，要经常表扬、宣传有利于集体建设的好人好事，始终把握集体舆论的方向。教师还要抓住日常生活的点滴，渗透集体意识，培育集体主义精神。如下面的这个班级生活片段中，班主任就非常注意随时在班级中培养集体意识，营造集体环境。

“都怪你，是你没戴红领巾，害得我们班拿不到流动红旗……”异口同声的责备令这名学生不知所措。

这样的场面可不利于生生关系和谐，还有可能让这名学生产生极端的想法和行为。此时就需要班主任的化解和引导。

我和颜悦色地对他们说：“你们都很爱班集体，因此责怪同学弄丢了我们班的流动红旗，是吗？”学生连连点头称是。“那么，你们有谁提醒这位同学戴红领巾了？”一位学生说：“他自己应该记得戴红领巾的。”等他说完，我心平气和地说：“对，他是应该记得戴，但流动红旗不是他一个人的，而是我们全班的。他忘了戴红领巾，但我们也忘了提醒他，所以我们也有责任。同学忘了戴红领巾，有责任；陈老师忘了提醒，有责任；你们忘了提醒呢？”我用满含期待的眼神看着学生。“也有责任。”全班齐声说道。说完大家都笑起来，一场风波就此平息。

正是有了这位班主任的智慧化解和引导，生生之间的风波才平息了，关系才更加和谐亲密了，集体主义观念也在班级学生心中更牢固了。

第二，在互动中引导学生建立和谐的生生关系。建立良好和谐关系离不开互动。在互动过程中，教师要积极引导学生和谐相处，助力其和谐关系的建设。让学生参与班级管理，承担班级事务，自主设计、组织班级活动，充分利用小组合作进行学习等，可以为生生互动提供舞台，创造机会，丰富学生间的交往；让学生在互动中，从相互磨合、试着了解、发生分歧、吵闹争论，到相互理解、彼此配合、支持欣赏、帮助关心，形成和谐的人际关系。

第三，教师公正助力和谐生生关系形成。在一项对教师最应该具备的职业品格的调查中发现，有 78.3% 的学生、68.2% 的家长认为，公正是教师最应具备的职业品格。可见，在学生和家长眼中，教师的公正有多重要。作为教师，在协调、引导生生关系时，要坚持公正、公平的原则，要一碗水端平，最大限度地减少天平失衡现象的出现。

总之，班主任要引导、帮助学生建立良好关系，助力和谐集体建设。

（三）家校和谐

家校关系是教师教育教学工作中的又一个重要关系。和谐的家校关系会为学生的健康成长助力，能有力地推进班集体各项工作的开展。苏霍姆林斯基说过："最完备的教育是学校和家庭的结合。"

1. 家校和谐的意义

家庭教育和学校教育各有其责，学校教育远不是教育的全部。家校应携手为学生营造方向一致、配合密切、沟通顺畅、关系融洽的和谐教育场。在和谐的教育场中，不仅教师、家长可以彼此分享经验，形成教育互补，而且有益于提高教育效益。

2. 建立和谐家校关系的方法

第一，积极、主动地接纳家长。教师应坚持"家长是宝贵的教育资源，是教育的合作者"的新家长观。家长参与学校教育、参与班级建设能最大限度地使家庭与学校、班级共同承担起育人的责任，从而使育人共同体又拥有了一支强大的支持力量。所以，教师要积极、主动地接纳家长，与家长形成合力，共同教育、引导学生，共同建设班集体。

第二，尊重、真诚、平等地交流。任何合作都必须发自于真诚，才能获得共赢。教师要在尊重每一位家长的前提下，客观、真诚地与家长探讨学生存在的问题，在平等交流的基础上，共同帮助学生成长。教师与家长联系，不是为了"告状"，不是为了"指责"，而是为了沟通交流，帮助学生成长。教师切忌以教育者自居，指责家长，对家长有讽刺性语言，伤害家长的自尊心。

第三，创新家校合作形式。创新家长会、家访、约谈家长等传统家校合作方式，探索家校合作的新途径、新方式，积极建设和谐家校关系。如运用新媒体技术，架构家校互动合作的信息化网络；创办“家长学校”；组建家长教师协会；开展亲子活动；举办“家长开放日”活动；举办“家长讲堂”；举办“家长志愿者”活动……邀请家长走进学校，与学生一起生活，与教师一起工作，让家长体验学生和教师在校园的生活，增强家长对教师的理解。这些结合实际需要的家校合作形式，还在不断创新。

二、教师锤炼能力是提升互动水平的保障

（一）培育人际品质

教师的职业特点决定了教师要经常与学生、同行、家长及外界进行密切联系。教师与这些群体及个人的关系处理得是否得当，在很大程度上影响着教育效果。一位优秀的教师，往往是一个人际交往专家，他应具备能与学生建立亲密和谐的师生关系，能与同事、领导、家长进行有效沟通的教育交往能力。

1. 人际品质的特点和意义

人际品质是指教师在教育教学实践中以学生、同事、家长为主要交往对象的教育交往品质和质量。

教育交往具有教育性。教师在从事教育教学的过程中，与相关人员发生着与教育教学工作密切相连的关系。在这样的交往中，教师围绕教育工作内容，通过良性交往，形成和谐人际关系，最终促进学生全面发展。

教育交往具有主动性。教育教学过程中的交往需要教师主动发起，教师往往是主导角色，发挥主导作用。所以，教师要把握好与学生、家长交往的主动性，用尊重、真诚、理解的态度，营造一种使学生及家长感到安全、放松并能自由表达想法、意见的氛围。

教育交往具有情感性。教育工作需要教师带着强烈的情感，是一项需要倾注教师热情、精神的脑力劳动。教师在交往过程中不仅要传递知识，还要向交往对象表达丰富的情感、情绪，传递教师的人格气质，只有真诚投入，才能获得交往对象的共情、理解和支持。

教育交往是教师教育教学工作顺利进行必不可少的手段，也是教师锤炼职业能力、完善自我的过程。教师的人际交往能力不是与生俱来的，而是在长期的教育教学活动中，在长期的积累、培养、训练中提升的。

2. 培育人际品质的方法

培育人际能力，提升教育交往品质，可以促进师生关系、家校关系、同事关系的和谐发展，有助于凝聚更多教育力量共同建设班级。为此，可以从以下几方面进行人际品质培育。

第一，要积极关注。善于关注他人十分重要。教师要及时全面地了解、掌握学生及家长的情况，要时时留意学生的进步，捕捉学生的闪光点，并及时表扬肯定。教师的积极关注是一种关心和理解，在教育交往中，这种关注会使交往对象感受到教师的关怀和细心。

第二，要以真诚、尊重为前提。真诚和尊重是人际交往的基础和前提，这在教师教育交往过程中尤其重要。所以，在交往中，教师要以真诚的态度待人，要表里如一、言行一致；要尊重交往对象的人格，尊重其个性特点，保护其自尊心。

第三，要学会倾听。倾听是与他人交往所需要的重要技能，也是个人修养的表现。善于倾听本身就是尊重他人的表现。教师在教育教学过程中，要耐心倾听每个学生的需求，为学生提供帮助；要善于倾听每位家长的建议，以改善自己的工作；要善于倾听来自同事的建议，从中获取成长的养料。

第四，要有同理心。拥有同理心包括要站在对方的立场去理解对方；了解导致这种情形的原因；让对方了解自己对对方的理解。教师在交往中要努力培养自己的同理心，努力尝试站在对方的立场理解对方，使对方感受到理解，促进交往的进行。

（二）增强言说技能

语言是教师不可缺少的教育工具。苏霍姆林斯基说："教育的艺术首先包括谈话艺术。"夸美纽斯说："教师的嘴，就是一个源泉，从那里可以发出知识的溪流。"语言是教师表达思想、启迪智慧、塑造灵魂的基本手段，良好的语言修养是一名优秀教师的基本条件。

1．言说技能的概念及作用

言说技能是教师的基本素养。教师的言说技能对教师和学生的发展、对教育工作中各种关系的促进、对教师的管理能力都有极大的帮助。在学校，教育的主要内容都是通过语言传播的，教师的语言渗透在全部教育生活中，直接影响着班级氛围和教育的质量。所以，教师要时刻学习，增强言说技能，让教育更加生动、有效。

2．言说技能的修炼

言说技能的修炼要遵循"三原则"，掌握"一规范"，把握"五技巧"。

第一，遵循三项原则。一是科学原则。教师工作包括课堂讲授、组织班级活动、解决学生思想问题、与家长沟通交流等，每一项活动的语言表达都要科学、专业，容不得模棱两可。二是因人施言原则。教师的主要交往对象是学生，学生情况因人而异。教师在运用语言交流时要因人、因时、因境、因事而异，选择不同的表达方式，进行不同的话题交流。如对天赋高、成绩优秀却又看不起人的傲慢学生，可以采用"触动式"谈话方式；对缺乏自信的学生，就要多鼓励、多肯定、多表扬，帮助其树立自信心。三是平等原则。教师在与学生语言进行交流时，要遵循平等原则，要给学生发表意见的机会，这样才能了解学生，教育才能发挥最大效能。

第二，掌握教育语言规范。教师的教育语言要音义准确，吐字清晰，语法规范，语速适中，语调丰富，表达顺畅，用语文明健康。

第三，把握语言表达的五个技巧。一是要生动形象。教师如果能通过新颖、形象、通俗的语言将抽象的概念具体化、深奥的道理形象化，可以增加教师语言的趣味，活跃教育氛围。二是要幽默。诙谐有趣的语言能调节气氛，拉近学生和教师的距离。精彩幽默的语言需要教师厚积薄发，加强文化修养，来丰富自己的语言。三是要善于激励和鼓励。教师要能抓住时机，用恰如其分、真诚、真实的语言激励、肯定、表扬学生，有效激发学生学习的兴趣和积极性，帮助学生增强学习的信心。四是要委婉。教师有的话虽然正确，但是忠言逆耳，学生和家长有时难以接受。英国著名教育家洛克说过，“他们愈是觉得自己名誉已经受到打击，则他们设法维持别人好评的思想就愈加淡薄”。所以，有时直言不讳地表达不如委婉含蓄来得效果好，用提醒、暗示或请求的方式往往更有效。五是要简练。教师的教育语言应简洁明了，凝练丰富，即用最简明的语言表达最丰富的内容。切忌长篇大论、讲大道理。

总而言之，只有夯实这些言说技能，才能提升人际互动水平，提升教育互动效能，助力、优化集体教育。

（三）善借体态语言

体态语言是指人在交际过程中，用来传递信息、表达情感、表明态度的非语言的特定身体态势。体态语言在人际交往中有着不可替代的作用。体态语言研究先驱欧文·戈夫曼指出：“尽管一个人可能停止说话，但是他不能停止身体习惯动作的传播。”在教育教学中，教师应善借体态语言来提升交流品质。

1. 体态语言的效用

教师的体态语言是指在教育教学过程中发生的、针对学生出现的、以教育交往为目的的、常常与教师有声语言密切配合使用的行为，即教师身体做出的动作，主要有眼神、面部表情、手势等。如教师与学生互动时，微笑点头，是对学生的赞赏；竖起大拇指，是对学生的表扬和肯定；皱眉、凝视是给学生以提示和警告。在学生面前，一个手势、一个眼神、一个面部表情都承载、传递着丰富的教育信息，影响着学生的情绪和行为。

体态语言能够辅助有声语言表情达意，支持、修饰、增强有声语言的表达效果。北京市第十四中学大兴安定分校的张颖老师到安徽省参加全国班会课大赛，需要用当地的学生借班上课，而且只能提前一天见到学生。张老师见到学生时面带微笑、眼神真诚，用轻柔的语调向学生进行自我介绍。

当学生依次进行自我介绍的时候，张老师就面带微笑站在这位学生对面，温柔地望着这位学生，还主动伸出手与自我介绍的学生握手。张老师的这些友好、积极、温暖的体态语言让学生对她产生了好感，帮助她快速地与该班学生熟识起来，为第二天的现场班会做了充分准备。

可见，体态语言是教师语言系统中重要的组成部分，是教师教育艺术的重要方面，教师的体态语言会有意或无意地表达、传递出教师的教育思想、教育信仰和教育智慧，这些都潜移默化地影响着学生的成长。

2．体态语言的应用

在教育教学过程中，教师应用最多的体态语言包括眼神、面部表情和手势。眼睛是心灵的窗户。优秀教师的眼睛都会说话。教师常用的眼神有环视和注视两种。

记得20世纪80年代有一部电影《苗苗》，讲述的是年轻的运动员韩苗苗被街道办事处分配到学校当教师的故事。她第一次以班主任的身份出现在孩子们面前，就发生了特别的情况：教室里出现一只小猫，同学们都离开座位去抓猫，一时间，教室里变得乱哄哄的，桌椅倒了一片，尘土飞扬。苗苗老师又拍桌子又大声叫喊，还到学生中间去阻止。可学生一点都不理会，照样抓猫、乱叫、起哄。这时，头发花白的校长轻轻推开门，站在门口用有神的、平静的眼神静静地环视全班学生。学生看到老校长，都快速地把桌椅扶起来摆好，坐在座位上，教室里也很快恢复了安静。老校长的眼神就像有魔力一样，虽然只是静静地环视，却远胜过苗苗老师大声的叫喊，这让苗苗老师心生敬佩和羡慕。这一幕也烙印在我的教育生命里。

环视，就是目光在较大范围内做环状扫描。一般情况下，上课前，教室里还未完全安静下来，就可以使用环视，这能引起学生的注意，给学生以提示。在排队、集会等集体活动中，也可以使用环视。环视要速度适中，不能过快，也不能过慢，要照顾到每个方位，但不一定要看清楚每一位学生，时间也不宜过长。

丰富的面部表情是人际沟通的主要手段，它主要由眼、嘴、眉毛、脸颊、鼻子等器官共同完成。教师常用的面部表情有表示关注的、赞赏的、亲切的、严肃的、疑惑的、惊奇的、快乐的、愤怒的。多样的表情有益于教育教学工作的顺利进行。

另外，手势在教育教学过程中也有独特的魅力。竖起大拇指，表示肯定、赞扬、佩服；食指垂直紧贴嘴唇，表示请安静；V字形手指，表示胜利；掌心向上伸出表示请某人做某事；单手手心向下按动，表示请学生坐下；鼓掌表示欢迎，还表示赞许和欣赏……正确运用手势有益于人际沟通和交往。

教师在教育教学过程中，通过体态语言与有声语言的结合使用，可以提升人际互动水平，融洽教育关系，彰显教育魅力，实现最大教育效益。

第三节　协同合作是集体主义的精髓

一、协同合作及其意义

（一）协同合作的内涵

协同合作是集体主义价值观得以实现的根本保证，也是集体教育的一种价值取向。它是指通过协调各方力量而达成共同的价值认同，并围绕任务目标共同运作。在学校教育中，协同合作与协同合作教育都是十分重要和必要的。

《中小学德育工作指南》中强调，中小学德育工作的基本原则要坚持协同配合；在实施途径和要求中强调要协同育人、构建社会共育机制。中共中央、国务院印发的《关于深化教育教学改革　全面提高义务教育质量的意见》中也强调，德育工作要深化协同育人，教学要探索开展合作式学习。从中可以看出，协同合作既是教育手段，又是教育目的。我们既要通过协同合作达到教育目的，还要培育具有协同合作精神的人。

集体是由个体及其存在环境构成的一个多元系统，按照协同理论的观点，集体教育中的各个要素和各相关系统之间存在着相互影响又相互合作的关系。系统能否发挥协同效应是由系统内部各子系统或组成部分的协同作用决定的，协同得好，系统的整体性功能就好，因此，协同效应又称增效作用。“如果一个管理系统内部，人、组织、环境等各子系统内部以及它们之间相互协调配合，共同围绕目标齐心协力地运作，那么就能产生协同效应。反之，如果一个管理系统内部相互掣肘、离散、冲突或摩擦，就会造成整个管理系统内耗增加，系统内各子系统难以发挥其应有的功能，致使整个系统陷于一种混乱无序的状态”。

集体要维系其存在与有序发展，就必须要通过协调个体之间、个体与环境之间的相互关系，促使各种关系和协作达成共同的价值认同，进而促进集体内部的互补互助，最终达成一种“增效”的结果。协同的目的是合作，合作的目的是发展，协同合作是集体发展产生新动力的源泉。

天津市蓟州区第二小学的胡宏伟老师认为，班集体组建之初，一些学生有自我保护、自我封闭的倾向，呈现以“自我”为核心的原始态。这个阶段，班集体需要搭建表现和沟通的平台，让每一个个体都学会了解、欣赏、接纳，班主任也要协调学生之间、师生之间、班级任课教师之间、学生与环境之间、家长与学校之间等的各种关系，使班级系统尽快达成一种彼此的认同。这个过程，也就是一种协同的过程。王月明老师说：“我在管理班级过程中，通过轮值班委进行班级管理，轮值班委每6人一组，分别负责纪律、卫生、体育等事务工作，每两周一轮值，同学们根据每一组轮值班委的工作绩效进行打分评价，所以，小班委们协同合作意识特别强。”

协同合作是集体主义的精髓。在学校教育和班集体建设中，协同合作体现在学生之间的协同合作、教师之间的协同合作、学生与教师之间的协同合作、班主任与科任教师之间的协同合作、教师与家长之间的协同合作、家庭与学校之间的协同合作等方面。在诸多的协同合作中，学生的协同合作意识、协同合作精神、协同合作态度、协同合作习惯是我们应该更加关注的，因为在学校教育和班级建设中，学生始终是主体，归根结底，我们是要培养和强化学生的协同合作观念，使他们能适应未来社会的发展需要。

在一个集体中，组织建设完善、规章制度健全是奠定协调合作氛围的基础，系统有序运作是关键，集体效益突出是协同合作的结果，而遵守规则、分担职责、同心协力是协同合作的根本保证。

天津市蓟州区杨家楼中学的张春余老师是一名优秀的高中班主任，他在介绍班级管理经验时谈道：“进入高二以后，我让学生根据学校活动和班级发展需要决定制订哪些纪律规定，然后以小组为单位每周进行量化统计。每个小组既是学习小组，也是纪律小组，还是其他活动小组。在每一个小组内，我让学生写出自己的优点和不足、强势学科和弱势学科，然后委托组内同学监督自己、帮助自己。我要求每个学生在班内和组内务必强化‘我的责任’意识，凡事都从自己找原因，坚决禁止指责和抱怨。这样，强化学生欣赏自己的优势同时也能欣赏同伴的优势。所以我们班的学生都有很好的合作意识，大家很团结。”

当然，我们强调协同合作并不拒绝竞争。其实，我们相信，在一个协同合作意识很强的集体中，每一名成员也都能学会在规范中竞争，在合作的基础上竞争，这也是用集体的力量培养适应未来社会需要的人才的需要。

（二）协同合作的意义

1．协同合作有利于形成育人合力

一般来说，对学生能产生直接影响的主要系统有学校、家庭、社会三大系统，这三个系统之间互有协作和分工，对学生成长的影响既互补渗透相统一，又时有矛盾冲突，而学校系统中的教师系统对学生的未来发展的作用也是至关重要的，这些系统随时都会对学生个体的“发力”产生影响、发生作用，如果这些系统能够通过交流、沟通等手段达成协同合作的共识，就能够形成强大的教育合力。因为只有协同，才能化解矛盾、消除隔阂、减小内耗，才能达成共识，保证教育方向的一致性。班集体教育合力的形成需要班主任精心、耐心并充满信心地协同、整合这些“力”，使这些系统通过协同合作形成一种强大的教育合力，达成育人的最大效益。天津市蓟州区第二小学刘伟丽老师说：“我们班的科任教师团队协同合作意识特别强，谁发现班里出现问题苗头都会及时沟通，然后我们在各自的课堂上都会结合教学工作进行相应的教育或疏导。所以，我们班一直发展得很好，取得了一个又一个好成绩。”刘伟丽老师还提到，“我利用家长微信群发现了学生中出现的许多问题，也借助家长的力量找到了许多好的解决办法，我觉得家长是我们班的强大教育力量”。

2．协同合作有利于提升个体的综合能力

一个人要适应社会生存环境，需要诸如学习、思考、合作、社会交往、人际沟通、问题解决、生活自理、接纳包容、参与活动等能力。而这些能力的提升，相较于个人奋斗，协同合作的提升作用更为强大。首先，每一个个体都各有自己的优点和长处，又有自己的短板和不足，只有具有协同合作意识并能够参与协同合作，才会逐渐通过观察发现、模仿借鉴、学习

实践、总结发展等自育和他育过程，提升个体的综合能力。其次，协同合作强调团队意识，强调综合资源的最大化利用，尊重、主动、积极、奉献、负责、接纳、包容是协同合作过程的中心词，这些对于集体中的每一位成员提升个体的综合能力都是十分有益的。

3. 协同合作有利于促进班集体有序发展

班集体是在教学班级基础上发展起来的教育的协同体，它是学校教育、家庭教育、社会教育和学生自育与互育交互渗透的综合体。也正因为班集体是一个多元交互影响系统，班集体的有序发展才变得越发复杂。江苏省南通市启秀中学的程丽华老师认为，学生群体是班集体的主体参与力量，是班集体中的学习群体；教师群体是班集体的价值引领力量，是班集体中的导学群体；家长群体是班集体的资源开发力量，是班集体中的督学群体；社区群体是班集体的社会促进力量，是班集体中的助学群体。因此，协同各种力量与要素，达成集体中各系统及要素间的合作，促成班级教育发展合力，班集体发展就会事半功倍，并健康、平稳、有序地发展。班级科任教师的协同合作，有利于在育人主阵地形成统一的教育价值认同、育人方向、育人策略，减少不必要的育人内耗，形成一致的育人目标、方案、规章、行动策略；与家长及社会更多人员协同合作，有利于发掘更多的教育资源和调动多方力量的积极性，获得更广泛的教育认同和育人支持，进而促进班集体各项工作有序进行；学生个体之间的协同合作，有利于形成团结、和谐、向上的人际关系，让班级充满友爱、团结、包容、互助，从而共同进步，一个人人懂得尊重和责任，心中有爱、心中有他人、心中有集体的班级，发展一定是有序的。

4. 协同合作有利于形成集体主义精神

协同合作是一种管理理念和班级建设理念，同时也是一种工作思路和工作策略。协同合作本身就是一种集体约束的价值认同。协同合作有利于集体的发展，在协同合作过程中，个人服从集体、个人发挥优势、个人在协同合作中成长进步。毋庸置疑，协同合作有利于形成集体主义精神。

二、协同合作精神的培育

（一）培育协同合作精神的策略

1．思想引领

在班集体中，协同合作的思想应该成为主流思想，这是由于现代社会的高速度、高质量、高综合的发展态势和国家倡导的构建和谐社会需要以人的合作与分享为基础，协同合作意识和能力已经成为现代社会人们必备的基本素质。作为教育工作者，我们也要切实转变教育观念，尽管我们一直以来都在下大力气强化素质教育，但不可否认的是，由于种种原因，我们培养的学生大都习惯于各自为战的排名竞争，在部分家长和个别教育工作者眼里，学生学习成绩突出可以掩盖一切缺陷，造成学生缺乏协同合作意识和合作能力。所以，我们要用集体的力量强化师生的协同合作意识，占领思想意识高地，让师生们产生协同合作的认同感。

2．制度规范

我们这里所说的制度规范指的是以师生协同合作精神养成为价值取向的制度建设。在班集体建设过程中，制度建设可以为之保驾护航。我们可以在协同合作培育方面建立健全相关制度，如以小组为单位的合作学习和活动评价制度、以班级为单位的班级科任教师整体积分或量化考评制度等，以引导和提示师生形成协同合作认同，强化协同合作意识，养成协同合作习惯。在培养协同合作精神方面，除了课程设置和活动设置的策略外，评价制度也发挥着不可替代的作用。在以往的学校教育教学过程中，我们的评价多是基于个体的评价，近年来我们惊喜地看到，一些地方的综合实践、研究性学习、课堂小组活动、学业水平测试的实验考查采取了小组评价的方式，这无疑有利于学生协同合作精神的培养。今后在集体建设过程中，我们要更多地将协同合作精神纳入个体评价，提升其占比，通过评价手段培养学生的协同合作意识。与此同时，我们要进一步提升教师管理方面的工作室评价制度、以班级为单位的教师评价制度，学生管理方面的以宿舍为单位的综合评价制度、干部管理效益集体评价制度。

3. 活动推进

在活动中培养师生的协同合作精神和能力是最直接、最有效的策略。如课堂学习活动、体育活动、研究性学习活动、综合实践活动、社团活动、社区活动、亲子活动等，学校和班级设计的每一次活动，都会是培养协同合作精神的课堂，所以需要我们精心设计和组织。在活动中学习、在活动中锻炼、在活动中养成、在活动中检验应该成为我们培养学生协同合作精神策略的首选。

（二）彰显协同合作精神的范例

1. 利用研究性学习培养学生的协同合作精神

研究性学习是在新课程改革过程中出现的一种学习方式，是综合实践活动课程的重要组成部分。作为一种学习方式，研究性学习可以渗透于学科学习和所有的活动中。通过研究和学习的过程，可以培养学生的协同合作意识和能力。在一定程度上，研究性学习过程是一种立足于个体的群体性学习活动，小组合作的学习方式，有利于实施合作与分享的教育。

天津市蓟州区第二小学开展了“有风景的思政课”活动，六年级的刘盈老师结合毕业年级特点开展了“谈理想”的研究性学习活动。他让学生自由结成6人小组，完成以下任务：（1）寻访名人伟人理想——搜集你所敬仰的伟人或“感动中国”人物的理想；（2）探寻父辈祖辈理想——问询自己的父母、祖父母、外祖父母等亲人的理想并了解他们为实现理想所付出的努力；（3）走进社会问理想——以小组为单位，自主选择时间，自由采访了解社会上人们的理想；（4）走近榜样的理想——教师结合名人伟人的理想适时进行思政课教育并帮助学生正三观、树理想；（5）树理想谈理想——学生宣读自己追寻的榜样的故事和自己的理想；（6）为理想奋斗——邀请部分教师、家长见证学生的理想宣誓。在整个研究性学习活动中，各小组学生既有分工又有合作，在“寻访名人伟人理想”任务环节中，各小组从网上搜集，去文化馆、电视台查找，然后剪接编辑。尤其是“走进社会问理想”任务环节，学生有的采访，有的照相，有的记录，有的指挥疏导行人……在“树理想谈理想”任务环节中，学生既展示了心中崇拜的伟人和自己的理想，也分享了在活动中大家团结协作、互相帮助的事迹。

天津市和平区万全小学开展的“探寻南市记忆，品味城市变迁”研学旅行活动体现了学校、家庭、社会的协同合作。学校利用得天独厚的地理优势作为重要的课程资源，成立了“天津南市”项目组，深入开发研学旅行课程。学校确定了“历史与街巷”“商业与餐饮”“曲艺与教育”“市井与民俗”四个研学旅行课题，学生依个人兴趣自愿组合参加研学旅行小组。

研学旅行活动前，在组织方面，每一个小组推举出组长、资料搜集员、图片整理员、记录员和发言人，做好职责分工。各组根据参加活动的人数邀请至少两位以上的教师和家长义工共同参加活动。在活动内容方面，邀请教师和家委会的家长协助制订研学方案和研学安全预案，列出研学内容计划单。为保障研学活动效果，班主任和家委会的家长提前对活动地点进行考察，联系好研学旅行走访的人员、单位。

研学旅行活动过程中，组长负责综合统筹及任务调配，资料搜集员负责查阅和分享所需资料，图片整理员负责整理和分类相关影像资料，记录员负责记录研究过程，发言人负责提供组员的研究内容及成果，供大家分享，家长义工和教师做好安全服务和后勤保障。学生们按照研学内容计划单进行了资料搜集、实地考察和询问了解。学生通过研学旅行，了解了天津老南市地区的历史、街巷、商业、餐饮、曲艺、教育、民俗等，今昔对比，丰富了学生对学校周边特色地域的了解。

研学旅行活动的成功开展，得到了天津博物馆、天津民俗博物馆等单位的大力支持，学校家委会、专家学者的鼎力相助。学校的研学活动，既体现了学生之间的协同合作，学校与家长的协同合作，学校、家庭与社会的协同合作，也在活动中培养了学生的协同合作精神。

无论是怎样的研究性学习，只要有群体性的参与和交流过程，就会有协同合作精神的产生。

2．在社会实践活动中培养协同合作精神

有这样一则寓言故事：从前，有两个饥饿的人得到了一位长者恩赐的一根鱼竿和一篓鲜鱼。其中一个人要了一篓鱼，另一个人要了一根鱼竿。

得到鱼的人在原地用干柴燃火煮起了鱼，最后他把鱼吃光了，饿死在空空的鱼篓旁。另一个人则忍着饥饿，扛着鱼竿，一步步艰难地向海边走去，可他还没走到海边也饿死了。之后又有两个饥饿的人，他们同样得到了长者恩赐的一根鱼竿和一篓鱼。可他们并没有各奔东西，而是商定他们每次只煮一条鱼用以充饥，一起去寻找大海。经过漫长而艰苦的跋涉，他们终于来到了海边，从此过上了幸福安康的生活。这个寓言故事生动地证明了巴尔扎克的一句名言："单独一个人可能灭亡，两个人在一起可能得救。"这句话其实说的就是合作精神的重要性。

当下许多学校为了培养学生的协同合作精神，都在进行着探索，其中，开展社会实践活动就是一项很好的举措。

从 2006 年开始，天津市蓟州区杨家楼中学就开展暑期学生社会实践活动，有志愿服务活动，有风土民情走访探寻活动，有回访母校活动，有义务宣传活动等。学校提前将活动主题及活动要求以文件形式下发给学生会，学生会在高二年级招募活动志愿者，按照其居住区域划分社会实践小组，然后各活动小组做出活动策划上报学校德育处，德育处协助各活动小组准备好实践活动相关材料，对各小组的活动进行评估并做出相关提示、提醒。

假期中，各小组开展相关的实践活动，策划实施方案，制订实施计划，开展调研活动，最后把资料汇总形成调研报告。例如，风土民情探寻活动组的学生要集体研究和梳理活动区域内的风土民情，确定诸如节日风俗、婚庆风俗等主题，之后走访、问询、查找、搜集相关资料，有时还要到相关乡镇或民政、地方志部门查找资料，然后把搜集来的资料进行梳理分类，接下来列出报告提纲，最后由专人进行报告撰写。

在社会实践活动过程中，学校和教师发挥了引导、提示的作用；学生是活动的策划者、实施者；各社会相关单位和部门是支持者和实践活动对象；家长是实践活动的协助者。

通过参加社会综合实践、社区服务等活动，学生能够了解社会，接触社会，展现个性，培养能力，这些活动过程既为学生提供了发挥特长、表现才能和施展个性的机会，更为学生提供了交往、合作、学习、提高的机会。

第六章

集体教育的基础

“众人拾柴火焰高”，集体的力量是强大的。集体教育也正是靠集体力量实现其教育目的的。在学校中，集体教育最重要的阵地是班级，在班集体的发展过程中，班主任和教师群体是进行集体教育最主要的力量，发挥着直接的、极其重要的作用。家庭、社会因素同样对班级发展、对集体教育有着重要的影响。只有让学校、家庭、社会三股教育力量拧成一股合力，作用于班集体，才能让班集体自身转化成更为强大的教育力量，从而实现集体教育。

本章第一节对“班级教育合力是班集体形成与发展的基础”进行论述。首先介绍班级教育合力的内涵、构成要素、意义。在所有的要素中，班主任是关键人物，是班级教育资源的整合者。

本章的第二节通过班级教师集体、家长集体的优化来揭示班级教育合力的优化路径。注重探索优化的方法，建立班级教师管理机制，可以实现班级教师集体的优化；通过树立家校共育的观念，不断提升家长的育人水平，可以实现家长集体的优化。

本章还通过鲜活的案例，进一步阐释了班级教育合力可以把潜在的教育优势转化为现实的教育力量。

第一节　班级教育合力是班集体形成与发展的基础

一、班级教育合力的内涵及构成要素

（一）班级教育合力的内涵

班级教育合力指学生、任课教师、学生家长等相关要素在班主任的引领、协调、整合下形成的目标统一、时空衔接、作用互补且能充分发挥整体教育效应的班级教育力量的总和。

（二）班级教育合力的构成要素

班主任主导下的班级教育合力，其构成从宏观角度看，无外乎两大类，即学校教育系统和校外教育系统，校外教育系统又包括家庭教育系统和社会教育系统两个重要分支。构成学校、家庭、社会教育的要素的种类、质量以及要素组成结构的差异，决定了它们对学生产生作用的方式和方法的差异。我们要了解构成它们的要素及其结构，以便弄清楚它们对教育产生的影响，从而更好地达成班级教育合力。

1.学校教育系统的要素

学校教育系统的要素主要包括：(1)硬件设施。如学校建筑、教室条件、实验条件、图书馆藏书、计算机、多媒体网络建设等。(2)文化积淀。如学校的办学理念、发展规划、办学特色、管理模式、“三风一训”等。(3)教师群体。教师群体又分班级教师群体和学校教师群体，主要是指教师的职业文化构成、思想道德水平、年龄结构、性别比例、兴趣与特长等。(4)学生群体。主要指学生整体素质、个性特长、人际关系、性别构成等。(5)活动体系。如课堂教学活动和教育活动等。(6)制度规范体系。

只有充分了解本校教育系统的各个要素和结构，才有利于班主任调度、整合资源，为班集体教育形成合力提供帮助。比如，天津市宝坻区第一中学以办“发展性教育”为目标，成为天津市首批特色高中校。时至今日，其“发展性教育”已经迈入第二阶段，即办“卓越发展教育”阶段。“卓越发展教育”为学生提供了具有增值性、个性化、合作化的成长路径和目标，这一要素成为班主任开展班集体建设的有力抓手。“卓越发展教育”针对学生个性化发展提出尊重学生个性化，对于独特、另类、拥有自己学习特质的，具备独具一格、别开生面的学习思想和方法的，能够彰显个性并取得显著效果的个性化的学生给予褒扬。

许多班主任以学生个性化发展为依托，以学生群体的兴趣为主导，大力整合学校硬件与教师群体的资源，开展丰富多彩的班级艺术教育活动。在这种教育合力的影响下，学生不仅丰富了课余生活，为自己的人生增添了艺术气息，还为学校的艺术教育增添了硕果。学校的舞蹈队、合唱团、管乐队、民乐队、戏剧社、美术组、书法协会、动漫社、影视组等社团开展得有声有色，在各级各类比赛中捷报频传。

2. 校外教育系统的要素

校外教育系统包括家庭教育系统和社会教育系统。家长是孩子的第一任老师，由于家长的文化程度、教育水平、家庭人际关系等不同，对孩子产生的影响也不同。应充分了解学校周边社区、街道、企事业单位等资源，引领学生通过社会调查、社会实践等方式认识社会、融入社会，为学生真正成为社会人奠定基础。应充分了解校外教育系统的要素及构成，充分调动教育资源，让家庭和社会的教育力量成为学校教育力量的有效补充。

家庭教育系统的要素结构：家庭的职业与收入情况、家长的综合素质（主要指家长的文化素养、教育理念和方法、生活习惯、身体状况、道德素养、家风传承等）、家庭环境氛围（夫妻关系、对待教育的态度、生活状况、给子女提供的学习环境、家庭对外交往等）。

社会教育系统的要素结构：社会教育资源的数量和质量（与教育相关的公共传媒和大众文化设施的数量、分布，其参与教育的程度和影响深度及广度）、社会总体环境（经济发展水平、社会道德水平、主导价值观、政治氛围、社会评价体系、社会总体生活水平等）。

《中小学德育工作指南》明确指出，要“发挥学校主导作用，引导家庭、社会增强育人责任意识，提高对学生道德发展、成长成人的重视程度和参与度，形成学校、家庭、社会协调一致的育人合力”。这也要求班主任要分析各要素构成及要素结构特征，研究其可能产生的积极影响和消极影响，充分整合资源，构建以班级学生群体为根本、教师集体为主导、家庭教育为保障、社区资源为补充的班级教育合力。在这方面，天津市宝坻区第九中学进行了探索，也取得了很好的效果。

为充分调动家庭与社会教育资源，形成班级教育合力，班主任在学校德育处的统一指导下，开办了“家长大讲堂”。开学初，班主任就对学生家长的职业、兴趣、特长做了充分调查。通过召开家长会正式启动大讲堂，提倡每位学生的家长争取为学生做一次报告、讲座或提供一次任何形式的教育实践机会。班主任根据家长报名情况，结合学校每月的教育主题来安排活动。如高二（6）班一位学生的母亲是医院内分泌科主任、全国营养学专家。她为学生进行了一场精彩的“健康生活”讲座。讲座当天，教室里挤满了人，好多学生家长和教师都慕名来听课。

还有的家长觉得自己没什么可以给学生讲的，但是认识一些有特长、有手艺的朋友，他们便邀请朋友来为学生上课。有的家长因为工作单位特殊，干脆就组织学生去单位参观、实践。一学期下来，有的班级几乎每周都有家长为学生安排讲座或组织活动，“家长大讲堂”在学校开展得轰轰烈烈。

家长的特长、工作及社会阅历等都是非常好的教育要素，也最有说服力。家长成为教师，社会成为课堂，课堂关注社会，这是班级形成教育合力最显著的标志。

（三）班级教育合力的重要意义

1. 班级教育合力是集体教育生成与发展的基础

班级教育合力作用的对象是学生，它的形成从根本上说就是学生群体凝聚力和向心力的形成。教育合力对学生的作用最终要通过班集体才能得以发挥。教育了班集体，团结了班集体，加强了班集体，将其有效教育力量加以整合之后，班集体自身就会转化成为教育其个体的强大力量，成为促进学生发展的“激励场”。这个“场”的育人指向是整个学生群体，并借助群体驱动力促进学生个体与群体的主动发展、全面发展，它具有单一教育力量所无法替代的功能。天津的栾老师通过组建“班级足球队”、开展“班级对抗赛”、召开“师生共庆生日会”等活动，整合一切可以利用的资源，形成强大的班级教育合力，最终成功融化“寒冰”男孩，迎来迟到的呼唤——“老师”。栾老师成功的教育实践又一次展现了集体教育力量的强大。

“寒冰”男孩小昆一直对教师有很深的抵触情绪，从四年级以后，就再也没有对任何一位教师称呼过“老师”。现在是初中生的他，每天总是一副狂傲不羁的样子，用冷漠拒绝着每一个新集体、新同学、新老师。一次偶然的事件，让我觉察到表面冷漠的小昆内心还是向往集体的，所以我决定调动大家的力量来感化他。

当得知小昆非常喜欢足球，球技也相当好后，我发动同样爱好足球的学生组建了一支足球队。同学们还成功邀请小昆加入，并顺利让他当上了队长。为了让足球队有时间开展正常训练，在我的协调下，任课教师也都精简了作业。为了给他的进步再添一把火，我和其他班的班主任协商，计划来一场班级间的足球赛。我选择在小昆生日那天进行比赛，学生们也私下里偷偷为他准备着生日会。比赛时，我亲手为小昆戴上队长的袖标，他也第一次主动把班徽佩戴在胸前。当胜利归来的“英雄”小昆推开教室门的一刹那，被我和学生们精心、准备的生日会感动得流下了热泪。

小昆亲手切下第一块蛋糕双手递给我：“栾老师，给您！”“你叫我什么？你再说一遍。”“栾老师、栾老师，送给您。”小昆真诚地望着我。我情不自禁地流下泪水：“你知道吗？小昆，老师等你称呼我一声‘老师’，等了整整半年了。今天，你终于叫老师了！”

面对“寒冰”男孩，栾老师凭着她“只要心中还有火花，我就一定能将他心灵的火花点燃”的激情，充分挖掘该学生的兴趣特长，调动同学、任课教师等一切资源，形成班级教育合力，凝心聚力，让所有的成员主动融入集体、接纳集体、维护集体。

2．班级教育合力是集体教育协同发展的保障

形成班级教育合力，有利于整个教育在时空上紧密衔接，避免学生在一定时间、空间范围内放任自流；有利于各教育因素在教育方向上保持一致，避免因各自作用的相互抵消而导致学生思想上的混乱；有利于实现各种教

育资源的互补，从而提高集体教育的实效性。在教育实践过程中，教师遇到的难题和困惑，需要借助家庭和社会力量的支持与帮助。在这方面，天津的刘老师的做法给我们提供了借鉴。

刘老师满怀信心接手新班级，顺利开展教育管理工作，但是第一次考试全班就考砸了，成绩在全年级垫底。刘老师夜不能眠，心里又痛又急，怎么办？发一顿火，说教一番，个别谈话……这些常见的方法，都被刘老师“毙掉”了。找家长帮助？但是一想到家长的话——“我们孩子最听老师的话，您多费心吧！”就又让刘老师犯难了。怎么能够让家长理解，又能通过家长和教师的共同努力来打开学生的心扉呢？思之再三，刘老师决定让“信”来说话。

期中考试后的家长会上，每位家长进教室找到孩子的座位后，第一件事就是迫不及待地看课桌上的信。这封信需要他们亲自转交给孩子。教室里异常安静，不时能听到纸张翻动的声音。家长们手捧着这封教师用“心”写给孩子的信，眼眶湿润了。第二天开学，教室里没有人提“信”的事，但没人再萎靡不振了，上课时每个学生的眼睛都瞪圆了，每个学生的耳朵都竖起来了，每个学生的精神都抖擞起来了。

没有发火，没有说教，一封书信首先感染了家长，进而通过家长打开了学生的心扉。在对待学生的学业问题上，一封感情真挚的信让教师和家长在教育的目标和过程中形成了默契，实现了预期的教育效果。

二、班主任是班级教育合力的整合者

（一）班主任是班级教育资源的整合者

《教育部关于进一步加强中小学班主任工作的意见》中强调，中小学班主任“是班级工作的组织者、班集体建设的指导者、中小学生健康成长的引领者，是中小学思想道德教育的骨干，是沟通家长和社区的桥梁”。作为各种教育资源的整合者，班主任担负着拓展班级育人空间的作用。班主任应通过依靠班内学生、科任教师、学生家长、社区领导，使班级教育与学校教育、家庭教育、社区教育形成整合一致的合力，共同对班内学生进行教育，共同关注学生的精神成长，促进学生全面发展。为此，班主任在整合班级教育资源进行集体教育的过程中，应特别注意发挥以下两种作用。

1. 主导作用

所谓主导，就是班主任应该并能够统领和引导班集体按照一定的教育发展目标积极健康地发展。这里我们强调主导作用的三层意义。

第一层意义，主动。在日常班级管理工作中，有些班主任缺乏主动规划意识，学校开展什么活动，班里就举行什么活动，学校没有活动，班里也不组织活动。课堂纪律涣散了，师生间发生矛盾了，家庭教育出现偏差了，需要开展某项大型活动了，班主任才被动地采取措施，这就使得班集体缺乏应有的活力与激情。班主任是班级的管理者、引领者，因此要善于谋划班级发展路径和掌控班级发展方向，要善于调动学生、学校、家长、社区一切有利因素形成教育合力，要善于通过班级制度建设和文化建设以及开展各种活动引领班级健康发展。

第二层意义，主张。就是班主任要有自己的思想，而不仅仅是机械地执行学校的工作任务。当下，许多班主任在班级建设中有自己的主张，有自己的建班育人方略，有自己的治班理念。他们往往能够把集体的主张化作班级共同追求的目标，来引领和激励班集体成长。比如，河北省隆化县存瑞中学高一（2）班是存瑞中学以校名命名的“存瑞班”，他们以无私奉献、拼搏进取的董存瑞精神为班魂，使之成为每一位教师和学生的思想坐标。班主任坚持“用远大理想鼓舞学生，用高尚情操引导学生，用坚强意志磨炼学生”的带班理念，确定了“知恩、知礼、团结、乐学”的班风，教育全班学生感恩社会、感恩国家、感恩父母，懂礼貌，懂礼仪，提高自身的文化素质，增强报效祖国的能力。

第三层意义，主宰。就是班主任要修炼内功，堪负重任。班主任要能够在众多的教育资源中“穿针引线”，促成班级教育合力的构建，要善于营造集体教育“场”。班主任要以平等的心态利用各种机会和学生沟通，及时解决他们的思想困惑，纠正他们的不良行为，开展丰富的班级活动，打造积极向上的班集体。对科任教师，班主任要以谦和的态度主动从他们那里了解学生方方面面的情况，掌握学生的即时变化，听取他们的意见和建议，与他们探讨育人方略，邀请他们参与班级管理、班级活动。此外，班主任还要走出校门，通过家访等方式，全面了解和把握学生的校外表现及发展趋向，加强教育的针对性，引导家长配合学校对学生进行教育，参与班级管理。还要与社区、街道、公安、司法等部门建立固定联系，利用社区多角度育人的优势，营造更丰富广阔的育人空间。

2. 协调作用

协调是指根据工作任务，对资源进行分配，同时控制、激励和协调群体活动过程，使之相互融合，从而实现目标。协调能力是化解矛盾的能力，是聚分力为合力的能力，是变消极因素为积极因素的能力，是动员人、组织人、充分调动人的积极性的能力。协调各方面力量，共同做好班级教育工作既是班主任工作的一项重要任务，又是班主任的必备能力之一。班主任发挥协调作用主要表现在人际关系协调和工作协调两个方面。

班级良好的人际关系是形成教育合力的关键。班级人际关系涉及生生关系、师生关系、师师关系、学生与家长的关系、教师与家长的关系，等等。班主任只有协调好与学生的教育管理有关系的各层、各种关系，建立起各层多方面互相畅通的“关系网”，才有利于校内外多种教育力量的整合。下面案例中开展的“破冰”活动，为班主任协调人际关系提供了一个范例，值得我们学习。

“最近班里不知怎么了，尽是些同学之间闹矛盾的事，有的因为一块橡皮吵成了‘仇敌’；有的光挑同学的短处，弄得同学间总吵嘴；有的整天是是非非、唧唧喳喳……”班主任张老师感慨道。为了解决这个问题，张老师经过冥思苦想，决定组织一次“破冰”活动。

首先重新布置了教室，把桌椅都移到了教室的两边，学生挤在一起坐成了两排。略显宽敞的中间“通道”上，随意地散放着几把椅子，而这些椅子之间还用细线连接着。

活动开始了，左边的一排同学用黑布蒙上右边的一排同学的双眼，然后大家分别以“盲人”和“帮助者”的角色，按照指定的路线穿越障碍，“帮助者”只能通过动作去帮助“盲人”，不能用语言交流。一开始大家通过得非常缓慢，配合得也不好，但是慢慢地就协调了。最后通过角色互换，双方多次体验之后，大家开始交流感受。最后，大家一致认为：只有同伴之间相互信任、相互帮助才能顺利通过障碍。

面对学生交往中存在的问题，教师没有说教，更没有批评，而是通过开展活动，不但圆满地完成了“破冰”任务，更重要的是让学生体验、感悟到人与人之间相互理解、信任、合作的重要性。

除了具有人际关系协调能力外，对工作的协调能力也是班主任不可或缺的。这就要求班主任在开展教育工作的过程中要分清主次、明确重点，通过合理调度资源来调控班级教育合力。前文案例中的栾老师通过协调学科教师，减少作业量，给足球队员提供了训练时间；通过协调同年级的班级，共同举办足球对抗赛，让活动开展得更有效果等，都很好地证明了在构建班级教育合力的过程中，班主任协调工作的能力的重要性。

（二）班集体在班主任的引领下砥砺前行

《中小学班主任工作规定》中强调，班主任要“经常与任课教师和其他教职员工沟通，主动与学生家长、学生所在社区联系，努力形成教育合力”。可见，班集体需要在班主任的引领下不断前行。

1. 积极引领

引领就是要走在前面，带动事物跟随他或他们向某一方向运动、发展。班主任是班集体建设和发展的主导，学生是班集体的主体。一个班集体，无论它发展得好与差，都是班主任引领的结果。天津市蓟州区杨家楼中学有一位教师，当了13年班主任，之后做了年级组长，在他任班主任的13年中，他所带的班级3次被评为区县级三好班集体，每一届班集体都称得上是学校优秀班集体。这位班主任有三个特点：第一，爱学习。他有渊博的学科专业知识和广博的学识，学生很佩服他。第二，好研究。他极力主张教师的价值是培养学生的自信和自觉，主张班主任的视野要开阔、目标要长远，他把学生自主管理和发展性量化管理做成了学校模式。在一所农村学校，他很早就建立了家长委员会，还定期给家长发放自己摘选的“教子经验选”。第三，爱“煽动”。用学生的话说：“我们班主任说的话直接、深入骨髓，让你不得不认同，不得不照着做。”由此可见，这位班主任是善于引领班集体发展的。

班主任对班级的“引领”,“引”主要体现在引思想、引价值观上,而“领”,主要是领行为、领行动、领怎么做事。这种“引领”应该是“头雁效应”和“车头效应”的有机结合，即方向正确，动力十足。

2. 民主共商

集体的智慧非常强大。集体智慧是一种共享的或者群体的智能。民主共商是指通过平等沟通，实现思想碰撞，形成集体智慧。在此过程中，组织者可以从不同的人那里获得许许多多新东西，包括新的方案、设想、途径、方法、思想等。在此基础上，组织者可以从中直接发现好方案、妙主意，或者对之进行比较综合、兼容并蓄，进而形成最优研究方案，抑或可以从中得到借鉴、受到启发和产生顿悟，发现和纠正固执性错误，跳出固定思路。因此，班主任要善于与学生、科任教师、家长、社区共同商量集体教育和班级发展中的问题、方略，以便使班集体能更好地发展。集体教育倡导平等和尊重理念，许多班主任会在建班之初与学生共商班规班约、班级文化建设意见及班级活动方案等，他们善于倾听班级任课教师对班集体发展的建议，也经常借助家长委员会共同处理班级事务。共商的过程就是沟通的过程，共商意味着信任，共商有利于培育责任意识，进而增强班集体的凝聚力和向心力，促进班集体正向发展。

进行民主共商，班主任可通过建立“学生班管会”“教师碰头会”“家长委员会”等组织机制，定期开展活动；通过广泛征集意见、探讨发展愿景、解决棘手问题等，将学生、教师、家长逐渐引导到班级教育管理中来，形成班级教育合力。

第二节　班级教育合力的优化

在学校、家庭、社会三个影响教育的因素中，学校，尤其是班主任和教师集体对班级的发展影响最大、控制最多，家庭往往也对班级有着活跃的影响。所以，我们接下来重点探讨一下班级教师集体和家长集体的优化。

一、班级教师集体的优化

（一）优化教师集体的方法

苏联教育家马卡连柯认为，没有一个良好的教师集体是培养不出良好的学生集体的。他说："凡是教师没有结合在一个集体里的地方，凡是集体没有统一的工作计划、没有一致的步调、没有一致的对待儿童方法的地方，那里就不会有任何教育过程。""如果有五个能力较弱的教师团结在一个集体里，受着一种思想、一种原则、一种作风的鼓舞，能齐心一致地工作的话，那就要比十个各随己愿地单独行动的优良教师要好得多。"

班主任是班级管理的核心，但仅依靠班主任的力量是远远不够的。班级科任教师占领着学科教学的主阵地，同时也是班级管理的关键力量，如果班主任能坚持教育的统一性原则，调动所有科任教师参与班级管理的积极性，发挥班级教师集体的教育智慧，将对班级管理与成长起到至关重要的作用。在优化任课教师集体的实践中，班主任要特别注意以下两个方面。

1．班主任与科任教师和谐共建教师集体

班级科任教师要"结合在一个集体"，需要班主任与科任教师和谐共建。一般来讲，在这个过程中，需要班主任付出自己的教育智慧和辛勤努力。这是因为，因个人素养和能力水平差异，在学生看来科任教师会有"好"有"坏"，科任教师也会对班级里的个别学生产生这样或那样的看法。这些问题的存在，可能会成为班主任工作的"坎儿"。事实上，多数情况下，班主任在学生与科任教师之间扮演着一个较为复杂的角色。构建和谐班级教师集体，尽管需要班主任与科任教师共同来完成，但班主任还是起主导作用的。

班主任王老师每接手一个新班级，都要在开学前把本班学生的基本情况根据“初中毕业生档案”记载整理好并发给每位科任教师，与他们共同商量组建临时班委会。每学期开学前，他还会约齐本班科任教师召开新学年的第一个“班情会”（班级工作研讨会），向科任教师汇报上学年的班级情况、家长会上家长们的建议、新学年的打算；听取科任教师对班级管理的意见和建议；通报班级管理设想、对学困生和后进生帮教的想法；研究解决班级存在的具体问题应采取的策略，充实和完善班级管理措施……这样的“班情会”每学期都会召开几次，这样科任教师就可以将商定的各项目标渗透于平时的教学与课堂管理中,这种管理合力比起教师各自为战的效果不言而喻。同时，他每周五还单独与每位科任教师沟通班级存在的问题并形成解决方案或帮教方案，在周一的班会课上予以恰当的提示和解决。

班主任与科任教师和谐共建教师集体，需要思想统一、态度真诚、工作互补、活动共育、问题互通。班主任不能把班级当成自己的“私有财产”，应经常与科任教师交流思想。科任教师最容易体会到班级工作的优劣，因为“当局者迷，旁观者清”，班主任要认真听取科任教师的意见、建议甚至批评，要虚心诚恳，善于“纳谏”。

当然，班主任也可以出面反馈学生对科任教师的意见，帮助其提高课堂教学效果，达到共同进步、共同提高的目的。

班主任王老师在处理学生对科任教师的意见时，一般采用三个策略：一是鼓励学生将建议委婉写下来夹在作业本中直接交给教师；二是要求课代表每次在收发作业时及时将同学们反映的建议汇总反馈给教师；三是学生将建议反馈给班长或学习委员，再通过每周的“班委议事会”反映给班主任，最后由班主任转达给科任教师。为此，王老师还在每学期的学期初组织“怎样给老师提建议”的主题班会。

和谐共建教师集体，还需要班主任积极创设良好的教学环境，营造愉悦的学习氛围。良好的班级文化氛围、干净整洁的教室、积极有序的课堂气氛、充分的课前准备，都会调动科任教师的教学激情，帮助他们更好地融入班集体。此外，班主任还要组建得力的班干部队伍，建立必要的班规班约，维护正常的教学秩序。同时，班主任要对学生所学的各门功课都给予足够的重视，不要厚此薄彼。在班主任的理念中，千万不能有主科与副科之分，不要让这种“短见”伤了科任教师的心，而是要在工作中支持、在生活上关心每一位科任教师。这些都能给科任教师留下良好的印象，能够引起他们对班级更多的关注。

2. 班主任要尊重科任教师并竭力助其树立威信

班主任是班集体的核心人物，对于班集体的建设和学生个体的成长都起着十分重要的作用。但班集体和学生的成长又不全取决于班主任，而是诸多因素影响、作用的结果。在学生成长的过程中，每一个与学生直接接触的教师对学生都会有一定的影响。因此，如何尊重科任教师并竭力助其树立威信，发挥科任教师的教育作用，形成班级教育最大合力以提升集体教育效益，就成为摆在班主任面前的头等大事。天津市宝坻区第一中学的张国良老师曾和我分享他的援疆故事，里边就提到新疆和田地区第二中学的班主任向锐老师在树立科任教师威信方面有独到之处，下面我们就分享一下张老师的故事。

我作为一名农村教师，非常幸运地来到新疆和田地区第二中学支教。这所学校是南疆地区非常不错的一所高中学校，教师和学生的素质、水平都比较高。正当我打算大干一场的时候，学生们的私下议论却给我泼了一盆凉水。因为我原来所在的单位不是他们心目中理想的名校，这让学生们有点失望。班主任向老师也发现这一情况，于是让我写了一段简短的自我介绍。

第一堂课前，班主任把我介绍给学生：“这位张老师，从今天开始是我们班的化学老师。张老师非常厉害，虽然是一名农村教师，但是教学水平非常高。他是天津市优秀教师、‘十佳’班主任，是专门给天津优秀班主任培训的德育专家。来咱们学校之前，是原单位的德育主任，据说在他面前没有不听话的学生。你们今后可小心点，乖乖听话啊！”

“哇！”“啊！”“管德育的啊！”……一声声的惊叹伴随着班主任的开场响起。学生们的表情也由冷漠变得兴奋与好奇，最后变成了敬畏。果然，我接下来的教学工作开展得得心应手，学生言听计从，课堂纪律很好，化学成绩也逐渐提高。

向老师的做法告诉我们，帮助科任教师树立威信非常重要。一个在学生面前有威信的教师，其作用相当于半个班主任，在班级管理、学生的学业及成长指导方面会成为班主任的得力助手。其实，帮助科任教师树立威信也不难，除了向老师的做法以外，还可以以尊重科任教师为前提，勤沟通，多交流，为科任教师搭建参与班级管理的平台，为科任教师提供更多的教育机会。

（二）建立班级教师管理机制

1. 建立全员育人机制

全员育人，就是对学生的教育要全员参与、齐抓共管。机制，是指实现齐抓共管的措施与制度。在《中小学德育工作指南》中就有对建立全员育人机制明确的要求："……将中小学德育工作的要求贯穿于学校管理制度的每一个细节之中。""明确岗位责任。建立实现全员育人的具体制度……提高全员育人的自觉性。"要实现全员育人，应从以下三方面着手。

第一，邀请科任教师参加班级活动，使之融入班集体。马卡连柯认为，教师集体和学生集体并不是两个集体，而是一个集体，而且是一个教育集体。经验告诉我们，参与能增强个体责任感——人们对某项事情参与程度越高，就越会承担责任，把这件事当作自己的事。班主任热情地邀请科任教师加入学生集体，参加诸如主题班会、课外活动、家长会、外出实践活动等班级活动，能够增强班主任与科任教师之间的感情，激发科任教师主动配合班主任做好班级工作的积极性，调动科任教师参与班级管理的热情，增强他们为班级工作多做贡献的责任感，还能够增进师生情感、拉近师生距离，赢得学生对教育教学工作的积极配合。

某初高中一贯制学校的初中部一直坚持着这样一项工作制度：每天学生放学后，全年级教师举行"一日工作全知道"沙龙活动，这项活动以总结反思当日工作为重点，以班级为单位，由班主任主持。全班科任教师对学生课堂表现、课下观察、作业信息、学生行为习惯等进行沟通交流，年级主任轮流参加班级任课教师沙龙活动。每天20分钟的沙龙活动，大大增强了班级科任教师的全员育人意识，增强了科任教师对学生的了解。班主任基本上成了班级科任教师的核心。这个学校初中部的管理模式在一定范围内得到了认可和推广。

无独有偶，在天津市蓟州区的一所小学，每学期都要开展非班主任教师“五个一”活动，即提交一个班工作计划、给学生上一节主题班会课、参加一次学生组织的活动、做一个帮教学生的课题案例、做一周见习班主任。这也是全员育人的可行性方案。

第二，发挥课堂教学主渠道作用。学校的中心工作是教学，而教学最经常、最基本、最直接的形式就是课堂教学。学科教学包含着丰富的文化科学知识，还蕴藏着极为丰富的德育因素，对学生有吸引力，可渗透性极强。对学生而言，学习科学文化知识，提高思想道德素质，直至初步形成人生观、世界观，都离不开课堂教学这个主要环节。通过强化学科德育，引导科任教师深入挖掘教材的思想教育因素，将德育渗透于各科教学中，真正做到既教书又育人，可使学校的德育工作不再游离于教学这个中心工作之外，而是与教学有机结合，真正落到实处。

第三，发挥教师个性特长，通过“第二课堂”形成教育合力。课堂教学固然是学校教育教学不可忽视的最基本的活动，但决不能把它看成学校教育的唯一活动。调动科任教师的兴趣，发挥科任教师的特长，开展生动活泼的“第二课堂”活动，是落实全员育人的有效途径。

某校一位数学教师是围棋高手，却苦于没有对手，因为生活中爱好围棋的人越来越少了。班主任得知这一情况后，在班内大力宣传学围棋的好处，成功激发了部分学生对围棋的兴趣，特别是几名着迷于网游的学生。在班主任的鼓励下，班里成立了围棋社，由学生聘请这位数学教师担任辅导教师。这位数学教师的特长终于有了用武之地。一段时间后，这些学生不但棋艺大有长进，数学成绩也明显提高了。

2. 探索导师管理制

导师制是一种教育制度，更是学校管理的一种管理形式，其最大特点是师生关系密切。导师制在教师和学生之间建立起一种“导学”关系，教师针对学生的个性差异，因材施教，指导学生的思想、学习与生活。在中小学学生管理过程中探索导师管理制度，能更好地贯彻全员育人、全程育人、全方位育人的现代教育理念，有利于班级教师集体的优化。在这方面，山东省首届教育专家团德育专家赵锋老师的做法很有借鉴意义。

把班级学生分成小组，实行导师制管理。科任教师、家长委员会成员按双向选择的方式与小组结对子，实行导师制，每学期根据学生发展程度及个体差异进行相应调整。具体做法如下。

（1）摸底调查，建立档案。导师要调查所带学生，为他们完善成长档案，内容包括学生家庭详细情况、学生道德品质、心理健康和学生跟踪档案等，记录学生成长过程中的闪光点和不足之处，并提出改进措施。

（2）建立家访联系制度。充分利用网上家长学校、班级QQ群，建立定期和不定期的家访、电话联系制度，每周至少与学生家长联系一次。每位导师必须对学生本人及其家庭有清晰的了解，对其家庭情况进行简要分析，密切与家长的联系，共同探索有利于促进学生健康成长的有效方法。及时与学生家长沟通，帮助和指导家长改进家庭教育方法。

（3）谈心和汇报制度。导师坚持每半月至少与学生个别谈心一次，及时了解学生的思想动态，在学习、生活、思想等方面帮助其制订切实可行的计划。同时，要求学生每半个月向导师汇报一次生活、学习情况。建立导师跟踪手册，记录师生活动的全过程。

（4）师生交流座谈。领导小组不定期举行导师、学生座谈会，听取导师育人情况汇报。导师相互之间可以更好地交流经验、感触，寻求更多、更好、更有益于学生的育人方法。

在赵锋老师的导师制实践中，把学生分成若干小组指派给科任教师，要求每位导师关注学生从入学至毕业的整个教育过程，从学习、生活到德育的各个环节，自始至终都不放松对学生的教育和指导。这种做法可增强导师的责任感，充分调动导师的积极性、主动性，能最大限度地提高班级教育合力。

我们认为，真正强有力的班级教师管理机制并非是设岗、安排职务和制订管理条文，用烦琐、僵化的标准来束缚教师参与管理工作的主动性和创造性，而是要使全体科任教师都能通过挖掘学科管理育人内涵和参与班级管理活动，在日常工作中从内心产生建设班集体的责任意识，在工作岗位上自觉融入育人工作和班集体建设。

二、家长集体的优化

家庭教育在学生成长过程中的重要作用是毋庸置疑的，作为教育合力的一个系统，家庭教育在集体教育中的地位更是不容小觑。我国教育研究者马忠虎认为，家校合作实质上是联合了对学生最具影响的两个教育机构——家庭和学校的力量对学生进行教育。因此，要努力促进家庭教育与学校教育的相互配合与协调，达到家校共育的目的，从而促进集体教育的生成与发展。

（一）树立家校共育的观念

1．沟通是共育的前提

沟通是人与人之间、人与群体之间思想与感情的传递和反馈的过程，以求思想达成一致和情感传递的通畅。沟通可以建立信任，相互理解；沟通可以防止误会，避免矛盾；沟通可以达成共识，实现共育。沟通是一门艺术，需要技巧。有一位工作非常认真的教师曾因为一句话，险些酿成大祸。

李老师是一位非常敬业的语文教师，对学生认真负责，要求严格。有一天，下午的第一节课是李老师的语文课，一个学生因为上课睡觉被李老师批评，和李老师发生了矛盾，双方都很生气，事情闹到了班主任那里。班主任细致耐心地开展了疏导工作，但是学生的态度极不配合，于是班主任与其家长沟通，家长也说孩子很有个性，并表示要亲自到学校当面和语文老师表达歉意。家长与李老师刚见面，李老师就说：“你儿子不容说不容管，你家的活‘祖宗’搁你们家供着可以，在学校不服我管就领走。”家长当时就急了，跟李老师在办公室就吵了起来。教师的一句气话，又引发了家长与教师之间更大的误会。

在对待学生的问题上，教师与家长的目标本是一致的，教师与家长的力量更应“拧成一股绳”。这个事件告诉我们，沟通是需要技巧的。那如何实现与家长的良性沟通，实现教育合力呢？

第一，尊重家长、平等对待是做好沟通的前提。家长不是学生，家长是教师教育学生的有力伙伴。是伙伴，是朋友，就应以礼相待、以诚相待。我在教学一线多年，经常在办公桌旁准备凳子和一次性水杯。每当有家长来访，让座、递水是首先要做的，这有助于拉近感情，减少猜忌，提高说服力。

第二，善用询问与倾听。倾听，本身就表达了一种尊重，属于有效沟通的必要部分。积极倾听能鼓励他人倾吐他们出现的状况与问题，帮助他们找出解决问题的对策。在对方行为退缩、默不作声或欲言又止的时候，可通过询问引出对方真正的想法，了解对方的立场以及对方的需求、愿望、意见与感受，可以用积极倾听的方式来诱导对方发表意见，进而对自己产生好感。一位优秀的沟通者，绝对善于询问并积极倾听他人的意见与感受。

第三，要掌握沟通技巧。班主任要有气氛控制技巧和推动技巧。安全而和谐的气氛，能使对方更愿意沟通；如果沟通双方彼此猜忌、批评或恶意中伤，将使气氛紧张，加强彼此的心理设防，使沟通中断或无效。控制技巧和推动技巧可用来影响他人的行为，使沟通顺畅。

除此之外，班主任还要有丰富的经验、自信的态度，有同理心，体谅他人，能适当地提示对方或有效地直接告诉对方存在的问题等。只有教师和家长实施有效的沟通，才能形成班级教育的最大合力。

2．家访是共育的平台

家访，是教师与家长沟通情况、交流感情、密切关系、共同商讨教育学生方式的有效途径。家访比较灵活机动，而且更具有针对性。家访作为学校工作的一项重要内容，是连接学校和家庭的重要纽带，是增进家校关系和师生关系的重要桥梁，是提高学校教育和家庭教育水平的重要途径，是形成班级教育合力的重要手段。

教师在家访中，一方面应通过与学生家长的交流，了解更真实、更全面的学生情况，包括家庭状况，学习环境，学生的个性，在家的表现，家长的希望、要求以及教育方法等，为开展教育工作奠定坚实的基础；另一方面，可通过向学生家长介绍学校的基本情况，帮助家长树立正确的教育理念，解决家庭教育方面的一些困惑，增强家长的责任意识和对教师的信任度，促使家长主动参与学校的教育教学管理，更有信心和学校携手共同做好学生的教育工作。

（二）提升家长育人水平

1. 举办家长学校

举办家长学校是学校提高家长素质、促进家庭教育科学化的有效途径。家长学校要有切合实际的教学计划，有正常的教学秩序，有一定的组织领导机构，能做到定时间（如双休日）、定地点（如子女所在学校）、定内容（如《家长学校教程》）、定人员（指定教师）。家长学校的授课要坚决克服形式主义倾向，要让家长学校真正成为家长学习家教知识的“课堂”。

第一，通过举办家庭教育知识讲座等方式，积极向家长介绍班级工作计划、学生发展情况、宣传现代教育思想及家庭教育的方法与艺术等，让家长了解并实施言传身教、正面鼓励、读书指导、劳动教育、自我教育等家庭教育的成功方法。要求家长杜绝溺爱娇惯、棍棒教育、唠叨说教、物质刺激等错误的教育方法，让家庭教育与学校教育在方向上保持一致。

第二，实施家长培训计划。家长培训在内容上力争系统化，与家庭教育实践相结合，要考虑到大多数家长的水平，做到深入浅出、通俗易懂、生动活泼。为家长指定家长学校的教材读本，请家长回家自学。班主任每周出题，请学生带回家让家长完成。这种方法长期坚持下去，必定能够提升家长的教育理念，优化教育方式，促进家庭教育资源的生成，促进家校的互动，提高学校和家庭的教育整合。

2. 建立家校联谊制度

第一，成立家长委员会。

班级家长委员会既是班主任管理班级的好参谋，也是提升家长素质和育人能力的好助手。班主任既要善于发挥家长委员会在班级管理工作中的重要作用，也要通过家长委员会促进家长素质的提升。

小顿老师是一所普通高中学校的刚参加工作的年轻班主任，她按照学校的要求组建了家长委员会。在开学第一天，她把家长委员会的工作职责和工作要求发布在了班级家长 QQ 群，同时又给每位家长发了纸质材料，采取家长自愿报名的办法并遴选了 7 位家长组建成第一届家长委员会，之后每半年改选一次。她在给家长们参加家长委员会的报名材料中提出，家长委员会成员“要善于与孩子沟通，懂得家庭教育常识并能够担任班级家庭教育课外辅导员”，“每学期能够给班级所有家长做一次家庭教育辅导讲座或经验介绍”。这两点既是参加家长委员会的条件，也是给家长布置的作业。通过三年的观察，她所带班的家长在家庭教育方面做得非常好，其中一个学生家长还成了“成功教育”方面的好榜样，他的孩子最初很叛逆，最后却成功考取了一所军事院校。这位家长后来多次到学校给其他年级家长做教子经验介绍。

班主任要精心策划和善于利用班级家长委员会，要让在家庭教育方面有一定经验、热心孩子班级事务、有一定组织能力及社会影响力的家长积极参与家长委员会工作。家长委员会要定期换届，以唤起所有家长的关注。班主任可以与家长委员会成员保持定期或不定期的联系，了解家庭教育存在的问题和困惑，了解学生的家庭状况，了解家长对班级发展的要求和建议，进而发挥家长委员会的桥梁纽带作用、榜样示范作用、提升素质的教员作用、解决问题的智囊作用。

第二，建立日常联系制度，搭建家校共育的桥梁。

一是设定家长接待（开放）日。每周（月）设定固定的时间，邀请家长到学校。可安排家长进班听课，参加班级活动，组织班级科任教师和家长见面，共同商讨班级管理、学生教育的有关事项，进而提高家长们的家庭教育能力。在这方面，北大宝坻附属实验学校“重走上学路”的开放日活动就搞得有声有色。

“重走上学路”是北大宝坻附属实验学校开展的弹性家长开放日活动，每位家长每学期至少参加一次活动。“重走上学路”要求家长陪孩子上一天学，与孩子一起听课、参加课间活动、在校进餐、午休，与科任教师座谈。通过这样的活动，一方面可让家长充分感受孩子在学校的每一天的经历，加深孩子与家长间的相互了解；另一方面，让家长通过活动参与班级管理，在相互理解、相互促进的基础上形成教育合力。几年下来，通过这样的活动，教师与家长的关系越来越融洽了。在班级管理及学校建设方面，家长不但提出了很多可行性建议，还力所能及地帮助班级、学校解决了很多困难，真正实现了家校共赢。

二是热情接待家长的随时来访。这里指的并非“请家长”（我们不赞成动辄“请家长”的处理问题的方式），而是家长出于对孩子的关心到学校了解孩子的情况，或因种种原因需与教师沟通的情况。对此，班主任与科任教师应热情接待，并把握契机，以争取更好的教育效果。前文说的小顿老师就把家长委员会组织的家庭教育材料进行分类打印，每次她接待完随机来访的家长后，都要给家长一些相关的家庭教育材料。现在，她会把相关的家庭教育材料直接用微信转给来访的家长，家长也因此感觉到被尊重，对小顿老师给的材料相当重视。

三是建立家校双向联系簿。天津市蓟州区桑梓镇四百户中心小学是一所农村小学，年轻的班主任周老师自己设计家校联系卡，把孩子一周的学习情况、在校表现、请家长配合的事项以书面形式反映给家长，对于极个别的学生，她会每天交给学生一张联系卡带给家长，也请家长在联系卡上写出孩子在家的表现和对学校、教师的意见及建议。这种“学校—家庭”循环式的联系方式，能及时解决班级、学生身上的问题，增进家校间的相互了解，在一定程度上也能够提升家长对学校教育的关注度，使家长在教育孩子方面与学校保持一致、共同发力。

四是利用网络资源，构建家校共有新模式。随着网络的普及，可以建立家校联系的网站、博客，其时间开放、地域开放、内容开放、交流方式开放、交互性强的优势越发明显。家长可以在班级网站、博客上与班主任和科任教师进行沟通和交流，许多家长和班主任都会把教育经验和家庭教育素材发在网站、博客、微信圈，供家长参考、讨论、学习。

五是定期举办家长座谈会。家长座谈会是最常用的家校沟通平台，是教师与家长互相了解、相互配合、形成教育合力最有效的途径。

班主任通过家长座谈会可以及时向家长报告班级整体情况、学生在平行班中的表现以及在校期间的行为表现、学习状况、交友情况，并利用家长的反馈，了解学生的思想动态、行为意识、心理健康状况以及学生的优点特长和个性特点等，以便针对学生个体的实际情况采取相应的教育措施。

班主任向家长宣传教育方针，指导家长树立科学的育人观念，避免家庭教育中的重养轻教、重智轻德等误区，帮助家长改变简单、粗暴、缺乏科学性的家庭教育方法，从而提升家庭教育水平，使家长成为学校的“编外教师”。班主任要指导家长身体力行，给学生施加积极向上的影响，使之形成良好的日常行为习惯，增强战胜困难与挫折的信心，督促他们形成独立学习、生活的能力。

班主任可以通过家长座谈会听取家长对学校和班级工作提出的意见、建议和要求，和家长一起研究解决方案，协同做好班级管理工作，形成班级教育合力。天津市蓟州区杨家楼中学的家长座谈会是这样开的——

第一，年级集体家长会。主要由学校负责人介绍学校主要工作和进行家庭教育辅导。第二，班主任组织的家长会。一般在班级教室进行，主要介绍班级情况和学生学习、生活等情况。第三，班级座谈。全体科任教师到班内与家长座谈学生的综合情况，与家长做深入的沟通，科任教师倾听家长的要求与心声，解决家长家庭教育的困惑，并对家长的愿望进行记录和反馈。

实践中，组织家长座谈会一定要落到实处。只有这样，才能听到真声音，了解真情况，解决真问题，起到真作用，引起真关注。

第七章

集体教育的机理

前几章我们讨论了集体教育的内涵、意义、导向、基础等，感受到集体教育的魅力和强大的教育力。在教育实践中，一些班主任缺乏对集体教育机理的认知，在班级建设中存在较大盲目性和疑惑，“知其然而不知其所以然”。可以说，班主任对集体教育机理的认识程度，在某种程度上影响着班级群体建设水平，影响着班主任在班集体建设中运用集体教育的自觉性和自主性。因此，探索集体教育产生强大教育力的基本条件和诸多要素相互联系、相互作用的运行规则——集体教育的机理，对于强化集体教育是至关重要的。本章就围绕集体教育的机理展开阐述。本章分两节，分别从人际互动群体动力学理论和心理效应两个角度分析集体教育的机理。

第一节是“集体教育是互动的教育”。本节重点通过群体动力学原理、人际互动的原理和优化班集体人际互动策略来阐释集体教育是互动的教育。互动是任何群体的动力来源，班集体是高级群体，是实施集体教育的载体。集体教育是在班集体建设中生存和发展的。因此，要研究集体教育的机理，必须讨论群体动力的问题。充分理解群体及群体动力理论，才能充分发挥群体的作用，建设管理好群体。

第二节是“集体教育的心理效应”。集体教育的魅力是通过集体成员之间的交往、互动并借助暗示、模仿、从众、感染等社会心理效应所产生的教育力量。集体教育的心理效应集中体现在凝聚效应、驱动效应、同化效应三个方面。集体成员在暗示、情绪感染、从众等心理效应的作用下，彼此之间就会产生相互信任、依赖、认同等心理倾向，并于长期相处中逐渐形成统一的价值取向和行为方式，这正是集体教育赖以生成与发展的环境和氛围。

第一节　集体教育是互动的教育

马克思说：“社会——不管其形式如何——究竟是什么呢？是人们交互作用的产物。”这句话揭示了人际互动是任何群体的动力所在，无论群体还是社会，它们的形成和发展都以人际互动为前提。班集体是一种高级群体，互动是班集体运作的基本形式，是学生个体和班集体发展的基本动力。

一、互动是群体行为的动力

（一）群体动力学的基本观点

群体动力学的概念是美国心理学家勒温提出来的。这一理论的目的是从群体心理和社会环境两个方面来寻找与揭示群体行为和群体中个体行为的动力源，以寻找群体和个体行为的驱动力。基于实验，勒温认为，个体行为是人与环境相互作用的结果。行为是人与环境的函数，用函数式表示如下：

$$B=f(P, E)$$

这一公式就代表了一个人的生活空间。在这个公式里，B 代表行为，f 是指函数关系，P 是指具体的一个人，E 是指全部的对心理场的解释环境。这个公式说明，人的行为取决于个体的需要与动机及其所处环境情景的综合因素。不同的人在同一环境下行为不同，是由于个体内在的需要与动机存在差异。在个体需要与动机相同的情况下，环境不同，个体的行为也将是不同的。因此，研究行为规律、行为的预测和控制的关键是研究和掌握 P 变量及 E 变量之间的关系。也就是说，个体动机及行为的产生决定于个体当时的需要与群体环境的相互作用。

群体动力学是将群体作为心理学的一个有机整体，探索群体行为或社会行为的潜在力量。1953 年，卡特莱特和赞德建立了群体动力学的基本理论，主要集中于群体内聚力、群体压力和群体标准、个人动机和群体目标、领导和群体技能、群体的结构性五个方面。群体动力学理论在企业管理、人力资源管理、学校管理等领域有着广泛的应用。从班集体管理角度看，我们可以研究班级凝聚力、班级气氛、班级目标、班主任、班级结构等方面对班集体建设的影响。勒温提出的群体动力学的主要思想体现在以下几个方面。

1. 群体在群体压力下会形成群体规范

群体压力是群体成员的思想行为与群体规范发生冲突时感受到的一种无形的心理压力。为保持与群体的关系，群体成员必须遵守群体规范。这种压力可以引起群体成员的自我审查意识，促使群体成员及时调整自己的意识和行为，保证与群体行为一致，从而为实现群体目标奠定基础。同时，由于群体是一个具有内在动力的整体，要改变个体，首先要设法改变群体，通过改变群体而改变个体，往往比直接改变个体要省力得多。

苏霍姆林斯基曾经讲过这样一个故事：孩子们在一次远足旅行的归途中，向邻村的一位老奶奶要水喝。老奶奶请孩子们到果园里去，并拿苹果和烤土豆款待他们。孩子们吃完食物之后，向老奶奶表示了感谢，然后就出发了。走了半公里多的时候，孩子们突然想起：刚才在他们坐的地方，把一些烤土豆的皮丢在地上没有收拾。于是，一场小小的讨论开始了。有的孩子不以为然，认为返回这么远的路就为了收拾那些土豆皮很不值得；有的孩子却觉得应当回去收拾干净。在老师的支持下，孩子们决定往回走，只有一个孩子没有动，他说："我要坐在这儿歇一会儿。"但是，当他听到其他孩子齐声愤怒地指责他的话语时，他想休息一下的念头就被打消了。

这个事例展现了群体压力产生的心理效应，展示了集体教育的力量。

2. 群体凝聚力影响群体工作效率

群体凝聚力就好比太阳系的各星球对太阳的向心力，太阳一旦失去这一引力，就会在宇宙中消失。影响群体凝聚力的因素主要有三个方面：群体成员对群体目标的认同程度、群体成员之间的吸引力（他们之间情感投入的程度）、群体对成员的吸引力（满足需求的程度）。

群体规模是影响群体行为的一个重要因素。勒温提出，当小组的主要任务是做高质量的决策时，最恰当的规模是 7 ~ 12 人，而且要有一个正式的领导者；当小组的主要任务是解决冲突和执行协议时，最好是 3 ~ 5 人，不要正式的领导者，每个成员都可以充分表达自己的观点并讨论；当一个团体必须做出高质量的决议并达成一致时，最好是 5 ~ 7 人。一般来说，效率高的组织通常是一些规模比较小的非正式组织。

（二）互动的内涵、意义及经典理论

人与人相互作用是社会群体和个体发展的动力。著名心理学家维果斯基有同样的结论："因为人是社会的产物，因而，缺乏了社会的互动，他就永远不可能发展起人类进化中所形成的属性和特征。"人们不仅在交往互动中改造和发展社会，而且发展和改造自己。由此可见，没有人类的互动，便没有群体，便没有社会和个人的发展。

1. 互动的内涵

互动是指彼此联系和相互作用的过程。从社会学和心理学角度来看，互动指社会上个人与个人之间、群体与群体之间通过语言或其他手段传播信息而发生的相互依赖性行为的过程。互动是每个功能系统的功能和心理活动的机制。

互动的要素包括四个方面：一是多元的互动主体。互动必须发生在两个及以上的人之间；互动主体可以是个人，也可以是群体。二是支撑互动的信息。互动总是在信息交流的基础上进行的。三是主体间的积极反馈。互动双方互不认识和理解，互动就无法进行。互动的行为是相互依赖的，不是任何邻近的两个人都能形成社会互动。四是主体间相互影响的行为。互动对双方的关系会产生影响。

2. 互动的意义

从社会发展的角度看，互动是人类社会存在和发展的基础。马克思说过："社会是人们交互作用的产物。"社会，从本质上说就是关系，这种关系不是自然形成的，而是由具体的社会互动建立起来的。同时，社会互动在促进生产力和生产关系的变革与发展中也发挥着重要作用。

从人的社会化角度看，互动是人由自然人转变到社会人的必然途径。1920 年，印度人在狼窝里发现了狼孩卡马拉（女性），当时她大约 8 岁，用四肢行走，慢行时手和膝盖着地，快行时手脚着地。她白天潜伏，夜间活动，

午夜像狼一样嚎叫。后来，她接受了“恢复人性”训练，2年后才站起来，7年后才会直立行走，4年学会6个单词。直到1929年去世，她17岁左右，智力还不如3岁左右的孩子。尽管“狼孩”是极个别的，但是我们可以得出结论：人的社会化过程必须与他人有正常的互动，互动是一个人获得人格和参与社会的方法。

互动对个人的意义：一是提高互动者的自我认识。人的社会化是在社会互动中完成的。库利“镜中我”的概念表明，一个人的自我意识是在社会互动中形成的。一个人能够从他人那里获得对自己的评价，也可以对别人的评价进行反应和判断，并且根据自我评价和他人评价、集体评价来不断提高自我认识、调整自我行为。一个没有社会互动交往的人是无法正确、客观地认识自我的。二是满足互动者的需求。互动能实现个体非自足的需要；互动能促进个人精神世界的充实和提高，“听君一席话，胜读十年书”；互动可扩展个人的社会资源，有利于个人减少社会生活成本；互动有利于提高个人适应社会的能力；互动有利于开发个人的创造力。

3. 关于互动的经典理论

很多学者都从各自的角度对互动进行了研究，形成了一些经典的社会互动的理论观点。这里介绍两种有代表性的社会互动理论，其理论观点对班集体建设具有深远的意义和启发。

第一，乔治·赫伯特·米德的符号互动论。符号互动论又称象征互动论，它认为，事物对个体社会行为的影响，往往不在于事物本身，而在于事物本身相对于个体的象征意义。“符号”是指在一定程度上具有象征意义的事物。例如，语言（肢体语言、口头语言）、文字、物品（如班徽、班服是班级的代表，校徽是学校的象征，国旗是国家的象征）、场景等。人类制造和使用符号进行交往互动，通过心智和自我能力去对他人姿态进行解读，对不同情境界定、分类，让自身与周围事物相互适应，进行人际交往和互动。

启示一：班主任在学生社会化过程中发挥着重要作用。班主任在和学生的交往中要时刻注意自己的形象，教师的价值观、信念、态度都会对学生产生潜移默化的影响。

启示二：学生的“镜中我”、自我概念在他人的评价中逐步形成，班主任要发挥语言、文字的评价功能，发挥评价的正向导向功能，用欣赏的眼光看待学生符号背后的实质，进而理解他们，促进师生和谐互动。比如，我班里有个叫王星月的同学，性格内向，人际交往被动，成绩较差。但他特别爱劳动，总是默默付出，在班级年度感动“幸福家园”评选中荣获“劳动模范”称号。我为他写下这样的颁奖词：没有豪言壮语，只有一马当先默默的身体力行，心系家园，顾全大局，用奉献和肚量谱写最真、最纯的同学友谊；朴素的面容带来星星和月亮般的光芒，照亮和温暖着幸福家园的每一个人；中国有雷锋，家园有星月，太阳和温暖在一起，星月和家园在一起，星星和月亮在一起，星月真的了不起!

启示三：创造能够让学生产生共处、共情的情景。班集体要创设良好的班风，为学生的交往提供良好的环境，鼓励学生参加不同团体和社会的实践活动，在具体情境中体验不同感受，增强体会他人角色的能力，促进自我的发展。

第二，戈夫曼的戏剧理论。美国社会学家戈夫曼认为，人生就是一出戏，他提出了“前台/后台理论”，又称为“戏剧论”，即社会和人生是一个大舞台，社会成员作为这个大舞台上的表演者都十分关心自己如何在众多观众（即参与互动的他人）面前塑造能被人接受的形象。也就是说，在生活这个大舞台上，留给观众什么样的印象是表演者最为关心的事情。人际交往中，人们总是倾向于以一种与其社会情境或者氛围相吻合的形象来展示自己，有效地控制自己，来赢得他人对自己做出肯定的评价。这种试图控制别人对自己的印象的过程叫印象管理，其理论又被人们称为“印象管理理论”。

启示一：作为班级管理者，班主任也要进行印象管理，注重第一印象的塑造，赢得学生的接纳和认可。

启示二：班主任要给学生创设展示“好印象”的舞台，让他们尽情展示自己。在我的班级的文化墙上有这样一首《男生》打油诗：

站立如士烨，坐姿如立昂；
毅力为金石，钻研学连良；
幸生男子汉，暖男成风尚；
勇于挑重担，智慧一生伴。

其中，士烨、立昂、金石、连良皆是班里学生的名字。以前站队散漫、歪歪斜斜的刘士烨不见了，展现在同学们面前的总是英姿飒爽的站姿，他时刻注意自己的形象，成了班集体的站姿标杆。钻研是一种学习态度，张连良同学是物理课代表，钻研成了他时刻在同学们、教师心中保持的印象，整个初二，他热衷于所有物理难题的研究，并给同学们讲解，期末考试，他的物理竟然考了100分，是天津北辰区的第一名。

二、班集体中的人际互动

班集体人际互动是一种特殊的人际互动，是指班集体中所有个体之间发生的一切交互作用和影响。其内容包括思想、道德、性格、知识、能力、心理等方面。

班集体中的人际关系可分为三种：第一种是垂直关系，即师生关系；第二种是平行关系，即同学之间的关系；第三种是班干部与一般学生之间的关系及班级中非正式小群体之间的关系。从人际关系发生的时空上看，班集体人际互动可以分为课内互动和课外互动。

（一）班集体人际互动的方式

1. 竞争

竞争是个体与个体、群体与群体之间为一个共同目标而争夺的行为。其基本条件有：目标相对少见或稀少，只有当双方竞争同一目标时，才能形成竞争。可能存在零和冲突与双赢的结果。竞争是理性的，符合一定的社会规范。竞争中双赢和多赢的局面是人际交往的理想形式。只有遵守竞争规则，充分考虑他人利益，才能实现双赢。

2. 合作

“合作”在《辞海》(1999年版缩印本)中被解释为“社会互动的一种方式。指个人或群体之间为达到某一确定目标，彼此通过协调作用而形成的联合行动。参与者须具有共同的目标、相近的认识、协调的互动、一定的信用，才能使合作达到预期效果”。丹麦天文学家第谷用30年时间精密观察行星的位置，积累了大量准确可靠的数据资料，但他不善于理论思维和科学整理，未能有重大发现。临终前，第谷将资料交给助手开普勒，并告诫他按这些资料编制星表。开普勒在第谷精确观察的基础上深入研究，终于发现并总结出了行星运动三大定律，揭开了天体运动的秘密。行星运动三大定律的发现过程向我们展示了人类难能可贵的合作精神：单个人可能是不完美的，有缺点的，但是大家围绕一个共同的目标真诚合作，就能够创造出完美的奇迹，这就是合作的力量。合作是班集体生活的基础，有利于班集体成员相互了解、加深情感，并能促进班集体的形成和发展。

3. 冲突

人际冲突是人类互动的一种方式，指个人或群体之间在某些方面相互反对的一种行为方式。冲突的发生一般是因为双方在利益、价值观和具体意见方面存在着根本的对立，它往往是在直接接触中产生的，其目的是为了压抑、控制、打击或毁灭对方。冲突主要有两种表现形式：一种是隐性的冲突，表现为心理上和情感上的对立或不相容；另一种是显性的冲突，表现为行为上的对抗、侵犯、伤害等。

冲突既可以是积极的，如激发人的潜能、促进竞争、建立新型关系等，也可以是消极的、具有破坏性的，使人们产生情绪上的压力、焦虑，丧失行动的能力、尊严，或迷失方向。冲突的结果取决于如何管理或处理它。

（二）班集体人际互动的功能

1. 班集体良好的人际互动为学生成长提供“绿色空间”

在和谐的班集体中，学生的精神世界不断丰富。他们旺盛的精力、浓厚的兴趣、广泛的爱好被引导上健康发展的轨道。学生之间和谐的沟通碰撞，使他们学习的领域扩大了，机会增多了，从而有效地激发了学生的求知欲，这对促进学生的身心发展大有裨益。

2. 班集体良好的人际互动促进了班集体凝聚力的形成

班集体良好的人际互动有助于培养学生积极进取、健康向上的精神，有助于班集体的健康发展。和谐互动的良好氛围是班集体向着既定目标前进的前提，只有在和谐互动的班集体中，学生才能正确认识个人与集体、个人与他人的关系，才能形成荣誉感、责任感、义务感。

3. 班集体良好的人际互动促进了良好教育环境的形成

学生的成长环境是班级、学校、家庭、社会四位一体的互动环境。和谐互动的班级文化必然会有利于学生的成长。在促进班级成长环境不断优化方面，很多教师都进行了有益的尝试，并取得了突出的教育成果。天津市新华中学的廉朝老师借助学生家长这一资源，促成了班集体教育社会化的良好局面。他借助在社区工作的家长，安排学生周末进行志愿者服务，体验作为社会人的价值；他借助在公安系统工作的家长，安排学生到戒毒所参观，培养学生“远离毒品，健康生活”的意识；他带领学生访问名校友，增强学生为母校增光的荣誉感。廉朝老师所带班的学生都很活跃，有思想，有创新精神，且成绩优异。

正是这种班级管理模式，造就了班级、学校、家庭、社会多个层面的和谐的教育生态环境，使学生在更广阔的学习环境中，找到了做人做事的正确方向，达到了我们的教育目的。

（三）班集体人际互动的策略

优化班集体人际互动，首先要优化师生关系，而优化师生关系，首先要优化教育观念、行为。

1. 精神关怀策略

德国哲学家雅斯贝尔斯认为，教育的过程首先是一个精神成长的过程。基础教育更是如此。基础教育的主要任务应当是为人一生的发展奠定精神基础。精神关怀即关注学生的精神成长，关注学生的心灵净化。精神关怀的具体内容包括心理生活、道德情操、审美情趣等及其成长与发展。

精神关怀的基本体现是尊重、理解、关爱、信任、引领。尊重是一种态度，是承认人的尊严；理解是从心理上体验他人的心理需求、人格特点；关爱是情感的集中体现，教育智慧主要体现在关爱的取向及艺术上；信任是对他人能力的肯定和对学生发展的期待。上述四个方面都是对人的认识及态度，都属于情感领域，而引领则是在情感的基础上，对学生的思想、行为予以具体帮助与指导，当然亦属精神关怀。下面的教育故事就是精神关怀的一个典型案例。

班里有一个从来不大声说话、怯生生的小姑娘，她一年四季时常穿着一件嫩绿色的衬衣。是喜欢这个颜色？还是家庭拮据？……班主任带着疑问走进了她的心灵世界。原来，这件嫩绿色的衬衣是她妈妈用补发的工资给她买的7岁的生日礼物，而就在当天晚上，她妈妈离开了人世……她穿着这件嫩绿色的衬衣送走了妈妈，从此以后，每当她想念妈妈的时候，就会穿上这件嫩绿色的衬衣。又到了她的生日，在同学们深情的生日祝福歌声里，班主任捧出了送给小姑娘的礼物——一件合身的嫩绿色衬衣……小姑娘流泪了，投入了班主任的怀抱……从此以后，教室里不时传来小姑娘和同学们欢快的笑声，操场上经常可以捕捉到她和小伙伴们嬉戏的身影。

2. 激励扬长策略

激励就是通过各种外部诱因（教育、活动、交往等）给学生以适度的正向强化刺激，满足他们正当的心理需求，激发动机，使学生把教育要求自觉地内化为个体行为的过程 。激励是教育的时代精神，它是先进的教育理念、策略、方法的和谐统一 。激励是相对于以命令、威胁、责罚为主要特征的控制性教育而言的，是以赞美、期待、唤醒为主导特征，以尊重、激趣、参与、和谐四要素为核心，以尊重学生的主体地位、满足学生积极的心理需求、实现个体自我激励为支撑点的一种新的教育理念。“教学艺术的本质不在于传授的本领，而在于激励、唤醒、鼓舞”。“成功的教学所需要的不是强制，而是激发学生的学习兴趣”。这些观点都深刻地揭示了教育激励的本质。班集体是个激励场，对于形成民主团结、奋斗进取、和谐互动的班级氛围有着无法替代的作用。

3. 科学管理策略

坚持科学管理要在管理方式上实现以下“三个转变”。

一是从单项式到互动式的转变。所谓单项式，是指“我说你听”“我说你做”的灌输模式，这是以“师道尊严”为核心的传统管理模式。互动式是指把德育过程变成互动育人、互动做人的过程。互动式管理有利于激发学生的潜能，有利于将社会道德规范内化为个体的道德规范，并外化为道德行为。从单项的垂直式管理到民主和谐的互动式管理，是班集体管理的重大变革，是班集体管理的活力所在。

二是从包办式向自主式转变。顾名思义，包办式即包办代替，由教师进行全过程、全方位、全时空的管理。从本质上讲，包办式管理是对个体的压抑，是对学生主体性的扼杀，它既不利于班集体建设，也不利于学生的发展。所谓自主式管理，是指在教师的引领下，充分发挥学生的主体作用，最大限度地让学生参与班集体建设的策划、设计和管理，以实现班集体建设目标的一种管理形式。由包办式向自主式的转变，充分体现了管理的本质——管理最终是为了不管，并阐明了教育的真谛——自我教育。

三是从控制式向人文式转变。所谓控制式管理，是指通过灌输、规范、约束等形式使学生朝着既定的轨道运行的过程。这种管理实质上是人治式的管理，它无视人的发展，从表面上看见效快，但难以内化，不能持久。所谓人文式管理，是指以人的发展为本，并通过人来实现的管理。它既强调管理的宗旨是为了人的发展，又重视人格、情感在管理过程中的熏陶与影响作用，人文式管理无疑是激发学生潜能、建设和谐班级的有效方式。

（四）班集体人际互动的原则

1. 平等互惠原则

尽管每个人的外表、家庭背景、社会经济地位等有可能存在很大差异，但人生而平等，这种平等集中表现在人格和法律地位上。在人际交往中，双方都需要有一定的努力或投入，双方需求的满足必须是对等的、互惠的，即要相互满足，而不是单方面的满足。一味地付出或一味地索取都不会获得交往的成功。调查表明，那些优越感很强，喜欢显示个性特长或家庭背景的学生多数人缘关系较差，那些因为自己良好的社会背景而傲视别人的学生容易脱离集体,造成心理孤独感。人际交往作为人与人之间的心理交流，是主动的、相互的。每个人都有爱和尊重的需要，都希望得到别人的平等对待。人的这种需要，就是平等互惠的需要。

2. 诚实守信原则

诚信是社会主义核心价值观在公民个人层面的一个价值准则，是中华民族的传统美德和民法原则。一个人要想在社会上立足，赢得他人的信任，就必须对人守信、对事负责，反之，就会产生信任危机，害人害己。在交往过程中，只有彼此抱着诚实守信的态度，才能相互理解、接纳、信任，在情感上引起共鸣，使交往关系巩固和发展。

3. 理解相容原则

由于出身、经历、文化、观念、习惯和性格的不同，每个人会有很大的个性差异。差异的存在容易造成人际交往中的误解和矛盾，从而影响人际关系的顺利发展。我们应采取理解、宽容、尊重差异的态度，做到心理相容，运用“换位思考”的思维方法，即站在对方的角度看问题，设身处地为别人着想，容得下别人的缺点和不足，尊重差异。交往中，应善于求大同存小异，以自己的坦荡胸怀赢得别人的理解和支持。

4. 热情适度原则

在人际交往中要做到自尊自信、不卑不亢。一方面，要热情真诚、谦虚有礼，切忌傲慢无礼、目中无人、冷若冰霜，要创造融洽的交际环境；另一方面，要落落大方、自尊自信，保持自己的尊严，体现自身所特有的自豪感和自信心，从而赢得他人的好感。但俗话说“过犹不及”，人际交往也是如此，因此要掌握适度的原则，注意交往的范围、时间、程度、距离等因素。只有保持适度的交往范围，我们才有可能收获真正的友谊和感情；只有适时适度的交往，才能自我平衡，促进自我价值的实现；只有保持一定的交往程度，才会产生自由空间，即“距离产生美”。

第二节　集体教育的心理效应

马克思指出："单个工人的力量的机械总和，与许多人同时共同完成同一不可分割的操作（抬重物等）时所发挥的机械力，在质上是不同的。协作直接创造了一种生产力，这种生产力实质上是集体力。"

班集体既是教育的客体，也是教育的主体。班集体不是劳动组织，而是教育组织，它不是个体的机械结合，而是一个有目标、有组织、和谐的微型社会系统，因此，班集体能产生一种特殊的"1+1>2"的教育力量。这种教育力量主要表现在促进个体成员个性的自由全面发展，满足青少年心理需要，促进青少年的社会成熟等方面。产生这种强大教育力量的心理效应主要体现在以下三个方面。

一、凝聚效应

班集体具有凝聚效应。所谓凝聚效应，是指集体对其成员有一种吸引作用。这种凝聚效应是一个复杂的心理现象，它以集体成员的共同需要为基础，包括认识、情感和行为等多种心理成分。班集体之所以产生巨大的吸引力，主要是它能满足学生的多种积极的需要。

（一）交往的需要

马克思指出："只有在集体中，个人才能获得全面发展其才能的手段。也就是说，只有在集体中才可能有个人自由。"随着年龄的增长，随着在社会化过程中成熟度的不断提高，中小学学生交往的需要也越来越强烈。儿童还在幼儿园的时候，心中就会涌起一种强烈的愿望：上学。他们觉得学校是一个充满欢乐幸福的世界，那里不仅有丰富有趣的活动，还有许多聪明活泼的朋友。进入小学后，虽然学习已成为他们的主导活动，但游戏仍然是他们生活中的重要内容。他们在教师的指导下，通过多种活动与同伴们进行具有新内容的交往，并在交往中不断获得满足。到了初中、高中后，学生对这种交往的需要更为强烈，内容更为丰富，形式也更为多样。他们简直一天也离不开班里的朋友，否则就会感到寂寞和痛苦。这时对很多学生来说，班集体的吸引力已经超过家庭。他们有许多心里话愿意对朋友讲，而不对家长讲。在与同龄人的交往中，他们越来越感到一种被理解的满足。正是在学生需要交往的时候，班集体为他们提供了生动活泼、丰富多彩的"大舞台"，这个"大舞台"对他们有着强大的吸引力。

（二）归属的需要

每个人都应该被归到某个群体，另类就会被孤立。所以人们总希望自己能够成为某个群体的一员，并得到他人和群体的认可。这种对归属感的需要是人类最基本的心理需求。

对学生来说，因其正处在社会化的过程中，成熟度低，阅历浅，经验少，常常感到自己一个人身单力薄。他们希望自己能受到某个群体的关怀和保护，他们害怕被孤立，缺乏安全感，容易产生焦虑，于是就会产生一种归属某一群体的需要。他们在学校渴望能归属于一个有力量的、团结友爱的班集体，并会为自己所归属的班集体的成功和进步而感到高兴、自豪。他们愿意成为一个良好班集体的成员，愿意为这样的班集体做出贡献。因为成员归属感的需要能够在班集体中得到满足，所以班集体对其成员就会产生吸引力。从下面这则案例中学生的心理独白可以看出，班集体是学生心灵的港湾。

林老师，我想对您说的第一句话就是谢谢您，谢谢咱们的幸福家园（林老师所带班的别称），是你们让我重返校园，不留遗憾。我错了，刚开始心里产生不上学的念头时……就在我很煎熬的时候，我的手机响了，您说了第一句话："杨某，你回来吧，我们很想你，八（3）班很需要你，我们不能没有你。"不知道为什么，我的眼泪就止不住地往下流……林老师，我知道这几天您给我爸爸打了无数个电话，您多次组织班里同学商量如何让我回来上学。当我回到学校第一眼看见您的时候，我忍不住抱住了您，您拍拍我的肩膀说"回来就好，回来就好"，让我感受到了父爱般的温暖；当我回到班级看见黑板上写着"杨某，欢迎回家"，全体同学起立用热情的掌声迎接我时，我泪流满面，感受到了家的温暖。最后，谢谢您为我付出这么多，作为您的学生，我很幸福！谢谢八（3）班没有放弃我，作为幸福家园的一员，我很骄傲。

（三）情感的需要

一个良好的班集体总是充满爱的，师生之间充满爱，同学之间也充满爱。在这个班集体中，师生关系融洽，相互尊重，相互关怀，相互爱护，构成了一个温暖的、欢乐的社会，学生对爱的需要在这样的班集体中获得了满足。因此，学生愿意在这样的班集体中学习、生活，在爱的阳光下茁壮成长。来看一篇学生作文《我感受到了班集体的温暖》。

去年的生日，富有戏剧性。

那天，我很难过。从清晨起，我就期望着有人提起我的生日，因为别的同学过生日，老早就有人叨咕着买礼物。

一整天都没有人提起，我黯然神伤。由于家庭的贫困，我连学费都交不起，已经欠了几个学期的了。平时同学过生日，我都躲着，因为我实在没钱买礼物，那种贫穷感、卑微感，也许没有人能体会。

可是，我仍然希望有人能送我鲜花，给我祝福，哪怕只是一句“祝你生日快乐”的老话也是一种关爱啊！我倍感贫穷的屈辱，深感人情的冷暖，我只有将眼泪流向心里。

第二天，清早，我刚到教室，就见几个女同学叽叽喳喳地议论，还有意回避着我。那一定是在讥笑我这个“卖火柴的女孩”的生日过得如此惨淡，我的心里一阵酸楚。我快步走到课桌前，想找本书看，以免让人发现我的伤心。打开课桌的抽屉，鲜花、贺卡、笔记本……赫然映入眼帘，最耀眼的还是那闪闪发光的“祝你生日快乐”几个大字。正在我不知所措的时候，周围响起一片“ Happy birthday to you”的祝福声。

这是怎么回事？我翻开日历，原来今天才是我的生日。同学们比我记得还清楚！一股幸福的暖流流遍全身。大家没有忘记我，班集体始终关心着我，爱护着我。我感到班集体的温暖已经超过了家庭给我的温暖。

本文作者因为家境贫困，产生了自卑感，倍感贫穷的屈辱和人情的冷暖，这是自尊需要的表现。这个温暖的班集体，没有把她冷落为“多余人”，歧视为“嫌弃儿”，而是给了她一个“大大的惊喜”。这个惊喜就是尊重、平等、关爱、幸福。一个人只有生活在社会中，生活在集体中，才有活力，才能感受到生活的美好、幸福。

二、驱动效应

驱动效应是指集体的影响能使集体成员在心理上产生一种积极上进的态势，形成内部驱动力。驱动效应形成的社会心理基础是激励作用，这种激励作用汇聚、融合便形成集体自身的运转动力系统。班集体的驱动效应主要体现在班集体目标的导向激励、情感的驱动激励、活动的发展激励等方面。

（一）目标的驱动

马卡连柯说过，如果一个集体没有目标，那就找不到组织这一集体的方向。班集体目标是班集体发展的方向和动力，是师生群体行为预期达到的结果。班集体建设的目标本身具有激励作用，班级有了共同的奋斗目标，就能把全体学生吸引在一起，做到心往一处想，劲往一处使，在共同的奋斗中逐步形成一个团结向上的班集体。要想班集体目标能够产生巨大的驱动力，在实际生活中必须注意以下四点。

1. 适应性

班集体目标的确立要适应社会需要和个体的正当需要。需要产生动机，动机激发行为，进而促成目标的实现，最终满足了原来的需要，又引发新的需要。班集体目标要努力寻找社会需要和学生需要的交汇点，不断了解和研究学生不断变化的各种需要。班集体目标要适切，让学生感受到其中蕴含个人目标，就能对学生具有吸引力、参照性，并内化为学生的个人目标，促进个人发展。

2. 民主性

形成整合一致的目标，要求师生相互沟通，一起参与目标制订。制订班集体目标的过程，也就是师生认同班集体目标和进行目标教育的过程。师生共同参与、认可的目标才具有驱动力，才能成为全体师生心目中的蓝图。

3. 层次性

班主任可从实现目标的时间角度考虑，将班集体目标划分为短期目标、中期目标、长期目标；也可从实施对象考虑，将班集体目标细分为个人目标和集体目标；还可根据内容，将班集体目标划分为学习目标、德育目标、常规目标、素质目标等。目标确定后，班主任应采取各种措施，以确保班集体目标的实现。

4. 可行性

目标设置应当符合学生发展的“最近发展区”，切近实际的目标才能激发班级学生的凝聚力和上进心。在这个过程中，班主任必须稳扎稳打，以推进目标顺利实现。若发现班集体目标一时难以实现，班主任可在既定目标之前再设置几个小目标，通过实现这些小目标达到既定目标；当教育情境有所变化时，可不失时机地调整原定目标，以免挫伤学生的积极性。

（二）情感的驱动

情感是任何事物内化为个人的思想、道德、价值观的“中介”。从某种意义上说，情感决定人的态度取向和心理强度，又内在地决定人的行为指向和行为能量，并动员、感染、影响周围的人形成一种巨大的推动力。学生在积极情感的驱动下能够积极主动地投入认知活动。

情感不只调节人的认知方向、人的行为，而且当人们的情感有了更多一致性时，人们就有了共同的心理体验和表达方式，人们相互间的依恋性就会越来越强，集体的理解力、凝聚力、向心力就会成为不可抗拒的精神力量。因此，在班集体建设中要注意情感投入。

（三）活动的驱动

丰富多彩的活动能为具有不同特长和优势的学生创造施展才华的机会及条件，可以满足学生自尊、自我表现的需要，能给学生提供尊重他人、学习他人的机会。没有活动就没有教育，也不可能形成健全的班集体激励机制。当然，这个活动必须是学生感兴趣的、属于学生自己的活动，在整个活动过程中要以学生为主体，让学生成为活动的主人。一个人只有感受到自己是主人，自己得到了别人的信任与尊重时才会发挥聪明才智，最大限度地激发潜能。

三、同化效应

同化效应是指集体成员的态度和行为逐渐接近集体要求的态度和行为的过程，是个体在潜移默化中对所处环境的一种不自觉的调适。就像人们所说的“近朱者赤，近墨者黑”一样，同化效应是一个去个性化的过程。产生集体同化效应的社会心理基础主要有如下几个方面。

（一）暗示与模仿

1. 暗示

暗示是人或环境以非常自然的方式通过语言、表情、姿势及动作等向个体发出信息，个体无意中接受了这种信息，从而做出相应反应的一种心理现象。在心理学中，人们将这种通过语言、行动、表情或某种特殊符号对他人的心理和行为产生影响，从而使他人接受暗示者的某一观点、意见或按暗示的方式活动的现象称为“暗示效应”。

班集体中，这种暗示作用更广泛。一方面，暗示者不断通过各种暗示的方式使学生产生集体所希望的行为；另一方面，被暗示的学生不断地接受暗示，经常产生符合暗示者所希望的行为，这种暗示与受暗示不断地相互作用，从而使集体成员之间不断地相互影响，使集体所希望的思想和行为不断传播、扩散在良好的班集体中，形成强大的班级凝聚力和班级氛围。请看下面的例子。

学校要求每个班选出三名升旗手，每天早到晚归，负责升降国旗，风雨无阻。升旗手平日还要负责对国旗的维护，如果出现问题，学校还要扣相应的分数。无疑，这是个苦差事，即使学生接受了任务，也可能不情愿。为此，苏老师采取了这样的办法。

苏老师走进教室，热情洋溢地告诉同学们：“好消息，好消息，下周终于轮到咱们班升旗了！在我看来，能担任升旗手是最高的荣誉，而且学校明确规定，要选全班最优秀或进步最大的同学担任。在未来一周，他们将成为班级的形象代言人，多么神圣光荣。可是，每个班只有三个名额，咱们班优秀和进步的同学又很多，该怎么选呢？”话音一落，几十只小手高高举起，大家争着为班级贡献力量。

苏老师通过自己的表情和语言传递了“升旗”的光荣和任务的稀缺，创造了良好的心理暗示氛围，极大地激发了学生的参与热情和使命感，用暗示的方法把任务化成“甜蜜的负担”，有利于“我为班级做贡献，我骄傲”的良好班风的形成。

影响暗示效果的因素主要有暗示者的地位、权力、人格力等，以及被暗示者的信心、知识水平、年龄、性别等。研究表明：女性、年龄较小、知识水平低、信心不足者容易被暗示。越是有威信、有影响的榜样，其暗示的效力越大。而暗示效力越大的人，引起别人模仿的吸引力也越强。

2. 模仿

模仿指在没有外在压力条件下，个体受他人的影响，使自己的行为与他人的行为相同或相似的现象。

影响模仿的因素主要有年龄因素、地位因素、类似特质。年龄大小和模仿行为成反比，低年级段的孩子模仿行为较多。地位越高，越容易被模仿。子女模仿父母，学生模仿教师。有相类似的人格特质或特点，其中一方水平高于另一方，容易促成模仿。

中小学学生是一个特殊的社会群体，由于心理、生理发展不成熟和社会化水平低，他们对榜样的模仿有着独特的趋势：从盲目模仿到自觉模仿，从模仿自己的伙伴到模仿成人，从模仿身边的榜样到模仿电影、戏剧或其他文艺作品所歌颂的榜样，从模仿榜样的外部行为到模仿榜样的内部心理品质……这些模仿的过程，就是社会化的过程，也是良好品德形成的过程。

班集体中，有积极的模仿和消极的模仿。一般情况下，在良好的班集体中，积极的榜样总是占优势；在一个混乱的班级中，消极的榜样总是占优势；这些榜样会成为班中的强刺激因素，分别影响着班级成员的行为举止。因此，在良好的班集体中，积极的榜样就构成了一种强大的影响力，会引起学生的模仿。而这种积极的模仿在班集体中总是会受到班主任、班干部或集体的舆论的强化，于是学生之间的这种相互模仿和相互影响，使班级中的积极因素得到传播和扩散，使消极因素逐渐被同化。

（二）感染与认同

感染与认同也是集体中客观存在的两种社会心理现象，是集体的同化效应得以产生的社会心理基础。

1. 感染

社会心理学研究认为，感染是以某种方式引起他人相同的情绪和行动，是群体成员之间的相互作用而引起的心理或行为上的互动。感染主要是指情绪的传递，相似性是其条件。

班集体中影响感染的因素主要有以下几种。

第一，情境因素。日常生活中的触景生情就是感染的一种表现。如给学生播放《厉害了，我的国》，学生的情绪很快受到感染，他们的国家自豪感会油然而生。

第二，态度、价值观因素。如在两个班级的篮球比赛中，实力强的班级的情绪不会感染另一个班级的学生，因为二者所抱的态度、价值观根本不同。

第三，地位因素。地位相近的人，心理距离很近，容易获得共同的感受，感染也就容易发生。如有社会地位或者特殊身份的教师讲话的感染力就会比较强。

第四，理智因素。感染受制于理智，个体理智水平的高低决定其是否受感染或者受多大程度的感染。

班级文化通过氛围、舆论、环境，在潜移默化、耳濡目染中让学生受到感染和熏陶。班集体中，班主任的人格魅力和学识魅力具有强大的感染力。魏书生，由一个初中文化水平的下乡知青成长为一名普通的小学教师、中学教师，后又因为其成功的探索实践而成长为当代享誉全国的著名教育改革家。有很长一段时间，他超负荷教三个班的语文课，每天备课、上课，外加备课组的工作、班级的工作，忙得脚不沾地，但他从没有一句怨言。他认真批改学生的作业，还挑选出学生写的优秀文章结集，把它作为学生高中生活的最好礼物。他认真钻研，写下了大量的教学论文并发表在各级刊物上，还是一家中学语文杂志社的特约编辑。学生们都说，每天看到魏老师精神抖擞，似乎有用不完的劲儿就深受鼓舞。魏书生的言传身教感染着他的学生，榜样的力量是无穷的。在他的人格魅力和学识魅力的影响、带动下，他所带班的学生不仅学习认真，而且把班级看成了自己的家，把班级凝聚成了一个无坚不摧的优秀班集体。

2. 认同

班集体认同是指班集体成员在心理和行为上对其所在集体表现出来的一致性倾向。只有对班集体高度认同，集体成员才会表现出极大的热情，才能增强整体意识。

班集体的认同可以分为三个层次，即本能上的初级认同、情感上的中级认同、理智上的高级认同。本能上的认同是因为学生相同的年龄和相似的经历，使其自然形成了亲切感，但这种认同可能是短暂的或者错误的。情感上的认同来自于学生日常生活的耳濡目染，来自教师和学生之间的信赖、亲近。理智上的认同往往表现为部分学生出于对理想的追求而采取有效的行动，并感染其他学生，引领班集体的发展。然而，本能上的认同具有不可抗性，而学生的认知水平又不太适应理智上的认同，所以，情感上的认同成了学生形成班集体荣誉感的纽带。班主任要充分利用情感认同的作用，激发学生的自主性，让学生做班集体建设的主人。

感情融洽是班集体认同的核心。班主任要从情感需要入手，培养学生对班集体的认同。

第一，用示能和支持让学生对班级产生生存性认同。班集体的力量越强大，班集体对自己的支持力才有可能越强大，作为强大的班集体中的一员，安全感之类的生存性需要才越容易获得满足，其对班集体的认同度才会越强。比如，每接一个新班，我都会向学生展示上一届学生的成绩和精彩瞬间；每年开学，我都会展示去年一年班级取得的成绩，分析我们的优势，展示学生在班集体中取得巨大进步的例子。每年，我都会通过家访的方式了解班级个别学生生活上遇到的困难，发挥班集体的力量帮助解决，让学生感受到班集体是他们强大的支持实体。

第二，用信任和关爱让学生对班级产生归属感认同。归属感是每个人的情感需求，每个人都希望得到他人的认同、欣赏。如果学生能从班集体中获得自尊、信任、关爱，班集体就会成为他们的归属和精神家园。

第三，用成就和赋意让学生对班级产生成功感认同。每个人都有追求成功、规避失败的心理，学生的成功需要一个支持的平台，如果他们发现自己的班集体能够让他们获得成功的体验，他们便会对班集体产生认同。天津市北辰区杨嘴小学的很多学生都是外来务工人员的子女，张老师发现班里好多学生缺乏自信，班级认同感不高，于是她开展了“晒晒我的成功”“请到我的家乡来做客”“地图上旅行”等系列活动，让这些外来务工人员子女通过展示自己家乡的美好景色、特色风俗，得到班级其他学生的赞赏，从而体验到成功的自豪感。同时还开展“我为你点赞”活动，通过积极评价的方式让学生感受到成功。张老师根据不同学生的特点，让他们担任组长、班委、篮球队长等，赋予他们特殊的责任，进一步增强了他们对班集体的依赖。张老师班里的学生个个自信、阳光，班级凝聚力空前增强。他们走进了天津电视台、中央电视台的录播厅，还蝉联两届区优秀集体、市优秀班集体、市学雷锋集体。

（三）顺应与从众

1. 顺应

班集体顺应是指班级成员或班集体之间调整行为以适应成员或班集体环境的过程。从班集体因素的关系的角度，顺应可分为两种：一种是班集体人际关系的顺应，即师生顺应、生生顺应。它是师生为了避免、减少或消除冲突，和谐、融洽地共同生活，一方或双方部分地改变自身的思想、态度和习惯，以适应对方的过程。另一种是人与班集体关系的调适，即师生—集体顺应。班集体目标、班集体规范的制订和实施要根据班级成员的特征不断调整，应利于师生健康快乐成长，班级成员也要根据班集体规范、文化不断调整自己的行为。

顺应让学生更自主，让班集体更有凝聚力。在学校里，学生和教师朝夕相处，有时会由于各种原因造成误会，产生分歧，发生冲突，从而影响师生关系，不利于班集体建设。而彼此之间的顺应能很好地解决师生冲突，让冲突成为彼此进步、彼此发展的助推力，让班集体更有凝聚力。

2. 从众

从众是指个体在社会群体中不知不觉受到群众的压力而放弃自己的意见，采取与大多数人一致的心理倾向。班集体中的从众主要表现在以下几个方面。

第一，学习从众。班集体建设中，同一年级的不同班级学风不一样，同一班级不同时期也会出现截然不同的学风，有的班级课堂上学生积极回答问题，非常活跃，有的班级课堂氛围死气沉沉。

第二，生活从众。有的班级带手机上学成风，有的班级穿名牌攀比之风盛行，有的班级生日宴请成惯例。

第三，道德从众。如学生参加献爱心募捐的意愿和数额在很大程度上有从众心理，是否参加青年志愿者、考试作弊、旷课、不尊重教师等也有从众心理。

如调查青少年的入团动机，会发现很多学生是因为别人入团了，自己不入团就显得不够上进，并不是真的出于思想上的慎重考虑。

在班集体中我们为什么会从众呢？群体压力是个体产生从众行为的原因。当个体行为与众不同时，就会感到群体压力，而产生孤立感；当个体行为与他人行为一致时，就会产生“没有错”的安全感，于是就产生了采取与群体内大多数人保持一致的现象。也就是说，班集体学生从众可能是由于关心群体、顾全大局的责任感，也可能是由于群体压力而把从众视为求得心理安全的手段。此外，有些人之所以从众是由于具有缺乏自信等的人格特征。

在班集体中该如何运用从众心理呢？一是要辩证认识。积极的从众可以互相激励情绪，做出顾全大局的正义之举；消极的从众相信法不责众、壮着胆子干坏事，所以从众心理具有两面性。二是班集体建设中要发挥从众心理的积极作用。积极从众可以使学生注意学习集体、他人的思维方式、先进思想、模范事迹，从而改进自己的思维方式和行为方式。在道德行为教育方面，在培养良好的习惯方面，诸如爱护公物、尊敬师长、热爱劳动等，心理从众起着至关重要的作用。若班集体中出现心理和行为是正确的、有利于学生成长的从众现象，则应该鼓励。如一些学生看见别人通过努力学习取得巨大进步，产生羡慕，于是效仿，就要加以鼓励。班主任要巧妙地运用这种心理渗透方法，要正确、智慧地加以引导，为形成良好的班风推波助澜。

2017 年 2 月 27 日早晨，林老师所带的“幸生班”里发生了这样一件事。晨读时间，侯可豪同学走上讲台，开始练习他国旗下的演讲，同学们都被侯可豪声情并茂的演讲吸引了。正当大家沉浸其中时，教室的门被轻轻地推开了，原来是班里的校卫生检查员陈志鑫同学检查卫生回来了。令大家惊讶的是，他没有喊报告，也没有走进教室，而是静静地站立在门口，倾听着小侯同学的演讲，一言不发，直到 5 分钟的演讲结束。这个平凡微小的举动引起了林老师的高度关注，在全班同学面前对陈志鑫同学大加表扬：细节虽小，却最能彰显一个人的素养；此事虽小，却能折射出陈志鑫同学对别人的尊重。5 分钟的站立，不打扰别人，倾听别人的发言，是尊重他人的表现，这是多么宝贵的品质啊！之后，林老师又组织班级新闻媒体组对陈志鑫同学进行了采访，撰写了《这句迟来的报告》的新闻报道，转天在全校广播站播报，号召大家向他学习。全班兴起了向陈志鑫同学学习的高潮，倾听、尊重的氛围弥漫于整个“幸生班”。

可以看出，班主任林老师及时发现学生的闪光点，利用从众心理，并做好表扬、宣传工作，对学生良好行为的形成、健康心理的培养，起到了事半功倍的效果。

另外，要善于防止从众心理副作用的产生。如班级学生打游戏、上课学生乱说话等现象，都容易在从众心理的作用下产生不良影响，因此最好能够将问题控制在萌芽之中，不能使其他学生盲目从众，应防止恶性循环。

第八章

集体教育的导师

班主任是班级的组织者、领导者和教育者，是学生集体成长的重要影响源。学校教育是以班集体为单位来进行的，班主任对学生个体的健康成长及集体的健康发展都起着非常重要的作用，而集体又影响、感染着每个个体。因此，班主任在集体教育中起着导师的作用。要实现这一作用，班主任需要做好两方面的工作。

其一，要优化管理理念，对人本理念、民主理念、创新理念等先进的教育理念的内涵进行深入学习和探究，并且与工作实践相结合，在集体教育中运用这些理念，凸显其策略，转变不合理的管理方式，创新管理方法，从班级目标、组织机构、班级文化、班级活动等方面，充分发挥学生的主动性、创造性，从而打造健康、民主、向上的，具有时代气息的班集体。

其二，要注重自我修炼，不断学习，不断研究，不断反思，坚持自主发展，与时俱进，更新教育思想。在教育生活中记录与学生之间的生动故事，在此过程中不断进行思考，达到理论与实践的有机结合，从而提升自身专业素质，成为集体教育的引路人。

第一节　班主任要优化管理理念

班主任是学校中全面负责一个班的学生的思想、学习、健康和生活等工作的教师，是一个班的组织者、领导者和教育者，是学生集体成长的重要影响源，在集体教育中起着导师的作用。2009 年教育部印发的《中小学班主任工作规定》及 2017 年教育部发布的《中小学德育工作指南》中，都对班主任的职责与任务做了明确规定，其中《中小学班主任工作规定》第二条就明确指出："班主任是中小学日常思想道德教育和学生管理工作的主要实施者，是中小学生健康成长的引领者，班主任要努力成为中小学生的人生导师。"《中小学德育工作指南》中指出："班主任要全面了解学生，加强班集体管理，强化集体教育，建设良好班风。"班主任要想成为集体教育的导师，必须不断提升自身专业素养，优化管理理念，特别是要树立三种理念，即人本理念、民主理念、创新理念。

一、人本理念

（一）以人为本理念的内涵及作用

1. 以人为本理念的内涵

以人为本是指以人的主体存在、需要满足和发展为中心，以人本身为目的的思想或观念。《国家中长期教育改革和发展规划纲要（2010 ~ 2020）》在"工作方针""战略主题"和"人才培养体制改革"等章节中，多次提到教育以人为本这一理念。以人为本的教育理念具有丰富的内涵，具体体现在以下方面：其一，教育要以满足人的需要为本，关注学生的身心特点，重视学生的个性差异，树立学生的主体意识；其二，教育要以促进人的全面发展为本，要面向全体学生，树立人人成才的理念；其三，教育要以关注人的个性发展为本，体现多样性、个性化和特色化，满足每个人的个性需要和期望。班主任在班集体建设中要深入理解以人为本理念的内涵，时刻秉承以人为本理念。

2. 以人为本理念的作用

在传统教育理念中，总是把知识作为终极目的，学生被看成被塑造、被加工、被施加影响的物品，这与以人为本的理念是完全相悖的。这种主客体关系的混淆，很大程度上影响了教育效果。杜威指出："教育并不是一件'告诉'和被告知的事情，而是一个主动和建设性的过程，这个原理几乎在理论上无人不承认，而在实践中又无人不违反。"抛弃学生主体性原则，学生就不能真正地成为班级的主人，创造性就不能充分发挥，集体凝聚力就不会很强，进而就会影响到对每个集体成员的教育作用。因此，要注重学生的主体性，尊重每一个学生。这就要求班主任坚持从学生的发展需要出发，立足学生实际，充分发挥学生的主体作用，进行师生关系、班集体建设等方面的改革与创新，与学生多交流、沟通，了解他们的思想状况，在生活上给予关心，在人格上给予尊重，培养融洽的师生关系，使学生热爱班级，热爱同伴，从而建立和谐奋进的班集体，实现以人为本的教育。

（二）凸显以人为本的策略

要实现以人为本，可以运用以下策略。

1. 建立共同愿景和努力目标

具有共同愿景和努力目标，是良好班集体的重要特征，也是唤起班集体内在发展动力、形成共识的重要手段。集体愿景不一定要求多么远大和崇高，但应当积极、生动、富有感召力，并成为学生集体的一种具体化的精神追求。集体目标是在共同愿景引领下，某一阶段集体行动的具体要求与指向。集体目标对集体发展具有激励和导向作用。建立集体目标，要从班级实际出发，注重唤起集体成员的积极需要和愿望；要让学生参与目标形成的过程成为凝聚集体力量、发挥集体主体性的过程。

2. 最大限度地尊重与理解学生

班主任要善于发现学生的优点，通过恰当的表扬使学生正确地认识自己的价值，促使学生更加积极进取。班主任要与学生做心灵相通的朋友，用平等的姿态与学生交流，鼓励学生积极表达自己的想法，用宽容、尊重、信任的态度帮助他们分析产生问题的原因，这样班主任与学生的距离感就会消失，学生在心里产生一种积极的情绪体验，可以激发他们奋发向上的动力。

3. 开展班级主题教育活动

活动是班集体建设的根本途径。主题教育活动以班集体及成员发展中的关键性教育内容为主题，通过发挥学生集体的主体性和具有互动作用的多样化的活动，实现班集体的自我教育与发展。因而，开展系列化的班级主题教育活动是进行班集体建设的重要策略，充分体现了以人为本的教育理念。

4. 坚持进行集体性评价

集体性评价是引导集体成员对班集体发生的事件或集体自身进行评价。通过集体性评价，可以唤起集体的反思意识，发挥集体自我教育的潜力，形成集体积极的舆论和价值共识。因而，集体性评价是班集体建设以人为本的重要策略。

组织集体性评价，应营造一种平等、坦诚的气氛。班主任应尊重集体，不要把自己的意愿凌驾于集体之上，而要因势利导。集体性评价包括班级常规性的集体性评价（如对班级卫生、纪律等的评价）和各种即时性的集体性评价。总之，班主任可通过集体性评价，引导学生关心集体、参与集体生活，并创造有意义的集体生活。

（三）精神关怀——以人为本的集中体现

1. 精神关怀的含义

精神关怀是以人为本位的世界观，集中体现为对人本身的关注、尊重和重视，它着眼于生命关怀，着眼于人性，注重人的存在、人的价值、人的意义，尤其是人的心灵、精神和情感。

班主任应全面关怀学生生命发展，包括关怀学生的自然生命、精神生命（包括价值生命）。对学生精神生命的关怀，即关怀他们的精神生活质量和精神成长，这是学生基本的精神需求，因而也是班主任专业劳动的基本内容，是以人为本教育思想的集中体现。

2. 精神关怀的意义

朱小蔓教授在《班集体教育漫谈：情感关怀的视角》一文中写道：“情感教育首先要关心学生的情绪感受。作为教育者，不只是关心学生学到了什么，学的结果怎么样，首先要关心他们的情绪状态，这是情感教育最基础的内涵。人的情感状态是生命质量的表征。生命质量好不好，能从情绪情感状态上看出来，比如是意气风发、情绪盎然，还是垂头丧气、自卑、恐惧、不安全，所以情感状态是生活的重要情感面向。生活有很多面向，物质的、精神的。精神面向包含情感情绪状态。一个人情感情绪状态好，说明他的生命质量、生活质量不错，因为情感情绪状态是精神状态里很重要的一个指标。”

由此可见，班主任必须要对学生进行精神关怀，它会使每个学生快乐成长，使整个集体充满温暖，充满力量。北京小学翡翠城分校的李红玉老师在这方面就做得很好。

李老师的班里有这样一个学生，上课无精打采的，要么就搞小动作，影响别人学习；下课追逐打闹；中午不休息，和同学玩闹；放学不做作业，即使做了，也做不完，书写相当潦草……每天不是任课教师就是班里其他学生向班主任李老师反映他的问题。

对这个学生，李老师给予他足够的关心、理解和尊重。一段时间之后，情况发生了改变。

李老师多次找这个学生谈心，了解情况，开始他并不信任李老师，什么都不说，可是李老师并不灰心，经过一段时间的努力，李老师终于用耐心和爱心打开了他的心扉。之后，李老师在班里对他的进步多加表扬，安排适合的小组对他进行帮扶，班内还组织多种活动，让他多参与……通过师生共同努力，这个学生越来越感受到班主任对他的关怀，感受到班集体的温暖，慢慢地，他真的变了，变得爱学习了，和同学相处也融洽了。在李老师的关怀努力下，这个班集体变得越来越有凝聚力了。

李老师并没有歧视和放弃这个有着诸多问题的学生，而是给予他足够的精神关怀，这不仅给这个学生带来了愉快的体验，而且让整个班集体都有了愉快的体验，直接影响了学生的学习动机、态度、价值观和精神状态。因此，精神关怀是以人为本的集中体现，是班主任进行集体教育不可或缺的专业素养。

二、民主理念

（一）民主理念的内涵及作用

1. 民主理念的内涵

“民主”最初源于希腊词语“demos”，定义为“在一定的阶级范围内，按照平等和少数服从多数原则来共同管理国家事务的国家制度”。

在班集体建设中，我们也提倡班级管理的民主理念，这里的“民主”有两层含义：一是指班主任和有关任课教师要有明确的尊重学生个性、充分发挥学生主体作用的意识，并在教育实践中自觉地贯彻；二是充分发挥班委的核心作用，千方百计地创造条件让学生主动参与班级管理，让学生人人有机会展示自己的风采，有机会发表自己的意见，形成一套班级学生自主管理的模式，通过充分尊重学生的情感需要、人格独立和个性自由，营造一种良好的、和谐的、积极向上的班级氛围。

2. 民主理念的作用

班级民主化管理有利于学生群体意识的形成和良好个性的发展。通过学生管理班级的活动，既能发挥学生群体意识的作用，又能为班集体中每个成员的主动发展提供条件，使学生不仅积累集体生活经验，发展自己的志趣和爱好，而且学会合作，学会交往，从而促进学生良好思想品德的形成。此外，班级民主化管理更有利于培养学生自我教育的能力。通过班级民主化管理，班集体形成共同的目标，有明确的职责分工，有统一的规章制度，学生人人有事干，班里事事有人管，使班级活动真正成为学生的自主活动，让学生实现自我教育。

（二）践行民主理念要转变管理方式

1. 班主任在民主化管理中存在的问题

第一，过于偏爱优等生。学生学习成绩好，班主任一般会喜欢。班主任的这种态度自然会让学生产生一种不公平的感觉，进而影响班级的民主化管理。

第二，过分依赖班级制度来“限制”学生。班主任经常用“不能”“不准”等条条框框去限制学生，这种做法固然能对学生形成良好行为与矫正不良习惯起到一定作用，但会使学生没有独立思考的空间，没有创新的机会，班级缺乏交流互动，集体缺乏凝聚力。

第三，角色定位过于“专制”。有的班主任仍把自己放在权威地位，导致学生依赖性强、独立性差，缺乏主动性、创造性。

第四，忽视学生的主体地位。有的班主任管理班级往往事无巨细，大包大揽，使学生认为班级工作是班主任一个人的事，从而使学生处于被动的地位。

2. 践行民主理念的管理方式

在集体教育中，班主任应该以民主理念为指导，转变陈旧的管理方式，不断使班级向民主化、新型化发展。

要实现班集体的民主管理，可以从以下几方面入手。

第一，师生共同参与制订合理的班级目标。班级目标是实现民主管理的一项制度化措施。严格的班级目标、正确的舆论导向是一个班级能成为一个优秀集体的基本保障。这个目标纪律体系要在教师指导、学生广泛参与下制订，这样才具有导向与凝聚作用。在制订班级各项规章制度时，要充分听取学生的意见，通过集体讨论来决定。这样会就使学生感觉到，他们遵守的是自己制订的规章制度，学生就会有参与集体事务、集体大事民主决策的意识。

第二，形成班级民主化管理的运行模式。班级民主化管理运作机制的主体是全体学生。应在班主任的指导下，班委会进行运作，组织召开班级全体会议，制订班级的一系列计划和常规，让每位学生都明白自己的权利与义务，理解民主与集中、自由与纪律、个人与班级之间的关系，形成正确的自我价值观和班集体观念。

第三，建立民主的评价制度。《基础教育课程改革纲要（试行）》指出：建立促进学生全面发展的评价体系。评价不仅要关注学生的学业成绩，而且要发现和发展学生多方面的潜能，了解学生发展中的需求，帮助学生认识自我、建立自信。发挥评价的教育功能，促进学生在原有水平上的发展。在班集体的阶段性目标和个体性目标的实施过程中，通过客观而全面的评价，鼓励学生勇于迈向成功之路。班主任要引导学生开展灵活多样的评价活动，使每个学生都能发现自己身上的闪光点，用积极、及时的评价来帮助他们认识自我、建立自信，使班集体形成和谐民主的良好氛围。

在民主管理班级方面，许多班主任都在悉心探索，北京师范大学大兴附属小学的李伟娜老师在这方面就做出了榜样，下面摘录她的一些做法。

1. 民主建设班级文化方面

组织班级成员共同确立班名、班徽、班级目标、班级愿景。流程：每个学生都进行设计—表达自己的设计意图—几轮讨论商议—取得一致意见—确定最后结果。

成长共记录。在教室后的黑板上有“读书分享”“时事链接”和“活动招募”三个板块。“读书分享”用来展示大家制作的读书分享单，记录一些和读书有关的活动照片。“时事链接”是由各组记录、搜集的校内外新闻。“活动招募”是由学生自发组织的一些小活动、小社团的通告。教室外墙的展板是学生展示自己、展示班级风貌的文化专栏，学生成立了宣传小组，有负责版面设计的美工，有搜集、编排文字的编辑，有负责整体设计的导演，分工明确。

2. 民主完善班级新体制方面

“两制两会”的班级管理新体制。全班学生积极参与，参考《小学生日常行为规范》《学生一日常规》等条例，共同制订班规班训，拟订班歌。对纪律、卫生、学习、行为、礼貌等方面做了详细规范，使学生有章可循。

“两制”指“人人岗位制”“值日班长制”。每位学生在班内都有一个岗位；每天都有一个值日班长负责监督并进行总结反馈。“两会”指“班委会”和“家委会”。班主任和“两会”成员经常进行沟通合作，积累友情，班级各项工作进行得非常顺畅。

3. 在评价方面，积极促进学生自我完善

班级中对学生的评价力求主体多元化、内容丰富化、形式具体化，注重学生个性发展。有教师评价、家长评价、学生自我评价和学生与学生之间的互评。同时，还注意了对学生人文性的评价。如自我评析、同伴心语、家长期望、教师寄语，引导学生在一个积极良好的环境中找到属于自己的位置，在教师的引领下，在自我的感受和自我醒悟中不断认识自己、调整自己、发展自己。

通过以上片段可以看出，李伟娜老师的民主管理方式不仅能唤起学生的参与意识、自主意识，而且能促使学生逐步形成自我约束、自我教育、自我管理的能力。久而久之，学生的个人能力得以增强，身心得到健康发展，班集体也会越来越具有凝聚力。

（三）不要把民主误读为简单的“公投”

1．简单“公投”不是民主

在此，有必要重申一下民主的内涵。我们提倡的班集体建设中的民主，是要求教师要有明确的尊重学生个性、充分发挥学生主体作用的意识，千方百计地创造条件让学生主动参与班级管理，让学生人人有机会展示自己的风采，有机会发表自己的意见，形成一套班级学生自主管理的模式；是通过充分尊重学生的情感需要、人格独立和个性自由，从而营造一种良好的、和谐的、积极向上的班级氛围的管理活动。

而“公投”只是学生就被提议之事，表明赞成与否时所进行的简单投票。

2．莫以“民主”的方式伤害学生

网上有一篇文章，题目为《老师，请莫再以“民主”的方式伤害学生》，内容大致是：河南省商城县高三学生李震宇课上玩手机，手机被班主任没收。同时，班主任还组织全班学生集体表决，决定李震宇的去留。“公投”去留的做法无疑极大地伤害了学生的自尊心，李震宇因此投河自杀。

在逝去的生命面前，我们都很痛心。这就是简单“公投”酿成的悲剧。班主任误读了民主，没有理解民主的真正内涵。真正的民主是建立在师生平等、生生平等、互相尊重的基础之上的，班主任要以宽容对待学生的不足，以理性引导学生的个性发展，既做老师，又做伙伴，给每个学生以健康成长的空间，让他们体会成功，从而更加热爱班集体。所以，班主任要充分理解民主的内涵，避免给学生造成伤害，同时使学生清楚什么样的集体才是民主的集体。

三、创新理念

（一）创新理念的内涵及作用

1. 创新理念的内涵

创新是以新思维、新发明和新描述为特征的一种概念化过程。“创新”一词起源于拉丁语，原来有三层含义：一是更新；二是创造新的东西；三是改变。创新是人类特有的认识能力和实践能力，是人类主观能动性的高级表现形式，是推动民族进步和社会发展的不竭动力。

班级管理中的创新，是建立在人本主义思想以及现代科学管理理论基础上的。具体地说，创新性班级管理的内涵有以下几点。

第一，促进全体学生个性化的全面发展是根本目的和最终归宿。

第二，学生发展的质量是衡量班级管理工作的根本标准。

第三，学生的年龄特点、发展和成长的客观规律是工作的实际出发点。

第四，学生的自我管理是班级管理过程中的最重要方面。

第五，学生在管理诸多因素中处于主体地位，其他所有因素都是为学生发展这一根本日的而存在、运转和发挥作用的。

2. 创新理念的作用

创新是决定一个国家、民族创新能力最直接的精神力量，是一个国家和民族解决自身生存、发展问题能力大小的最客观和最重要的标志。创新促成社会多种因素的变化，推动人的思想解放，有利于人们形成开拓意识、领先意识等先进观念，推动社会全面进步。创新能促成人才素质结构的变化，提升人的本质力量。它能激发人的主体性、能动性、创造性的进一步发挥，从而使人自身的内涵获得极大丰富和扩展。

因此，大力培养学生的创新意识和创新能力，已成为教育工作者的重要任务。

（二）创新是班级管理的真谛

班集体是学生成长的小环境，也是学生在学校的主要活动空间。不难想象，没有提倡创新、利于创新的班风，没有一个人人能够创新、乐于创新的班集体，学生创新意识与能力的培养就很难落到实处。

传统的班级管理与创新的班级管理的差异，主要表现在以下三个方面。

1. 教育目标的差异

传统的班级管理模式旨在强调学生集体的建设，强调为了这个集体的荣誉，为了这个集体不出乱子，全体学生必须保持或至少在表面上保持思想、行动的统一性，个人必须无条件地服从集体。而创新的班级管理则认为，培养一个好的班集体，就是要充分尊重每一个学生的权利，尊重差异的存在，让学生共同参与班级的管理，允许学生在不违反大原则的前提下，发挥自己的个性。

2. 管理方法的差异

传统的班级管理模式中，班主任是班级的中心，还会培养几个听话的班干部，依靠这几个班干部，实施对全班学生的有效监控，牢牢把握着班级管理的大权。这样的班级管理偏爱优生，重点对付“差生”，班干部几乎由学习好的学生承包，且大多实行班干部“终身制”。而创断的班级管理则充分发挥学生在班级管理过程中的积极性、主动性和创造性，大家轮流当班干部或民主选拔班干部，人人参与班级管理。学生可以为班级提意见、提建议，班主任愿意采纳学生的合理意见，改进不合理的陈旧班规。

3. 教育评价的差异

传统的班级管理认为,学生的优劣完全取决于是否听话以及“执行命令”的快速和准确程度，按学习成绩、听话程度，把学生分成三六九等，把那些学习暂时落后又不够听话的学生看成“双差生”，剥夺他们应有的许多权利与机会。而创新的班级管理认同多元智能理论，认为学生个个有特长，人人都是可造之材。要求每个人在自己的成长历程中天天有进步，年年有发展，而不一味与他人做横向比较。

可见，传统的班级管理得益的是少数学生，而创新的班级管理着眼于全体学生的成长。创新是班级管理的真谛，这就需要班主任首先要有创新意识，改变传统的班级管理模式，引领学生的创新意识和创新思维，和学生一起构建创新的班集体。

（三）班级管理创新的方法

实现班级管理的创新，班主任首先要转变教育思想。德国著名教育学家第斯多惠曾强调，教育的艺术在于激励、唤醒和鼓舞，而非简单的教授知识。传统教育中不合理的因素让学生习惯于服从和接受，不容有质疑的声音，这样的教育模式下培养的人才已不能满足社会对人才的要求。因此，创新班主任思维模式十分有必要。班主任要从以下几方面进行创新。

1. 目标创新

要建设一个良好的班集体，首要条件是要有明确的奋斗目标。目标与学生的心理需要应是切合的，切合实际的目标有催人奋进、引发动机的激励作用，会对学生产生强烈的吸引力、凝聚力和驱动力等。班主任接手班级之后，可以通过各种渠道、采取各种方式来了解学生，在此基础上，指导学生结合班级实际共同制订班级的奋斗目标。目标创新是班级管理创新的基础。

北京市大兴区第三小学的王俊玲老师是一位有20多年工作经验的优秀班主任，曾几次获得“紫金杯”优秀班主任、北京市中小学“学生喜爱的班主任”等光荣称号。她在班级管理中非常注重更新理念、创新方法，深得学生喜爱。她在目标创新方面曾经这样做：

我接到过一个班，之前在学校组织的各项活动中几乎没有获过奖，无法培养起学生的班级荣誉感，可谓“军心涣散”。学生缺乏成功的体验，班级目标渺茫，没有前进的动力。针对班级的具体情况，我召开小规模讨论会、全班讨论会，让学生大胆说出对班级建设的想法，大家都积极对班级建设提出了建议。最后大家一致表示要把班级建设成团结奋进、阳光自信的集体。我接着又引导他们：“这其实就是我们的目标，我们努力的方向，那我们能不能让这个目标更具体呢？”大家又展开了激烈的讨论。最后，大家一致决定，就从即将举行的队列广播操比赛开始，拿一个集体大奖。确定了努力的目标之后，同学们的积极性高涨，最后果真拿到了一张大大的奖状。大家欢呼着紧紧地拥抱在了一起。

在此之后，王俊玲老师所带的班级不断地更新近期目标，规划班级愿景，班级凝聚力越来越强，学生个个精神饱满，快乐上进，在集体中健康成长。

可见，班主任要不断思考，不断更新班级管理意识，真正激发学生的主动性、创造力，才能有所创新。

2. 组织创新

组织创新是班级管理创新的保障。以往的班集体都有一个组织机构，由班主任、班干部、小组长、普通学生构成，形成金字塔垂直管理体系，班内大多数人是被动的被管理者，对集体的事情漠不关心，这不利于调动和发挥全体学生的积极性、主动性和创造性。

随着教育的进步，垂直的金字塔型组织结构已越来越不适应班级发展的需要，于是扁平型的组织机构应运而生。在扁平型的组织机构中，班内每一个人都是管理者，由上、中、下三个层面的学生自由组成互动小组，在近距离的学习生活中，大家互相取长补短。这样的班级组织结构，组内分工明确，组织成员相互平等、相互尊重，由此形成学习、创新、共享、互动的组织氛围，容易形成有战斗力、有凝聚力的班集体。

上面提到的王俊玲老师在这方面做得也非常出色。为了充分发挥每个学生的潜能，她在班级尝试了新的管理模式——成立特色小组。首先由学生根据各自的不同优势选出组长、副组长，然后由他们与组员进行双向选择。小组确定之后，各组设计、制订自己的组名、组徽、努力的方向。小组定期进行工作汇报交流，并互相点评。每个人都为小组献计献策，都是小组的主人。

在这种有效机制下，每个学生的个性都得到了发展，大家积极参与小组建设，平等互助。不仅如此，每个小组也都发挥自己小组的特色，积极为班级建设出力。比如，“温馨阳光”组的学生每天把教室收拾得干干净净，精心呵护窗台上的绿植；“勤学上进”组的学生学习成绩名列前茅，每天帮助学习有困难的学生进行学习，班里的学习气氛越来越浓；“活力四射”组的学生思维活跃，他们组织了许多活动，如“无敌风火轮”“报数”等游戏，还有篮球、象棋等比赛，使学生感受到了团结的重要性，增进了学生之间的友情。

王俊玲老师用创新的思维，让每个学生都得以发展，让每个学生都能发挥特长，在这样一个民主、愉快的集体中发挥着自己的价值和创造力，创新的组织形式为打造一个团结奋进的集体提供了保障。

3. 文化创新

营造一个和谐、向上的学习与生活环境，对班级来说至关重要。班级的管理必然要向“自治”发展，“自治”是班级管理的最高境界，其核心力量就是班级文化。班级文化是一个班级的灵魂，是一个班级的品格，它潜移默化地影响着学生的思想、言行、情感，甚至未来的人生观和价值观。

近年来，在班级文化建设方面做得比较好的班主任越来越多，说明大家都认识到了班级文化的重要性。下面我们来看看北京石油学院附属小学刘娜老师是如何进行文化创新的。

刘娜老师结合自身及学生需求，以“竹文化”建设班级，以竹正直、奋进、质朴、奉献、善群、担当的品质塑造学生。尤其值得一提的是，在“竹文化”的引领下，她随着所带班级年级的升高，分阶段，不断调整文化建设目标，使“竹文化”慢慢浸润学生的心灵。比如，一年级时，她以“培育竹文化萌芽，让学生心有所依”为目标，组织学生和家长一起动手为“小竹笋班”设计班徽、班歌、班级吉祥物等，通过班级标识的建设凝心聚气，让全体学生逐渐形成了共同的价值观和班级认同感。到了二年级，她以“每个孩子的自信成长丰盈竹文化”为目标，通过人人有岗等各种举措，让每一个学生在班级中找到价值感，树立自信心。三年级，她把目标定为“团队建设固立竹文化”，通过各种活动培养学生正直、奉献、善群、担当等良好品格。

可以看到，通过不同阶段的“竹文化”建设，刘娜老师所带的班有了共同的情感、共同的价值观，这些把班级成员紧紧地凝聚在了一起。

4. 活动创新

皮亚杰认为，人对客体的认识是从人对客体的活动开始的，活动在人的智慧、思维、认识的发展过程中起着关键作用。活动创造性地改造着现实，因此，活动创新是班级管理创新的重点。

以往在开展活动时，班主任几乎全盘操办，学生只负责表演。班级活动创新让学生由被动地接受转变为主动地参与。首先，组织活动的思想出发点要改变。不能为活动而活动，而应把活动看作挖掘学生潜能、调动学生热情参与的载体。其次，活动内容、方案的制订要尊重学生的意见，要相信学生，将活动交给学生自己承办。再次，活动的组织形式要改变。活动的空间可以由学校扩展到社会，形式要丰富多彩，寓教于乐。

很多班主任在这方面做得很不错，比如，有的班主任创新家长会，改变以往的“一言堂”方式，邀请家长和学生一起参与，进行教师、学生、家长间的互动，效果极佳。再如，有的班主任利用家长中的优秀资源，带学生走入社区，参与志愿服务等，极大地增强了学生的社会责任感。还有很多班主任和学生商讨活动内容，和学生一起参观、调查，努力创新活动形式，让学生喜欢上活动，不断增强班集体的正能量。

第二节　班主任要做好自我修炼

班主任是班集体的教育者和组织者，是集体教育的导师。一个班几十名学生，他们能否成为德、智、体全面发展的一代新人，能否在班集体中健康快乐地成长，很大程度上取决于班主任集体教育水平的高低。因此，班主任没有自我修炼，就不能胜任集体教育导师这一角色。要想做好自我修炼，班主任就要时刻具有坚持自主发展的意识，不断进行自我反思，用心和情感抒写自己的教育故事。

一、坚持自主发展

（一）让“充电”成为常态

目前，很多学校已经为班主任的成长搭建了广阔的学习和培训平台，比如，定期进行校本培训，开展专业活动，注重科研引领等。这些方法相辅相成，必将大大提升班主任的专业素养，从而促进班主任集体教育水平的提升。

班主任除积极参加学校组织的各项培训活动外，还要有意识地进行自主学习，使学习成为常态。

第一，学习要有规划、有系统，这样才能有效促进自身成长。要制订学习计划，确定学习内容，如最新的文件，有关集体教育的论著、文章等，不断充实头脑，更新思想。

第二，只有阅读，还形不成自己的思维，思考是最好的整合剂、黏合剂，是教育升华的必由之路，所以要边读边思考边写。可以经常写反思日记、案例分析、学习小结等，结合工作实际，思考现象与本质之间的关系，寻找解决问题的策略与方法，形成科学思维。

第三，在工作中活学活用，避免教条主义。

综观以上几点，班主任的“充电”归根结底离不开阅读，因此可以说，阅读是班主任最重要的“充电”方式。托尔斯泰有句名言：“理想的书籍，是智慧的钥匙。”这个比喻不仅生动、具体、形象，而且入木三分。班主任工作需要专业智慧，没有专业智慧，教育必然是肤浅的。阅读如同与大师对话，不仅使班主任获得人文精神，还直接促进班主任的智慧生成、发展，这对做好集体教育无疑会起到非常重要的作用。

北京市大兴区青云店镇第一中心小学的曹雪老师是一位热爱阅读的年轻班主任，她每天都有计划地做到阅读一小时。日积月累，在阅读中她收获颇丰。她阅读了郑丹娜老师的《全接纳　慢引导——心灵的教育》，就从中受到了很多启发。

书中很多话都引起了我的思考，比如，“教育作为一个双向互动的过程，只有我们接纳和理解孩子，孩子才会对我们敞开心扉，接纳我们的教育和引导。对待学生的态度应该是‘全接纳’,对待学生的教育应该是‘慢引导’”。“小学生最大的渴望就是能得到老师的肯定、理解与爱护。不论多么调皮的孩子，他们内心深处都有被尊重、被信任、被理解、被承认的需要，没有任何一个孩子不愿意成为好孩子”。这些内容使我对班主任、学生角色又有了新的认识和体会。我清楚地认识到，班主任要转变教育思想，用爱心和智慧去引导学生、感染学生，对学生要有宽容之心，要耐心、细致，才能适应新时代的教育。

通过坚持不懈的阅读，曹雪老师成长非常迅速，她理解学生、尊重学生、热爱学生，带出了一个温暖的集体，一个团结的集体，一个有力的集体。所以，阅读是每个班主任专业成长不可或缺的一种方式。

（二）坚持不懈搞研究

这里的研究主要指班主任需要进行的教育科研。教育科研是一种运用科学的理论与方法，有目的、有计划地对教育领域中的现象和问题进行研究，并不断揭示其规律的认识活动。研究过程是运用教育理论探索、揭示、阐明教育现象之间相互联系的过程，是发现问题、提出问题、解决问题的过程，是以新的教育理念学习、尝试、感悟、反思的过程，也是认识自我、发展自我、超越自我、享受自我的过程。班主任参加教育研究，实际上就是在研究中更自觉、主动、有计划地去实践，感悟新的教育理念，尝试先进理念指导下的行为方式，体验工作中的成功、喜悦。所以，只有投身于教育科研之中，让研究成为工作习惯，才能让班主任的集体教育思想越来越鲜活，方法策略越来越科学。

北京市大兴区北臧村中心小学的勾玉芹老师几年前就尝到了研究给她和所带班级带来的好处。

勾老师发现自己新接任的班级学生学习兴趣不浓、思想懈怠，班级凝聚力也不强。面对这些问题，她寻找原因，进行分析。经过一段时间的努力，她立项了科研课题“构建学习型班集体的实践研究”，并进行专业探索与研究。在研究过程中，她引导学生确定学习型班集体目标，并进行具体实践，构建学习型环境文化，建立学习型运行机制，开展特色学习活动。通过一系列实践与研究，班级学习氛围逐渐浓厚，学生主动学习积极性高涨，班级凝聚力极大增强，班主任和学生干劲儿越来越足。

可见，是教育科学研究使班主任工作变得科学和快乐，使班集体变得积极向上，团结奋进。所以，为了自身专业成长，为了班集体能健康科学地发展，班主任要坚持不懈地搞研究。

二、勇于自我反思

自我反思指班主任以自己的教育过程为对象进行审视与分析，从而改进自己的教育实践，以提高教育质量的过程。反思是提升班主任专业素质一个极其重要的方面。班主任在实施集体教育的过程中，同样要不断分析自己的思想和行为，勇于审视自我、剖析自我，从而保证集体教育的正确方向。

（一）克服师道尊严

师道尊严多指为师之道尊贵、庄严。也就是说，教师是不可冒犯的，学生对教师要唯命是听。正所谓“一日为师，终身为父”。教师的地位高高在上，学生不得违抗教师的命令。

显然，这是与现代教育理论相违背的。现代教育提倡师生平等，互相尊重，这样学生才能成为班级的主人，才能发挥主体作用，建设和谐集体。

一位班主任在博客上讲述了这样一件事。

班里有一位小龙同学，由于小学基础不好，升入初中后成绩一直很差，但是他很怕别人说他不行。

期末考试时他的语文成绩是班里唯一一个不及格的，他就私下里请求语文老师不要在班里点他的名字，语文老师答应了。可是，小龙转身一回到教室，就开始不遵守课堂纪律，乱说话，语文老师制止他他也不听。于是，语文老师气愤地说："我们班语文只有小龙一个人不及格……"话刚说完，小龙马上和老师吵了起来，班里乱成一团，最后语文老师哭着跑出了教室。

班长把情况报告给我时，我非常气愤，当着全班学生的面就训斥小龙，要他马上去给语文老师道歉。他却振振有词地跟我说："我不去，我没错！她不讲信用！我为什么给她道歉？"我立即说道："你废什么话？马上去做！"他愣住了，说："你们不讲理，合伙欺负我！"同学们也把目光转向了我，我觉得很意外，以前我说这些话时，没人敢反对，而今天……我把小龙叫出了教室，问他："你说，我怎么欺负你了？""您不给我说话的机会，帮着语文老师说话，您为什么不问我原因？"

在这种情况下，这位班主任并没有责怪学生"无理"，而是陷入深深的思考，反思自己是否没有放下师道尊严的架子而对学生造成了伤害，下面是这位班主任做的反思。

是啊！我说那些话时，我给学生说话的机会了吗？我只是单纯地命令学生必须服从，从没有考虑过学生的感受，他们只是在简单地接受和服从，但却未必心服口服。学生多么渴望得到老师的理解和尊重，渴望老师少一些师道尊严，多一些平等相处啊！

想到这里，我平复了恼怒的情绪，听他讲述事情的原委，帮他分析问题所在，并针对今天所发生的情况，向他提出建议和改正的措施。他很高兴地接受了，临走时他跟我说了一句话："老师，我喜欢今天的您！您让我感到了平等与尊重。"

这位班主任就是一位能够自我反思的好教师，她思考了自己存在的问题，并马上做出了调整，放下了师道尊严，这样不仅赢得了小龙的谅解与尊重，也获得了全班学生的认可与称赞，为建设一个充满平等与尊重的集体起到了很好的引领作用。

（二）让反思成为习惯

反思是提升班主任专业素质的一个极其重要的过程。美国心理学家波斯纳认为，没有反思的经验是狭隘的经验，至多只能形成肤浅的知识。著名学者钟启泉先生认为，反思是教育创新的动力。成功的教育实践告诉我们，反思是班主任成长不可或缺的经历，是无尽的教育资源，是心灵的洗礼与升华。

要形成反思的习惯，就必须加深对反思重要性的认识。班主任要认识到，教育反思绝不是可有可无的点缀品、调味品、教育发展的时尚，而是任何教师个体和教育发展的基本途径与必由之路；反思不仅是教育教学改革与发展的需要，也是班主任专业化发展的需要。要提升班主任对反思的认识，需要班主任加强自身的学习、实践，特别是要通过反思产生心灵的震撼或体验成功的愉悦。

曾经看过《苦丁茶》这篇文章，它大概讲述了这样一件事。

一个八年级的语文课代表向班主任郝老师述说工作的苦恼和委屈后，被郝老师免了职。之后，这个学生的情绪明显很低落。教师节的时候，已经毕业离开学校的这名学生赠送给郝老师一件特殊的礼品——苦丁茶……郝老师怎么也没想到调换课代表这件事会对这个学生造成如此的伤害，她陷入深深的反思之中。其实，郝老师平时非常关心学生，而这次的事情连她自己都有点所料未及。她想：或许这就是“倡导的理念”与“现实的理念”的差距吧。郝老师在回赠给学生的日记本上，写下了她深深的自责与反思：“请你原谅老师没能在你困难时让你看到窗外的阳光，没能在你失意时让你看到天边的彩霞。给老师一次机会，让我重新点燃你心中的梦，心中的理想。……愿我陪伴你一起走出人生的低谷，告别昨日的伤痛，一起携手走向太阳升起的地方。”

“苦丁茶”在郝老师的心灵中刻下了深深的烙印，让她深刻认识到：教师，你可以看轻金钱、名利和地位，但决不能看轻、忽视你的学生。

显然，郝老师通过反思，对自己的职业有了更深刻的认识，同时也唤起了学生的希望，这对于一个学生的成长，对于一个班主任专业素养的提升，是多么重要啊！班主任养成反思的习惯，必将会让每个学生和整个班集体受益。

三、撰写教育故事

撰写教育故事，是促进班主任专业成长的一条“高速公路”。

（一）教育故事的内涵及作用

教育故事是以讲故事的形式，运用一定的描写方法对日常教育教学生活中有一定意义的教育事件进行描述、分析，并挖掘、揭示其背后的意义、思想或理念，借此来表达对教育的理解。教育故事的作用集中体现在三个方面。

1．撰写教育故事是提升班主任素质的有效途径

教育实践告诉我们，撰写教育故事的过程是提升教育理论和实践水平的过程。一篇典型的教育故事，是实践和理论相互融合的产物，它既要有理论的高度，又要有实践的深度。为此，每位班主任在酝酿、撰写教育故事的过程中，必然伴随着理论的学习和实践的深入。不仅如此，撰写教育故事的过程还是教育反思的过程，而教育反思是班主任角色的核心特征，是教育创新的动力。无疑，撰写教育故事的过程也是提升班主任专业素质的过程。

2．撰写教育故事是转变班主任教育观念的有力抓手

教育故事的撰写，将现代教育理论寓于具体的教育情境中，班主任既可从感人的事例中受到震撼和感染，又能从故事所蕴含的教育理论中进一步深化理论认知，这二者结合能促进班主任教育观念的转变。不论是基于集体教育的故事还是基于个体教育的故事，对班集体建设都有着重要的引领作用。

3．撰写教育故事是拉近学生与班主任距离的重要方法

班主任的工作对象是具有思想、感情、个性以及主动性和发展性的活生生的人，他们具有独立的倾向性和独立的要求。教育故事的撰写可以帮助班主任更加接近学生的真实情境与复杂状态，在工作的过程中更注意从细微处出发研究学生的年龄特征、个性差异、身心发展规律，研究学生的认知特点、情意特点、人格特质，研究学生感兴趣的活动，同时也能够更

多地获取与学生对话、沟通、交流的机会，从而尽可能地理解学生所追求、所欣赏、所厌恶的事物。因此，撰写教育故事有助于建立良好的师生关系，构建真正属于师生共同的教育集体。

（二）做一个有故事的班主任

作为班主任，每天都在经历着教育事件，可以说，班主任的教育生活就是由一个一个的教育事件累积而成的。这些活生生的教育生活故事有意无意地影响着学生，也影响着班主任自身在教育生活中的生存状态。优秀的班主任一定是有故事的，他会对教育生活中司空见惯的细节认真审视，发现其中的教育意蕴，把思维触角引向教育生活的深层。在这样有着丰富教育故事的班主任的引领下，班集体一定是生活丰富、充满阳光、充满感动的。北京市大兴区榆垡镇第二中心小学的王娟老师就是一位有着丰富教育故事的班主任，她的班级班风正、讲诚信，这和她的影响是分不开的。下面是她写的一篇教育故事的片段。

那天，叶子同学怯生生地递给我一张纸条，就跑出了教室。我好奇地打开纸条，只见上面写着："王老师，您说话不算数，您说过，如果我做到三天上课不做小动作，就送给我一个小奖卡。可是，我都坚持三天了，您还是没给我。"文字的最后还画了几个"小哭脸"。哦，我确实对她说过，她如果不提醒，我真的忘记了。虽然她说我"说话不算数"让我心里有点不舒服，但反过来一想，确实是我的问题，孩子能够提出来，证明她有上进心，而且能把我当亲近的人对待，这是好事啊！

我立刻回到办公室，拿出一个小奖卡，在下节课上课的时候，当着全班同学的面，把小奖卡颁给了她，并且郑重地承认了我的错误。我看到叶子同学很激动，全班同学也向我投来敬佩的目光。

经历了这样一件事，我更加体会到了"教师无小节，事事做楷模"这句话的深刻含义……

从这个生动的小故事可以看出，王娟老师是一位热爱学生、善于反思的班主任。学生对她提出意见，她没有生气，而是进行了自我反省，接着充满勇气、毫不避讳地向当事人及全班学生承认了错误，这就给学生做出了榜样，所以她班级的学生才能够做到言而有信，她的班级才能成为一个诚信的班集体。

不难看出，有教育故事的班主任都是善于思考的，究其根本，是因为他们对班主任工作、对学生有着一片爱的情怀，他们深爱着每一个学生，深爱着所带的班集体，因此才能成为学生的导师，成为集体教育的导师。北京小学大兴分校的崔桂红老师也同样是一位有着强烈的爱心和丰富的教育故事的班主任，她多次获得“紫禁杯”优秀班主任称号，目前是北京市大兴区名班主任工作室导师，她写过一篇教育故事，题目是《幸福的相遇》，讲述的是一个二年级小学生的故事。

开学第一天早上，一个短发女孩两臂半挎着书包，来到我班门口，粗着嗓门问：“嘿，这是二（3）班吗？”这难道就是今天新转到我们班的小璇？昨天学校领导找我，说特意将一个习惯很不好的女孩转到我们班……我让孩子们坐好，向大家介绍她，并安排她坐在一个很热心的组长前面。组长和旁边的同学赶紧帮她擦桌椅，可是她却把书包随便往旁边的地上一放，丝毫不在乎的样子。我说：“同学们都欢迎你来，把桌椅给你擦干净了，说声‘谢谢’吧！”她不情愿地小声嘟囔：“谢谢。”接着又不屑一顾地冒出一句：“真够事儿的！”

可见，这孩子虽然年纪不大，却像个“小刺儿头”。崔老师可是个非常有爱心、有经验的班主任，所带班级也是各方面都很优秀的。接下来，她和班里的孩子们开始了一起帮助小璇融入集体的行为。

周一中午，是我们班新学期小组重选的日子。小璇因为没有参加过这样的自主选组，惊奇地看着。一轮一轮地选，正组长，第一副组长，第二副组长……最后一轮，小璇自言自语：“嗨，没人要我了……”她的表现说明她渴望进步。我趁机说：“孩子们，我们是一个集体，不能放弃每一个同学，大家看看，还有没有同学没被选进小组呢？”孩子们环视一下四周，看到小璇，班长就问：“哪个组愿意选小璇？”六个组长都高高举起手。“小璇，你有要去的小组吗？自己选吧！”她仔细地左看右看，开心地选择了班长的小组。在小组分配职责时，她负责安全纪律。之后，在组长和组员的一次次指导下，她逐渐改变，从不服从规矩，到主动管理不守规矩的组员；从对班级事务毫不关心，到主动承担班级事务。我开玩笑地对她说：“小璇，我怎么发现你最近像老师一样也挺事儿了？”她不好意思地说：“老师，对不起。”

经过崔老师和孩子们的努力，小璇很快改掉了不足，融入了集体，这和班主任的宽容、理解是分不开的。正如崔老师写的：“小璇的进步让我感受到培育健康向上的班集体对每个孩子来说都是一件幸运的事。我期待着和孩子们一场场幸福的相遇！”

实践证明，在集体生活中，学生在班主任引导下是可以改变的，这就是集体教育的力量，这就是班主任引导的重要作用。因此，作为班主任，要努力成为一个有故事的人，成为集体教育的引路人。

第九章

集体教育的新视界

“走班制”是近年来基础教育改革领域中形成的一种新的教学组织形式，是集体教育的一个全新的视角和领域。

“走班制”打破了固定的班级授课形式，以满足学生个人发展需要为出发点，凸显“以人为本”的原则。但“走班制”并没有采用个别教学的方式，依然以班级为单位。无论班级以行政班、教学班、教育班哪种形态存在，班集体都承载着教书育人的任务，班集体依然是学生学习和生活的精神家园，集体教育依然存在于学生的生活和学习中。

“走班制”教学的实施，引发了班级管理的变化。班级管理的新变化呈现出管理主体多元化、管理方式多样性等特点，同时也给班级管理带来了一些新挑战，主要表现在传统的班级管理经验变得不再适切，学生的流动便利了教学却割裂了“育人”，没有了相对固定的班级同学和班级文化，给班级文化建设带来了冲击，使学生归属感下降，班级管理效力下滑。这就要求班主任积极探索与“走班制”教学相适应的班级管理新模式。

本章分三节内容，第一节通过介绍“走班制”的产生过程、发展概况，进一步阐释班集体建设在“走班制”改革背景下的发展。第二节提出班集体面临的严重挑战，这也是集体教育面临的新挑战，通过分析班级管理的新特点和新挑战，提出了班级管理的新思路，并为强化集体教育提出了相应的实施建议。第三节首先明确了团队建设的基本概念及其意义，并指出了团队建设的原则，还为团队建设的优化提供了策略和方法。

第一节 “走班制”应运而生

一、与时俱进的“走班制”

（一）“走班制”的沿革及意义

“走班制”教学是一种教学组织形式。所谓“走班制”，是指学科教室和教师固定，学生根据自己的能力水平和兴趣愿望选择符合自身发展的层次班级上课，不同层次的班级，其教学内容和程度要求不同，作业和考试难度也不同。“走班制”充分体现了学生个体的差异，为不同类别的学生提供了个性化的教学支持及服务，为促进学生的全面发展搭建了良好的平台。

1.“走班制”的历史沿革

“走班制”教学在中学中推行最早的是美国，成熟度最好的也是美国。其实质类似于中国古代教育家孔子所说的“因材施教”。“走班制”的一个突出特点是以学生兴趣为导向，学生可以根据自身兴趣、爱好和特长选择将要学习的科目，也可以选择最喜欢的教师。它可以更好地培养学生的兴趣和爱好，拓宽他们的思维。

国际上，美国的“走班制”教学是在课程选修制和分层教学制的基础上发展起来的。19世纪初，时任美国总统托马斯·杰斐逊极力主张学生应按自身兴趣选课、上课，遂将课程选修制引入美国的教育体制中。课程选修制最先在美国高校实施，后被推广到美国普通中学。在19世纪末20世纪初，为照顾大量不同背景和水平的移民儿童，美国采取了小学分层教学的方法。到了20世纪20年代，分层教学逐渐扩展到中学。后来，由于经济危机和第二次世界大战爆发，分层教学无暇获得发展。20世纪50年代中后期，美国中学倡导“不分级制”的分层教学，这就是1959年美国课程专家约翰·古德莱德提出的“无年级学校”。20世纪60年代以后，随着人们对分层教学的思考和研究逐渐深入，课程选修制与分层教学制的不断碰撞与结合，美国中学采用了“学科分层走班制”。自21世纪起，美国实施

“不让一个孩子掉队”的教育方针，建立可量化的学业评估体系，进行了大规模的标准化考试，不断推进“走班制”教学。现在美国教育崇尚多元化、个性化，实施综合性评价，选课走班制日趋灵活。

我国“走班制”教学的产生、发展和课改密不可分。

20 世纪 90 年代，社会生产力产生革命性进步，教育领域也随着世界政治、经济的深刻变化而改变，各国的教育改革都以基础教育课程改革为中心。随着国际教育改革与发展的形势，我国出台了相应的文件，1999 年，中共中央、国务院颁布了《关于深化教育改革，全面推进素质教育的决定》。

我国对学科分层走班教学的研究大概起始于 20 世纪 90 年代，其研究主要集中在江苏、山东、黑龙江、湖北、广东和上海等省市。南京师范大学附属中学于 1991 年便开始进行分层走班教学实验，为我国学科分层走班教学研究提供了宝贵的经验；上海市晋元中学学科分层走班教学的实践，是我国广大实施学科分层走班教学学校实践的典型代表；1995 年，吉林省白山市第二十一中学与东北师范大学合作开展分层走班教学研究；1997 年，深圳市高级中学在建校前便将学科分层走班教学作为其现代化教育思想的体现向社会广泛宣传；1999 年，黑龙江省齐齐哈尔铁路工程学校开始探索、实施“分班制”“走班制”的过渡和转变；2002 年下半年，山东省潍坊市有 15 所中学开展了以学科“走班”为特征的分层教学改革实验。

21 世纪初，新一轮基础教育课程改革拉开序幕。《普通高中课程方案》规定，高中生必须学习学校必修课程以及超过必修课的国家选修课和学校自主开发的一定数量的校本选修课程。学生可以根据自己的喜好，选择自己喜欢的科目和教师，并安排自己的课堂学习。

高中新课程实验始于 2004 年。海南、广东、山东和宁夏是首批实验区。2005 年，江苏成为实验区。2006 年，试点范围扩大到福建、辽宁、浙江、安徽、天津五个省市，初步形成东部沿海省市推进高中新课程的模式。本课程改革的目标是促进学生全面和谐发展、自主发展和个性发展。传统“班级授课制”显然已很难适应新课程改革要求，时代和新课程都在呼唤一种灵活的、具有弹性的教学组织方式来推动学生发展，促进学生全面成长。“走班制”就是这样一种新型教学组织方式，它将为新课程的实施和发展起到推波助澜的作用。

2014 年 12 月，教育部印发《关于普通高中学业水平考试的实施意见》《关于加强和改进普通高中学生综合素质评价的意见》（以下简称“两份《意见》”），提出全科覆盖、分类考察、不分文理、两次机会、严格公示等改革措施，明确规定高考科目由语、数、英三门必考科目和三门选修科目组成。两份《意见》颁布后，教育部基础教育二司时任司长郑富芝答记者问时说：“学生自选考试科目是这次改革的一个亮点，要解决教学上的问题，就需要高中改革教学模式，实行‘走班制’教学。”讲话强调的“满足学生选学的需要，把走班教学落到实处”，更是让“走班制”成为社会关注的焦点。

2017 年起，全国全面铺开高考综合改革，实行“六选三”考试模式。“六选三”考试模式意味着学生能够根据自身优势和兴趣自主选课考试。“走班制”教学模式因契合新高考改革背景下学生选课的现实需求再度升温，似乎成了判别学校改革的标志。

2．“走班制”的实践价值

21 世纪以来，随着经济的发展和对高精尖人才的迫切需求，以及新课程改革的相关要求，“走班制”在中国多个地区进行了试验、推广和探索，并获得了一定的进展。

一是在学校层面上，“走班制”增强了学校课程领导的综合能力，学校现有资源整合优化，课程内容丰富多样。例如，北京市十一学校设计了一个个性化的课程体系，包括 265 门学科课程、30 项综合实践课程、75 项职业探索课程、272 个社团和 60 个学生管理岗位。

二是在学生层面上，“走班制”的实施有助于学生学习主动性的发挥、学生人际能力的提升和学习成绩的提升。如湖北武汉一名高一学生认为，实行“走班制”除了能学到自己感兴趣的知识外，还能认识更多的同学，交到更多的朋友，对锻炼交往能力有帮助。浙江师范大学附属中学高一年级自 2013 年实施“走班制”以来，“走班制”班级学生的所有必修课平均分都高过传统班级的学生 10 分以上。

三是在教师专业发展层面，“走班制”的实施引发了教师开发意识的变化，催生了教师教学策略的转变，促进了教师自身专业的发展。山东省泰安市第二中学的宁敏老师说："'选师走班'制度实施后，近60名学生选择了我的课。看到这么多学生信任自己，我感觉教学更有压力了，也更有激情了，这逼着我更加认真地备课，不断改进教学方法。"

（二）"走班制"是对班级授课制的扬弃

"走班制"打破了以行政班为主的授课方式，呈现了行政班和教学班平行的态势，为学生提供了更多的课程选择的自由，促进了学生的个性发展。但任何个人的发展都离不开集体，每个人只能在人际交往、集体生活和社会实践中实现其人生价值。班集体作为学生生活的共同体，应该以班集体的完整性为前提，培养每个班级成员的集体主义观念，共同维护班集体的荣誉和尊严。

1. 集体授课依然是"走班制"的突出特点

当前各种形式的"走班"有三个特点。

第一，方式继承性。"走班制"继承了班级授课制的优点，依然采取集体上课的方式。"走班制"的一个最基本的特点就是依然采取集体授课的方式，不论是全科"走班制"教学还是分科"走班制"教学，都是由学生选择切合自己层次的班级、类型的课程，这个班级是由水平相当的学生组成的，教师会针对这个班级的所有学生在一个规定好的时间统一上课。也就是说，虽然上课的学生不一样，但是教师采取的上课方式是一样的，就算是选择这个班级的学生只有两个，教师也是采取集体授课的形式，并不是个别化辅导，区别只在于学生人数的多少。

第二，动态生成性。"走班制"的另外一个最明显的特征是班级的动态生成性。"走班制"超越了以往固定的学习伙伴、固定的集体模式，代之以流动的学习伙伴。教学班是不同班级甚至不同年级的学生因为选择同一门课程而聚集到同一个教室组成的临时班级。在"走班制"的教学组织形式下，学生不是只有一个固定的集体，学习伙伴也不再是固定的那些人，而是根据自己选课的情况在相应的时间到指定的班级上课，不仅每门课程的班级不一样，学习伙伴不一样，而且每学年的班级也不一样，学习伙伴也不一样，不论是班级还是学习伙伴都是动态的。

第三，形态趋同性。“走班制”下的班集体具有与生俱来的层次性和鲜明的特点。“走班”的学生聚在一个班级往往基于两个原因：一是共同的课程认同与需求；二是共同的认知水平趋同，课程承载着“走班”群体学生的共同求知价值追求，群体对课程有着普适性的认同。他们的认知取向、价值追求、学习方法往往更易于在班级环境中集中外显。

2. 班级依然是管理的重要对象

虽然“走班制”改革下管理主体和客体发生了变化，但班级仍是学校教育最基本的学生组织形态。在“走班制”条件下，班主任应当创造新的管理模式，从而有效地进行班级管理，促进学生全面发展。

当前，“走班制”条件下班级管理范式有以下几种。

第一，“班主任制”携手“导师制”。山东省实验中学积极探索建立“班主任制”和“导师制”相结合的班级管理新模式。高一年级必修课基本上以行政班为单位组织教学，学生的自习课、班会及学校组织的主题教育活动等也在行政班进行。行政班实行“班主任制”，管理方面除了传统意义上的学生日常行为管理、教育，开展班团活动，加强集体主义教育等，还特别重视对学生在教学班的表现情况汇报、总结和反馈。

教学班由选修相同模块的学生组成，实行“导师制”。导师承担对学生日常行为管理的部分责任，真正做到全员管理。教学班的管理工作由任课教师即导师承担。导师的职责是一岗两职：一是教学指导，二是班级管理。一方面，导师要传授学科知识，指导学生合理选择课程，合理分配学分，指导学生建立选课档案，负责对学生该科目的学业评价（学分、成长记录等）；另一方面，导师还承担教学班的班风、班貌建设和学生的教育、管理、评价，关注学生的身心健康，管理课堂秩序（如学生出勤、课堂纪律、课堂表现等）。导师还要为每个学生建立管理档案，学段结束时将学生的操行情况和成长记录与班主任沟通并交班主任留存。

第二，“班主任制”到“分布式领导”。北京市十一学校针对行政班消亡，班主任很难找到他的学生，其管理和领导学生的作用无法发挥，“班主任制”自然取消，可学生管理仍要继续存在的现状，探索实施了“分布式领导”，即“把年级层面上的教育教学管理事务分解为导师、咨询师、学科教研组长、小学段与研究性学习主管、过程性评价主管、终结评价与诊断主管、选课与排课主管、教育顾问（特殊行为问题）、自主研修主管、考勤主管、大型活动主管等多个岗位”。

第三，“班主任组合制”。河南省鹤壁市淇滨中学经过反复探讨，实施了一种新型的班级管理模式——“班主任组合制”，即两个班分为一组，由经验比较丰富的老教师任总班主任，负责两个班的班级管理。同时两个班再各设一个正班主任和一个副班主任，甲班正班主任同时又是乙班副班主任，乙班的正班主任同时又是甲班的副班主任。组合的原则是老中青搭配、文理科搭配、男女教师搭配。总班主任对所带的两个班级负总责，分班主任则协助总班主任完成各项具体工作。三个班主任相互沟通合作，谋求共同发展。在实施过程中，他们不断探索和完善，除了“一总两小”方式外，又有“两正一小”“一大一小”等组合形式。

“班主任组合制”对学生完善人格发挥了极大的促进作用，它促进形成了完善的德育网络，还有利于班级之间的均衡发展，使学校教育资源得到合理配置和优势互补，是值得借鉴的管理范式。

第四，“三位班主任”制度。北京古城中学实行“三位班主任”制度，即每个班配有三个分管学业、心理、体育的分工不同的班主任。学业专职班主任指导学生在生涯规划的基础上选修课程；心理专职班主任帮助学生解开心结；体育专职班主任指导学生寻找适合自己的锻炼方式，并养成锻炼习惯。三位专职班主任联手促进学生的身心健康发展，为学生的人生幸福奠基。其中，在学生特色发展上关注最多的就是学业班主任。学业班主任会格外关注和辅导本班学生的兴趣特长及职业规划方向。在他们的帮助下，很多学生都找到了属于自己的发展道路，学生的主体地位也得到彰显。

近年来，一些地方结合本校情况和学生实际，改革完善班级管理制度，实行全员班主任制、专职班主任制、AB 班主任制、班级教育小组制等制度，这些都是新形势下创新班级管理的有效探索。

二、"走班制"现状

(一)"走班制"类型

纵观近几年国内"走班制"教学改革实验的情况,可以总结出"走班制"教学的类型主要分为两大类,一类是全科"走班制"教学,另一类是分科"走班制"教学。有些学者根据课程选择权的自主程度、"走班制"的实施规模,将"走班制"分为整体走班和局部走班。

1. 全科"走班制"与分科"走班制"

全科"走班制"教学指的是每一个在校学生均以自己的学业水平、兴趣、爱好等为依据,对本校所有的课程进行适合自己的层次难度、类别的选择,在相应的时间到指定教室上课的一种教学组织形式。全科"走班制"教学将因材施教、以生为本的理念发挥到了更高的层次。在这种教学组织形式中,学生作为主动学习者参与教学,这是对学生发展的差异性和独特性的认可,更是教学观的极大转变。

学校里学生学习的课程分为两大类:一类是选修课,一类是必修课。因此,分科"走班制"教学相应地就有选修课"走班制"教学和必修课"走班制"教学两种方式。

选修课"走班制"教学是除国家规定的必修课程统一在行政班上课外,学生可以凭自己的兴趣与爱好,选择学校开设的任意选修课程,在预定的时间内到相应的教室上课的一种教学组织形式。也就是说,必修课系统将以统一班级的形式保留,仅仅是在学校开设的各门选修课之间进行"走班"。

必修课"走班制"教学是针对学生必须修习的课程,分为两个或两个以上层次,学生依据自身情况选择切合自己水平的班级,在安排好的时间段内到相应的教室上课的一种教学组织形式。由于必修课"走班制"的其中一个条件是将课程划分层次,因此也可称为分层"走班制"教学。"走班制"教学会让学生通过"选课指导手册"了解不同层次课程的授课方式及学习进程安排,判定自己的学习程度,然后根据自己的学业水平选择对应的层次班级,教师只以建议者的身份给出建议,真正的选择权掌握在学生自己手里。

2. 多类“班级”存在形态

行政班是指学校教务处随机分配学生组成班级并进行班级活动的集体组织,是学校的基本单位,其对应的课程不分层、不分类,无需学生自主选择。

教学班是指学生根据自己的学习水平、兴趣等条件选择适合自己的分层、分类课程，并前往相应的教室学习，从而形成新的教学班级，其对应的课程主要是分层、分类等学生自主选择的课程。

教育班概念由全国中小学班集体研究中心的唐云增先生率先提出。其内涵有三层：首先，班级是一个教育组织。一群学生和一群教师组成一个班级，完整地经历从陌生到熟悉、到相互成全生命意义的过程。其次，班级的教育性是整体的，教学研究包含在其中。班级制并不排斥“走班”，反而为其提供了良好的矫正机制、补充机制、引导机制，能更好地促成相关学科教学改革的成功。再次，教育团队以班级为基础。班级为形成一个班主任领导下的教师团队提供了天然的条件，这能促成分科基础上教育合力的形成，促成教师紧紧围绕这个班级学生的发展而开展合作，这正是教育的真谛所在。李家成教授强调，中国的班级是一个人与人之间共同生存和发展的教育班，不能简单地用教学班来概括，更不应该用行政班来说明，我们要继续探索以班级为基础的德育之路。

（二）“走班制”样态分析

从有关部门访谈和调查问卷所反馈的情况来看，“走班制”样态的趋势主要有三种：以行政班为主体的“套餐式”、教学班与行政班并存的模式、完全走班模式。由于完全走班模式还没有完全出现，所以在此主要论述前两种模式。

1. 以行政班为主体的“套餐式”

规模较小的学校更倾向于“套餐式”，即在学生预选的基础上，提供几种课程组合，重新组建班级，学生只选课不“走班”。为适应考试招生制度改革，对于底子薄、基础条件较差的学校，怎样用最小的代价满足新高考的要求显得至关重要。采用几种课程组合的“套餐式”，在现有条件下也不失为一种权宜之计。

天津市静海县王口中学高一年级只有 4 个班，师生合计不足 200 人。学校在高一第一学期开设全部课程，让学生体会所有课程。经过一个学期的学习后，学生可根据自己的兴趣、特长，自主选择选学科目，这是第一轮的预选。从实质上讲，它是从思想政治、历史、地理、物理、化学、生物 6 门学科中自主选择 3 门作为等级考试科目。进入高一下学期后，学校把学生预选相对集中的等级性考试科目的 4 种组合提供给学生进行第二轮预选，学校做适当引导，经过几次反复，确定出 4 种不同组合的 4 个固定班，高一第二学期期中考试后重新组班，学生只选课不“走班”。到高一第二学期末把 6 选 3 中未选为等级性考试的 3 门考完，进入高二后就是 4 种不同组合的 4 个固定班教学。

从这个学校的情况来看，在预选的过程中可能会存在一定的对学生的约束，但与过去的文理分科比较，现在的 4 种组合对学生来说自主选择课程的空间还是加大了。在与该校主要负责人进行访谈时我发现，他的观点既实用又有现阶段的普遍性。他认为，选课走班只是一种形式，会随学生需求的变化而变化。而对学生的需求也是要有约束的，不是漫无边际的，即使是完全走班的一生一课表形式，语文、数学、外语及所有学科的国家规定的必修内容学生也必须选择，没有例外，这本身就是具有强制性的。在满足学生基本要求的基础上，根据学校软件、硬件实力和长远规划不断扩大学生对课程的选择权，为学生开设出更多的课程组合，这需要一个循序渐进的过程。

2. 教学班与行政班并存的模式

高中入学的学生通过了中考的筛选，同一学校的学生成绩基本在同一层次上。有的学校在新生组班时又按中考成绩进一步分了不同层次的行政班，所以高考科目分层的意义不是很大，最关键的就是选科目，这是现实的学生和学校情况。

进入高一学习一段时间后，根据学生自主预选的情况，采用课程组合的固定班模式已满足不了学生的需求，于是不同的学校根据实际情况采用了不同规模和范围的“走班”方式。等级性考试的 3 门可以完全“走班”，也可以将 3 门中的 1 门固定，其他 2 门“走班”，还可以将 3 门中的 2 门固定，另1门“走班”。学生只是在临近教室“走班”，不是所有的科目都要“走班”，也不是所有的学生都在“走班”，行政班与教学班并存。

天津市武清区杨村第一中学是规模较大的学校，2017年招收高一新生980余名，组成22个行政班。高一第一学期学校开设全部课程，学校在教育教学过程中对学生进行生涯规划教育和选课指导，让学生体会不同课程的内容。在期中考试结束后，学生进行第一次预选；预选后再经过一段时间的学习体验，进行第二次预选；到期末考试后进行第三次选择，学生基本上就确定了自身的选课需求。

学生第三次选课共形成18种课程组合，比较集中的（35人以上）组合有11种，最多的一种组合有170多人。学校根据学生选课情况，由相同课程组合的学生组成固定班，同一课程组合的班级有4个班、3个班，最少也有1个班。同种课程组合的2个以上的班级按学生需求分层组班，这样共组成了19个固定班。另7种课程组合的学生组成3个行政班，组班时选课相对集中的放在同一个班，这样组成的行政班走班1科的1个班，走班2科的2个班。走班的学科即教学班，由任课教师负责；固定班即行政班，由班主任负责。高一第二学期学生按重新组合的班级就学，大部分学生在固定班上课，少部分学生1~2科走班上课。到进行“高中学业水平考试”报名时允许学生重新选择，至报名结束有24名学生进行了重新选择，占比2.4%。

这所学校的做法对规模较大的学校有一定的借鉴价值。到目前为止，许多较大规模的学校基本上采用了类似做法。这种做法满足了学生选科目的需求，还适当进行了分层教学。以行政班为主体、教学班为辅助，符合课改精神和学生实际需求，对学校现有资源配置、学校管理体制没有太大冲击，是比较稳妥的办法。

当然，在现实条件下，学校应该基于自身的实际情况，找到适合自身实际的选课走班方式。

我们在调研中发现，各所学校的做法都是比较稳妥的。随着调查研究的深入，我们感觉实行选课走班制有观念方面的问题，但更多的是实际操作中的问题，诸如师资、设施设备不足，学生管理难度大，教学质量难评价等。

第二节　班集体面临严峻挑战

一、变革班级管理势在必行

（一）“走班制”条件下班级管理的特点

在新高考背景下，“走班制”的实施在一定程度上改变了传统的班级管理模式，呈现出一些新变化和新特点。厘清这些变化和特点有助于在“走班制”改革下构建班级管理新模式，促进班级管理有效运行。

1. 管理主体的多元化

在现行管理体制下，班级管理主体一般包括德育处、教务处、班主任、相关教师和学生干部。实施“走班制”教学模式后，班级管理主体包括德育处、教务处、班主任、涉及本班学生教学的任课教师、分散到各个学科教室的学生干部及其他所有学生。由此可见，原有的学校德育处、班主任等管理主体仍参与班级管理，但参与管理的教师和学生人数不断增加，管理主体更加多元化。

首先，所有的教师都参与了班级管理，这对班主任以外的任课教师提出了新要求。其次，除学生干部外，更多学生从原来的单纯的被管理者变成了被管理者和管理者。管理主体的多元化，有利于形成多方参与管理和多元化管理的组织系统，让学校系统内的所有成员参与管理，尤其是更多学生参与进来，对于培养学生的自觉性与组织纪律性有一定的帮助。应注意的是，因学生来自不同班级，任课教师的管理复杂度增高了，难度增大了。应该说，“走班制”为学生由被动地获取知识和技能转变为积极地运用知识去解决问题提供了更多的机会与可能性，而且这种转变将提高而不是削弱教师的作用。

2. 管理客体的流动性

“走班制”教学的一个突出特点是具有流动性，这主要体现在班级的流动与学习伙伴的流动上。“走班制”教学打破了过去对班级的定义，教师和学生都来去匆匆。在传统教学下，我们把班级看作一个固定的集体，教学班等同于行政班。而“走班制”教学下，学生不再只在一个班级上课，而是根据选课的情况到相应的学科教室上课，班级更大程度上是教学班的概念。另外，过去的教学是学生在一个固定的班里学习，学习伙伴几乎一直都是固定的。在“走班制”教学下，学习伙伴并不是固定不变的，而是不断变化的。

从横向看，由于每个人的课程都是自主选择的，每个学生都有自己的专属课程表，因此，在学习不同的课程时就有不同的学习伙伴。从纵向看，不同学年学生所选课程会发生变化，相应的，学生的学习伙伴也会发生变化。

3. 管理方式的多样性

传统的班级管理理念具有明显的行政化特点，从学校领导、德育处到班主任都形成了固定的管理制度和思维模式。“走班制”提倡学生的个性化、差异化，要求依据学生的个性特征、兴趣爱好对他们进行培养。管理对象的复杂性和班级管理主体的多元化必然要求管理体制的精细化、管理方式的多样性，以适应新的变化。另外，“走班制”教学下学生具有流动性和分散性的特点，学生管理与交流的时间与空间很难把握，传统的管理方式已经失去了存在的土壤，学生接受的指导和教育不再具有系统性和计划性。这种情况下，唯有实行动态管理、多样化管理，才能提高管理效率。

（二）“走班制”对传统管理的冲击

“走班制”改革下班级管理出现新的特点，动摇了班主任作为德育管理主体的地位，也给班级管理带来了新挑战。其主要表现在以下三个方面。

1. 冲击了课堂教学的秩序

教学班往往是由来自同一年级、不同班级的学生组成的，相对于行政班而言，教学班是一种比较松散、临时性的集结，这在增加了课堂不稳定性的同时，也弱化了教师对课堂教学的管理。如果教育监管人沟通渠道不畅，家校联系也会失去作用。学生和教师沟通渠道不畅通，课后辅导的针对性就会极大减弱，会导致课堂教学的秩序得不到有效维护、课堂教学的高效性达不到预期。比如，由于学生的认知趋同、尊重学生的选择等因素，全年级最调皮的那些学生有意选择集中到一个教师的教学班里，那这个教师的课堂很可能就无法收拾。

2. 割裂了“教”与“育”的整体性

“走班制”在时间与空间上客观造成了“育”的主力教师——班主任和班级学生的分割，虽然承担各种教学任务的教师也承担着“教”人“育”人的责任，但他们可能更关心学科知识的教学。因此，“教学”和“教育”在一定程度上被人为地碎片化，不利于学生的全面发展。美国教育家诺丁斯呼吁，小学生最好能与一个教师（这个教师的理念具有包容性）保持三年的教育关系，而不是现在具有典型性的一年；初中生应与有着同样包容性理念的教师团队保持三年的教育关系；高中生应该与同一位教师（如数学教师）保持三到四年的教育关系。在中国的班主任制度中，至少有一位教师与学生保持着最直接的责任关系,这有利于育人责任的实现。现在的“走班制”对学生的归属感和其他情感教育提出了挑战。

3. 削弱了班级管理效力

在传统的班级管理中，由于班级固定，任课教师、班主任和家长为学生的共同管理者，他们对学生的生活和学习状况无缝对接，顺畅沟通。但在“走班制”情况下，每位学生的任课教师可能各不相同，这就造成了班主任和任课教师之间的沟通极易出现不顺畅，班主任与学生交流的机会与时间大大减少，原班集体中学生之间的相互监督作用被减弱等，导致班级管理的效力大幅度下降。这就容易出现迟到、早退或者旷课现象，甚至会强化校园欺凌、校园暴力，出现其他安全隐患。

在分层走班的实施过程中还暴露出一些问题，如行政班面临的问题有班集体的教育性功能被削弱、班主任作用被弱化、学生缺乏对行政班的情感依赖、学生的班级归属感和荣誉感形成受阻。新建立的教学班存在以下问题：育人功能不强、班集体松散不稳定、班级常规管理容易混乱，如课堂出勤、纪律表现、作业收发、学习态度等不尽如人意，这些问题给班级管理带来了一定的难度，需要完善相应的制度或机制加以解决。实践证明，传统管理模式已经不能适应“走班制”的需要，变革班级管理势在必行，新的管理模式亟待形成。

二、班集体在变革管理中前行

班集体不仅是教育的对象，而且是教育的巨大力量；班级，是学生成长最综合、最长久、最可以与学习化社会衔接的地方。实行选课走班，从表面上看增大了学生管理的难度，其实学生管理难度加大的一个重要原因是我们传统的管理模式的滞后性。管理要取得最佳效果，重要的应该是加强班级建设和改变学校的德育工作方式。

（一）学校掌控是关键

1. 更新提升，通时达变

第一，更新管理理念。一切教育行为的背后都有一定的教育观念在支撑，有什么样的教育观，就有什么样的教育行为。人们对教育理念的认识越清晰，其教育行为的自觉性也就越高，也越能有效地进行实践反思，有效地调节自己的教育行为，成功地进行与该理念一脉相承的教育实践。

对于教师教育观念和学校教学管理理念来说，“走班制”就像一场革命，要求从“大一统”的同一性教学，到关注学生个体差异的“因材施教”，要求从以教师的教为中心到以学生的学为中心。观念能否及时更新，事关“走班制”改革的成败，与“走班制”相适应的教育观、教学观、学生观的更新必须贯穿改革的始终。

传统班集体管理观念中，需要转变的观念包括教育目标观、教育过程观、学生观、知识观、班级观、班级管理观等。比如，学生被视为管理的客体，学校和班主任是管理的主体，管理主体在工作中有绝对的主动权，学生被动地服从管理主体的要求。就学校教育价值取向来说，倾向于将学生塑造成“知识人”形象，而忽视学生诸如道德、创造力、社会交往、积极心理等其他重要素养的培养。就学生观来说，学生是不成熟的、不能自主的、需要驯化的。这种“重教师而轻学生”“重管理而轻体验”“重成绩而轻发展”的管理观念，违背了教育改革的潮流，不适应学生个性和社会发展的要求。

“走班制”改革下，要树立人本化教育管理理念，应从管理走向育人。人本化管理的核心就是以人为本，即以每一个学生的全面发展为本，尊重个体的需求和差异，调动学生的主观能动性和创造性。它要求教育者把人看作目的而不是手段，把学生的个性发展当作全部教育管理的唯一出发点和归宿。学校应根据自身的条件，以党的教育方针为指引，构建基于国家课程为主体的校本课程体系，形成全员育人、全程育人、全科育人、处处育人的格局。只有树立这种新型管理理念，才能引导学生不断认识自我和完善自我，进而在内心和行为两个层面造就自主、创新、符合新时代需求的人才。

第二，提升育人能力。教师的职业对象是活生生的人，人是有意识和感情的，意识和感情是敏感、复杂的。成长中的青少年，天天都在变化。教师不仅要传授知识、释疑解惑，更重要的是要传治学之道、处世之道和做人之道。

天津市教育科学研究院相关工作人员开展了一项“教师育人能力”专项调研，调研情况表明：我们教师的现状是教书还行，育人能力亟待提高。针对“实行选课走班后，您认为教师最急需提升哪种能力”的问题，教师的反馈情况统计如下。

“实行选课走班后，教师自身最急需提升哪种能力”统计表

	人数（人）	百分比（约数）
与学生交流沟通的能力	55	12.5
指导与评价学生的能力	234	53.0
驾驭课堂教学的能力	89	20.2
课堂教学中进行德育渗透的能力	56	12.7
其他	7	1.6
合计	441	100

从上表中可以看出，超过半数的教师意识到了自身指导与评价学生的能力亟待提高。如今，教师职业的不可替代性不是体现在给学生传授知识上，而是体现在能指导学生、评价学生，引领学生健康成长上。

在我们现有的高中教师队伍中，不是人人都适合做班主任、人人都适合做导师。高中学科教学任务较重，教学内容难度较大，许多一线教师的精力主要还是集中在学科教学上，集中在怎样讲好课上，这是教师在现实情况下安身立命的基础，也是得到社会、家庭、学生乃至学校认可的前提条件。其实，教师更重要的任务是通过教书来达到育人的目的。要达到这种更高的要求，就需要教师继续学习和努力实践。因此，学校要搞好教师培训，加强师德师风建设。教师要善于观察学生能力的差异，了解每个学生的个性及学生的心理反应和感受，这是评价教师优秀与否的标准之一。教师通过学习和实践可以提高这种能力。

我们应在教书育人的理念下，营造不育人就无法教书的氛围，督促教师加强自身人格修养，练就与学生沟通交流的能力，学会与学生聊天，在交流中正面引导学生，在“无痕”的教育中培养学生的良好品德和健康身心。教师要提高育人能力，就要多了解学生，这样才能有针对性地指导和评价学生，在课堂上通过与学生的交流互动发现学生的特长和不足，在真实的环境中,润物无声地对学生施加影响。教师对学生的成长有巨大的影响,不仅会影响他的学生时代，还可能影响他的一生。教师要想用正确的世界观、人生观、价值观教育、陶冶学生，自身就必须有崇高的道德情操和人格，要有强烈的责任感和使命感，要用敬业、奉献精神潜移默化地影响学生。

2．整合优化，合纵连横

第一，构建“班主任+”，整合育人力量。“走班制”背景下，传统的教育教学认知体系被打破，班主任主导的育人方式已经捉襟见肘。

将班主任、德育导师、学科教师、学生团队、家长等育人力量进行整合，形成“班主任+”育人范式，让各方育人资源协调有序，是“走班制”背景下学校提升管理水平的需要，也是落实全员育人和新时代立德树人根本任务的重要途径。

浙江省嘉兴高级中学在“班主任+”育人范式下进行了“一核四队”的创新实践。“班主任+”育人范式的具体路径为:“一制两坊”打造“班主任+德育导师团队”;“一制两课”培育“班主任+学科教师团队”;“一制两日”构建“班主任+学生团队”;“一制两群”组建“班主任+家长团队”。2014年，浙江省嘉兴高级中学组建德育导师团队，该团队由副班主任和任课教师组成,心理教师担任组长,负责开展生涯规划指导等相关教育活动。实施之初，班级育人的主动性和积极性较差，导师之间毫无配合，育人效果差。此时，

“班主任 + 德育导师团队”应运而生。为保证其有效地开展工作,学校用“一制两坊”打造“班主任 + 德育导师团队”。“一制”即德育导师协作引领制,用来确定导师团队在德育工作中的主体地位和班级育人的主导地位,规范导师间的合作和配合。“两坊”即生涯指导工作坊和德育导师工作坊。生涯指导工作坊侧重学生生涯管理和指导,包括生涯知识讲座、辅导撰写职业生涯规划等。德育导师工作坊侧重班级管理和育人,包括德育导师专题研修、育人技巧研讨等。

为了促进班主任与家长团队育人合力的形成,学校进行“一制两群”建设,让家长成为重要的育人力量。“一制”即家长成员参与制,指的是家长成员参与学校及班级的育人管理,与学校形成育人合力的制度。“两群”是指家校沟通联系群和家长共育服务群。家校沟通联系群的工作包括负责群建设(QQ 群、微信群、家校通群等),为家长之间、家长与班主任之间日常联系提供便利。家校共育服务群的工作包括开展班级育人活动、家长义工的招募和组建等。“一制两群”有效加强了班主任与家长之间的联系,有效提高了班主任与家长的育人合力。

<table>
<tr><td rowspan="2">团队构成</td><td colspan="8">班主任 +</td></tr>
<tr><td colspan="2">德育导师团队</td><td colspan="2">学科教师团队</td><td colspan="2">学生团队</td><td colspan="2">家长团队</td></tr>
<tr><td rowspan="3">建设载体</td><td colspan="2">一制两坊</td><td colspan="2">一制两课</td><td colspan="2">一制两日</td><td colspan="2">一制两群</td></tr>
<tr><td colspan="2">德育导师协作引领制</td><td colspan="2">学科教师协同研讨制</td><td colspan="2">学生团队协商沟通制</td><td colspan="2">家长成员协商参与制</td></tr>
<tr><td>生活指导工作坊</td><td>德育导师工作坊</td><td>学科融合指导课</td><td>学科引领示范课</td><td>学生小组恳谈日</td><td>学生主题团队日</td><td>家校沟通联系群</td><td>家校共育服务群</td></tr>
<tr><td>育人方式</td><td colspan="2">品格养成</td><td colspan="2">学科引领</td><td colspan="2">同伴互助</td><td colspan="2">家校联动</td></tr>
<tr><td>根本任务</td><td colspan="8">立德树人</td></tr>
</table>

第二,利用“互联网 +”,构建管理平台。“走班制”带来的学生分散、

流动性强、信息不对称、沟通渠道不畅等管理问题，可以借助信息化手段来解决。

首先，班主任要建立现代化的班级管理信息平台，运用现代化的计算机技术和信息管理系统，将教务处、德育处、教师、学生、家长等的信息都纳入智能化信息处理台之中，形成有效的班级管理信息互动平台，建立立体管理模式。

利用校园网及时发布各种信息和通知，并对教学班、行政班进行教学监督。教师与学生、家长的交流除了用校园网，还可以利用手机终端的App、建群等方式及时跟进，让交流无处不在，减少时空的限制，形成一站式沟通模式。

教师可以建立QQ群、微信群、开放公众微信等，积极引进在线课程、网络课堂，指导学生进行网络自主学习与探索；借助现代网络工具，密切与学生的联系，构建良性互动的学习氛围；根据自己的教学经验，逐步开设自己的网络课堂，注意将相关网络课程的优点融入自己的教学中；从学生的实际和关注点出发，巧妙设置课程，布置网络课堂，引导学生学会线上线下学习。

班主任可以利用该平台整合各种信息，及时了解学生“走班”听课的状况，解决“走课”造成的混乱和无序，使班级管理多样化、立体化、信息化，实现教学管理网络化。信息平台的应用可以加强教学督导，及时反馈教学信息，及时收集和处理教师的意见。这对教育督导和评估具有重要意义，并且有效促进了班级管理水平的提升。南安电信持续推进“互联网+教育”项目拓展，签约当地中学走班排课教育项目，积极助力南安市教育行业2018年高考“走班制”的创新与变革。“走班”教育平台能助力校方实现课程结构重构，释放各种课程的潜在功能，使必修课与选修课优势互补、动态平衡。平台通过与学生综合素质评价系统的对接，还可挖掘每位学生的独特才智，为社会各界培养、输送各类高素质人才。

（二）搞好自我管理是基础

苏霍姆林斯基说过，只有能够激发学生去进行自我教育的教育才是真正的教育。重视学生的主体性发展是教育的基本取向,也是最终的导向。“走班制”的实施，使得学生进入“自己教育自己”“自己管理自己”的时代，德育要更加注重学生的自我设计和个体潜能的发挥，要寻求学生自主成长和自主参与活动的途径。学校需要重构顶层设计，形成学生自主管理框架，让学生自己也成为管理者，实现学生的自我教育、自我管理和自我服务。

1. 建立多级自主管理体系

自主管理是在学生自由民主基础上进行的一种有序化管理。学校必须要让学生懂得遵循学校、班级的制度去管理自己、管理班级。学校和班级要制订合理的制度，让学生用制度自觉约束、规范自己的行为。自主管理不是放任不管，而是由原来的直接管理变成了间接调控。学校、班主任对班级的间接调控主要是通过管理制度来实现的，因此，实施自主管理、自主教育就需要建立合理完善的管理制度。

第一，要强化学生的自主管理意识，促使其从被动遵从管理向自主管理的转变，这比管理者的放权更加重要。学生要在参与管理的过程中积极学习，培养自己自主生活和自我管理的能力。教师则要树立服务意识，平等对待每个学生，重视挖掘学生潜能，为学生提供个性发展的机会，形成宽松、融洽、健康的氛围。

第二，要成立相关机构或组织，如学生自主管理委员会等，让学生成为有实权的管理者，这实际上是在强调学生的自主性。学生应是活动过程的实际参与者，而不是简单的接受者，学生的自主活动不是执行已经安排好的内容,也不是形式化的行为操作和机械重复。要让学生成为活动的主体，发挥其能动性和创造性，鼓励和引导学生自己确定活动目标，自由选择活动对象，自主设计活动过程，自愿参加，自觉活动，自己对自己负责。

第三，组织内部要形成相应的规章制度，保障学生的自主管理，激发学生自主管理的意识和动力。

2. 让学生成为管理主体

在自主管理的过程中，学生的角色定位是核心问题。学生进入自主管理的角色需要达到三个层次：道德上的自立、学习上的自主、课堂上的自发。

学生自主管理的实施需要学校让学生成为主人。

第一，搭建自主管理平台。集体活动是培养学生参与管理意识的重要途径，无论是主题班会、节日庆祝会，还是各种文娱、体育、社会调查等活动，都是学生展现其才干的舞台。在活动中，教师要做必要的指导，让学生独立组织、设计和开展活动，在展现自己才华的过程中，不断增强参与管理的积极性和为集体服务的热情。集体活动能给学生以极大的心理满足和施展才能的机会，使学生能感受到自身的价值，从而激发学生参与管理的热情，锻炼学生自主管理的能力。

第二，建立健全多种评价制度。为实现学生自我管理、自我提升的目标，激发学生的工作热情，学校和班级要建立完善的考评机制。引导学生科学、正确地认识自我与评价自我，是促进学生不断发展的重要举措。例如，四川省双流棠湖中学从出勤和学业评价两个方面考评学生成员，从组织能力与创新能力两个方面考评学生干部，从而达到激励学生的目的。 每月、每学期、每学年，年级会对优秀自主管理委员会成员以及部门进行表彰，从而保障整个自主管理委员会的活力。要求各班自主管理委员会制订适合自己班情况的工作评价体系，通过多元化的量化评价系统，对班级自主管理委员会的日常工作情况做出客观评价，促进学生参与管理、共同进步、自我完善。

实践表明，在很多实施学生自主管理的学校里，学生的主人翁意识明显增强，学生的素养显著提高，学生的责任感逐步增强。走进这些学校，走近学生，你会感受到一种流动的生命活力。当然，学生自主管理的推行是全方位的学生管理改革，我们应该明确学生自主管理的基本定位，明晰自主管理与自主能力的关系，充分认识教师在学生自主管理过程中的指导作用，从而为学生的自主管理打造良好环境。

第三节 团队建设的优化势在必行

一、团队建设的基本概念及其意义

(一) 团队建设的基本概念

1. 团队的内涵

团队是一种特殊类型的群体。它由目标、人、定位、权限、计划等要素构成，团队成员具有相互依赖与协同、角色定位与责任分担、信息沟通与共享、自我管理与授权四大特点。团队成员在拥有大局意识、协作精神和服务精神的基础上，彼此承诺为共同目标而努力，创造“1+1 > 2”的实际效益。概括地讲，团队是指在工作中相互依靠，为特定结果共同承担责任的个体集合体。

2. 团队建设的概念

团队建设是指有意识地在组织中努力开发有效的工作小组，是企业在管理中有计划、有目的地组织团队，并对其团队成员进行训练、总结、提高的活动，是企业真正的核心竞争力。根据中小学学生的特点，在学校引入以团队建设为核心的班级管理模式，贴近实际，贴近学生，尊重学生自我教育的主体性，适应学生身心成长的特点，有利于学生主动接受教育，实现教育与自我教育、自律与他律、激励与约束的有机结合，有效增强了教育的实际效果。

3. 团队精神

团队精神是指团队成员与团队在目标统一的前提下，团队成员能够通过团结协作尽职尽责完成团队事务的意识，其外在表现为团队成员对团队有强烈的认同感、归属感。从心理学角度看，团队精神是大局意识、协作精神和服务精神的集中体现。团队精神的基础是尊重个人的兴趣和成就，核心是协同合作，最高境界是全体成员的向心力、凝聚力，反映的是个体利益和整体利益的统一，并进而保证组织的高效率运转。和谐的团队精神能够提高团队的凝聚力，增加团队对团队成员的吸引力，增强团队成员的归属感、使命感，是团队发展水平的重要标志，是团队产生高绩效的重要因素。

（二）团队建设的意义

1. 团队在建设中走向成熟

团队建设一般要经历四个阶段，分别是形成阶段、磨合阶段、凝聚阶段、成熟阶段。团队形成阶段主要是团队成员相互感知，建立共同目标，寻找合作的方式。进入团队磨合阶段，如果团队成员因存在不同意见而产生内部冲突，最终会通过沟通合作找到各自在团队中的角色和应担负的责任。一旦团队成员不再专注于自己的见解，而是专注于对通过何种规范和流程来完成工作达成了一致意见,团队就进入了凝聚阶段。在团队成熟阶段，团队成员相互信任和相互依靠，团队以高水准运行，作为一个整体来实现目标，团队精神充分彰显。

团队在不同阶段会表现出不同的特征，每种特征下的团队建设都各具特点，团队每个阶段的建设都有利于团队成员充分知悉团队各方面的信息，有利于构建团队共同愿景，有利于团队成员建立信任、和谐的人际关系，有利于团队精神的凝聚和形成。 团队就是在每个阶段的实践、建设、提升中循序渐进地走向成熟和完善的。

2. 团队在优化中前行

据调查表明，团队在建设、实践过程中存在目标认同度不高、沟通渠道不畅通、团队精神缺乏等问题，这些问题严重影响团队建设的发展，影响团队功能的彰显。另外，在“走班制”的教育背景下，班集体、学生、教师、班主任等团队易出现“管理真空”问题，使班级管理处于被动的局面。因此，团队建设的优化是为了适应挑战、迎接变化，是“选课走班制”下学校教育管理的需要，它有利于新时期全面落实立德树人的根本任务。

团队建设的优化需要明确团队的目标，并以团队成员的需求、认同为基础来制订目标，以提高团队目标的精准度、认同度；需要建立常态化的沟通方式，注重沟通细节，为沟通打通渠道，以保证团队沟通的高质量和高效性；需要培养共同的价值观，激励团队积极开展协同活动，以促进团队精神的形成与和谐。

目标更精准，沟通协作更畅通，团队更有凝聚力，能最大限度地将团队利益与个人利益紧密糅合起来，团队的导向、凝聚、激励、控制等功能能在团队建设中充分彰显，才能提高班级管理效能，培养团队成员的协作精神，促进团队建设在优化中走向和谐。

二、团队建设的优化

（一）团队建设的原则

团队建设的原则是指一个团队发展和构建中的大方向与总的准则。它是班级团队发展和完善的指导精神，也是班级团队构建的基石。

1. 导向性原则

班级团队建设必须依托于班级的目标定位。因此，要建立高效的班级团队，团队目标必须具有时代性、可行性、认同性、激励性，能集中体现团队成员的利益，并需不断更新、提升。比如，当接到一个学习成绩较差的新班时，一般可以这样制订班级目标：近期目标是在班上培养一批积极分子，“以点带面”；中期目标是分层评价，促使每个学生都能体会到学习的成就感，在学校的各项评比中努力争取优胜；远期目标是不以分数论成败，培养学生的学习兴趣，帮助学生养成好的学习和生活习惯，使他们具备指向发展核心素养的品质等。

2. 激励性原则

团队成员在工作时更多的是为了实现个人价值，是为了测评自己的能力，不是为了纯粹的经济目标。因此，团队成员会更加关注团队对自己的评价，加强团队的行为激励是团队建设的重要要求。如班级晨会，其实质就是一种教育，别具特色的班级晨会不仅可以让学生获取新知识，还能使他们充满信心地迎接随后而来的各种各样的挑战。晨会中，总结每天的得与失、小组之间的量化比较、小组展示活动等都是激励班级团队积极向上的有效方法。

3. 统一性原则

团队是组织的一种特殊形态，因此，团队建设也需要做好组织文化的塑造，即五个“统一”——统一的目标、统一的思想、统一的规则、统一的行动、统一的声音。这种统一性在班级建设中集中体现在班级文化如班名、班徽、班旗、班志、班服等方面。

4. 互补性原则

团队每个成员都要发挥自己的特长，互相学习，创建学习型组织，增强团队的综合竞争力。班级小组合作要遵循“组内异质、组间同质”的原则，每个小组的成员都要有学习优等生、文艺特长生、劳动积极者、学习暂差生等，成员之间优势互补，才能促进小组均衡和个性化发展。

5. 完整性原则

团队建设过程中，要充分考虑团队的目标、人、计划、定位和权限五大因素，缺一不可。任何团队都应该制订一个目标，没有目标的团队，就没有存在的价值。目标是由人员来实现的，因此，人员的选择决定了团队的作用和价值。在人员选择方面，要全面考虑道德、观念、思维、技能、知识、体能、性格等要素，避免和减少冲突，力求做到匹配、互补、和谐。在一个组织中，要对团队的角色、所处的位置、团队对谁负责、成员在团队中的角色、成员的构成及优化等有明确的认知，定位准确，才能顺利地开展工作。团队权限主要是指组织的活动范围以及团队拥有的权力或被组织赋予的权力。目标的实现，往往离不开多种资源的有效投入和合理使用，有时也需要其他团队的配合，因此团队做好计划、按时完成计划，可以为自己，也能为其他团队完成目标创造良好的基础。

（二）团队建设优化的策略和方法

团队建设源于企业界，教育领域借用这一理念，不但能实时解决教学现场出现的问题，更能以增能的方式为教育教学革新增添动力。

1. 班级学生团队建设的优化

一个优秀的班集体就是管理学上所说的卓越团队，优秀的班集体建设过程就是团队建设的例证。下面是“幸生班”团队建设的过程。

（1）立目标。任何团队，都应该制订一个目标或接受一个目标，这个目标可以为团队成员指引行动的方向，让团队成员明确存在的价值。没有目标的团队或失去目标、迷失目标的团队，不仅无法创造价值，甚至会给本团队、团队中的成员，以及关联团队带来重大损失。班级目标的确定不是班主任个人的事，需要教师、学生、家长等都参与确定目标的过程，让每位成员认同目标并愿意为目标的实现付出努力。团队目标是团队行动的指南，也是团队精神的具体体现。精心构思团队目标，让团队时时为团队目标所激励，对班级管理至关重要。班级建设之初，我们通过“我想握住你的手，我们都是好朋友”的问卷调查等方式，调查全班学生对班级的期待，通过主题班会课“我的班级我做主”，学生、家长、教师一起制订了班级目标，确定了我们班级的名字“幸生家园”——学会幸福地生活是我们共同的价值追求。

（2）建纽带。首先是任命班干部，组建班干部队伍。班级干部队伍是一个班级的精神主导力量。健康的班级干部队伍及其良好的精神风貌，不仅会使班级的各项管理井井有条，也会带领全班学生团结协作、锐意进取，对良好班风的形成、班级凝聚力的提升起到至关重要的作用。

其次是调动班级成员参与班级管理的积极性，大家共同制订各项班级管理制度，以建立良好的班级秩序，形成健康的班级风气。我们制订了团队管理制度：根据学生学习成绩、纪律表现、个性特点把全班 36 位同学分成 6 个组并分别取名。每个小组设置正、副组长，负责组内成员学习、纪律、卫生等日常事务；班主任和学生委员定期对各小组进行评比，确定团队受奖或者团队受罚，淡化学生的个体竞争，促进小组合作、互相学习，增强学生的集体意识和荣誉感。

我们还创设了“名片 CEO”岗位责任制度：设立“校园环保 CEO”“家园环境卫士 CEO”“学习 CEO”“板报 CEO”“天使美化 CEO”“健儿体育 CEO”等岗位，制作了个性鲜明的名片，明确班委会、课代表、卫生委员、纪律委员等的职责，使得班级每一份工作都有人负责，使学生在自己的岗位上知责任、明责任、负责任，突出了学生的主动性，实现了学生的自我服务、自我管理、自我教育。

我们制订了“以人为本、持续发展、守望幸福”的特色班规。我们制订了班级公约，引导全体学生分析本班实际，在此基础上讨论并制订适合本班特点的各项规章制度。这样的“公约”学生不觉得是权威强加的，而认为是“自己的”，应该遵守的。这种对规范的认同心理，让学生乐于遵守班规，并自觉用规范调控自己的行为。

（3）兴舆论。班级有正确的舆论才能变散为聚。班主任要有意识地培养班级的正确舆论，营造独具特色的班级文化。班级文化建设重在过程，要使每一位学生都能参与、有所感受、形成认同感。让学生做班级的主人，人人都是班级的管理者，把班级还给学生。付出才有爱，因此，教师应该努力创造让学生为班集体流汗、流泪的机会。班集体要创造显性文化，在我们班的门口，首先吸引你的就是“潜能拓展　幸生家园”八个艺术字；教室里六组课桌摆放整齐，体现了班级的团队精神；窗台上是娇艳欲滴的花草；前面的黑板上方是我们的班训“学得漂亮、玩得精彩”；后面的黑板上方是我们的口号“让幸生家园因我的存在而感动”……

班集体要用文化来涵养学生，要用精神来引领学生。我们共同创作了班歌《幸生永记心间》：清晨美丽阳光，挥动幸福翅膀，幸生给我坚强的力量，抖落彷徨，学会坚强，试着随风去勇敢飞翔。勤学严以修身，自信乐观向上，幸生精神指引我方向，肩负理想，去创造辉煌，团结点亮未来的希望。一起乘着风，飞向我们的未来，一起去翱翔，创建红色未来，幸生班有你，成功就会不远，不怕经历挫折和失败。美丽中国梦，又是一个新起点，一起去点燃，幸生红色明天，用爱心共建我们的未来，安幸生精神永记心间。

（4）抓活动。我们组织学生开展了“体验幸福”系列主题活动。没有活动，就没有德育，班级活动是最具魅力的德育。我们谨记陶行知先生的话，“人人是创造之人，天天是创造之时，处处是创造之地”，积极开展丰富多彩的活动，力求为学生提供美好生活的起点，留下学生幸福生活的回忆；“幸生家园”设计了以幸福为主题的一系列活动，如营造幸福的活动“夸夸身边的同学”征文活动、“我爱‘幸福家园’”演讲活动，提升幸福能力的系列活动“感恩父母”主题班会、“感动‘幸福家园’”主题班会，体验幸福的社会实践活动“走进身边英雄——安幸生”祭扫活动、“党徽普照幸生家园”绣党旗、唱红歌主题活动、参观周恩来邓颖超纪念馆等。

2. 班级教师团队建设的优化

苏联教育家马卡连柯主张依靠教师集体的力量培养学生集体。他说:“应该有这样的教师集体：有共同的见解，有共同的信念，彼此间相互帮助，彼此间没有猜忌，不追求学生对个人的爱戴。只有这样的集体，才能够教育儿童。”

然而，长期以来，班主任成为班级管理的唯一执行者，尽管全员育人的理念一直被呼吁和提倡，但实际上科任教师关心的仍然是学生的学科学习情况，而学生的思想道德教育基本上是班主任承担。造成这样的局面，学校管理模式的陈旧难辞其咎，因此我们呼吁：班级教师团队建设和优化势在必行。

班级教师团队就是同一个班级的班主任和科任教师组成，以班主任为首，科任教师全员参与的团队。他们以促进学生全面发展为共同目标，依靠不同学科知识和技能，互助，互信，形成教育合力，不断提高教育教学工作绩效，促使学生学好每一门课程，全面提高素质，师生共同获得丰富的情感体验。班级教师团队建设是在对学生教育、班级管理中形成和优化的。在班级教师团队建设中要注意以下几点。

（1）统一目标。没有目标的团队不可能成为一个高绩效的团队。班级教师的共同愿景是调动教师积极性的力量所在，对教师团队建设具有启动、导向、激励、聚合等功能。以下是我和七年级（3）班全体教师制订的班级教育管理的总体目标和阶段目标。

内容	七年级	八年级	九年级
班级特色	潜能拓展·寻自信	修身储能·增实力	放飞梦想·享成功
德育	礼仪规范养成教育	青春期心理健康教育	理想信仰教育
智育	各科成绩名列前茅	各科成绩学校第一名	普通高中升学率60%
体育	开展与篮球相关的各种特色活动	参加区级运动会，为校争光	中考体育分数年级第一，12分满分率50%，平均分11分
班级教师团队建设	加强了解，服务教师	调整规范阶段，分享资源，加强凝聚力	成熟阶段，默契合作，分享成功

这个目标是在和科任教师协商、认同的基础上制订的，能够帮助班级全体教师把握班级教育管理的方向，有意识地不断协同合作，使班级整体情况积极有序地朝着既定目标发展。

（2）相互沟通。在班级教育教学工作中，教师间及时传递信息、进行有效的沟通交流是极为重要的。教师如能及时交流学生的家庭情况、个性特点、各学科学习状态，对于科任教师因材施教，取得事半功倍的教学效果是极有帮助的。

开学第一周，我约齐了本班科任教师召开了“班情会”。我向科任教师汇报了上学年的班级情况和新学年的计划，听取了科任教师对班级管理的意见和建议，制订了近期和长远的班级管理计划、学困生和后进生的帮教计划，协调解决了一些班级具体问题，统一了要采取的策略，充实和完善了班级的管理措施。这样的“班情会”，每学期我都会召开好几次，有时候还邀请家长共同参与，这样科任教师就可以将商定的各项目标渗透于平时的教学与课堂管理中，这种管理合力比起教师各自为战，效果不言而喻。

班主任与科任教师能否配合得好，关键是二者之间能否在思想上达成共识。因此，思想交流必不可少。科任教师最能体验到班级工作的优劣，作为班主任要认真听取科任教师的提醒、建议甚至批评，要直面自己工作中的失误，并及时修正。班主任也可以反馈学生对科任教师的意见和要求，帮助其提高课堂教学效果，达到共同进步、共同提高的目的。

（3）协同合作。一个好的团队往往能够做到团队成员的合理分工、协作，根据每个人的特长进行分工，力求让合适的人在合适的岗位上工作。让团队中每个人都可以施展个人才华，为成员提供个人发展的平台。

九年级下学期的体育中考即将来临，体育老师很着急，一个年级 160 多人，很多学生的体育锻炼教师一个人盯不过来，对他们的成绩很担忧。体育测试分三部分：第一部分是男子 1 000 米、女子 800 米跑，这是必考的；第二部分是 50 米、跳绳；第三部分是抛实心球、仰卧起坐。据了解，学生其他基本没有问题，但大部分学生的 1 000 米跑和 800 米跑不及格。针对这种情况，我主动帮助体育老师组建了班级长跑小分队，利用早晨时间，我们开展了“一带一跑”“背包负重跑”“集体拉歌跑”等活动，还创作了“跑步打油诗”：早晨起来跑一跑，强身健美疗效好；挑战自我负重包，坚持不懈不得了。经过 3 个多月的训练，我班学生的耐久跑项目取得突飞猛进的成绩，在体育中考中取得了优异的成绩，体育老师也为我们班的优秀表现点赞。我的这些举措帮助学生获得了成功，又让大家体验到了成功的喜悦，学生们既在晨跑中锻炼了意志力，也在体育中考中提高了成绩，还使班集体的凝聚力和团队精神得到了增强。

协同合作能够增强教师的归属感、满足感和团队荣誉感，进而产生为团队增力的作用。

（4）氛围营造。我们可以通过组织培训、户外拓展来增强教师的合作意识，让教师深切体会团队合作的重要性，自觉为团队效力。

在七年级的学习结束时，我举办了“感动幸生家园”的主题活动。我将一年来学生在校的照片制作成视频《梦想开始的地方》，有他们军训时的照片、运动会上呐喊加油的照片、班会课活动时的照片、艺术节表演的照片、教师给他们上课的照片……在《幸生班歌》的歌声中，大家一起回顾这一年共度的时光。这一年来的一幕幕在脑海中闪过，忘不了加班加点给学生补课的辛劳，忘不了运动会上和学生一起加油呐喊的激动，更忘不了师生共同创造年级第一成绩时的那份喜悦……最后一个环节，每个学生给班级每一位教师宣读颁奖词，教师和学生都流下了幸福的眼泪。正是因为班级科任教师团队不断沟通协作，才有了今天的成绩。我们的教师在无私付出后享受教学成绩回报的同时，更感受到了同事共同奋战、共享成功的快乐。

实践表明，班级教师团队建设有利于班级凝聚力的形成，有利于发挥“1+1>2”教育效应，有利于教师的专业化发展，有利于学生综合素质的全面发展和提升。

参考文献

1. [苏]马卡连柯．马卡连柯全集（第五卷）[M]. 刘长松，等译．北京：人民教育出版社，1956.

2. 方明．陶行知名篇精选（教师版）[M]. 北京：教育科学出版社，2006.

3. 胡晓风，等．陶行知教育文集 [M]. 成都：四川教育出版社，2005.

4. 唐云增，李鸿基，陈锡生．中小学班集体建设经验全书 [M]. 银川：宁夏人民出版社，1999.

5. 唐云增．一万个日日夜夜——全国班集体建设研究三十年（1983～2013）[M]. 南京：江苏凤凰科学技术出版社，2015.

6. 李建民．班主任工作心理学 [M]. 北京：学苑出版社，1999.

7. 龚浩然，黄秀兰．班集体建设与学生个性发展 [M]. 广州：广东教育出版社，2002.

8. 陈瑞瑞．德育与班主任 [M]. 北京：高等教育出版社，2004.

9. 华东师范大学教育系．马克思恩格斯论教育 [M]. 北京：人民教育出版社，1996.

10. [德]马克思，恩格斯．马克思恩格斯选集 [M]. 北京：人民出版社，1995.

11. 李永生．和谐班级的建设：班级中的交往与互动 [M]. 广州：广东教育出版社，2007.

12. 全国比较教育研究会，全国教育史研究会．马卡连柯教育思想研究论文集 [M]. 北京：北京师范大学出版社，1988.

13. 王宝祥，牛志强，陈燕慈．实用班主任辞典 [M]. 北京：中国工人出版社，1992.

14. 邱伟光，张云．新编大学德育 [M]. 上海：复旦大学出版社，2003.

15. 赵玉如．集体教育 [M]. 北京：科学教育出版社，1999.

16. 天津市教育委员会德育处，天津市中小学德育工作者协会．智慧的爱：班主任自己的故事 [M]. 天津：新蕾出版社，2005.

17. 李振村．教师的体态语言 [M]. 北京：教育科学出版社，2011.

18. 班华，等 . 发展性班级教育系统 [M]. 南京：南京师范大学出版社，2000.

19. 郑立平 . 从教学走向教育——16 位名师的育人之道 [M]. 天津：天津教育出版社，2014.

20. 闫学 . 跟苏霍姆林斯基学当班主任 [M]. 北京：教育科学出版社，2010.

21. 陈宗福，卢万选，等 . 现代培训教学方法 [M]. 北京：中国石化出版社，2013.

22. 徐钢泓 . 认识你自己 [M]. 呼和浩特：内蒙古人民出版社，2000.

23. 魏所康 . 主体教育论：主阵地课堂与主体性教学 [M]. 南京：河海大学出版社，1999.

24. 邓宏 . 适合　创生　卓越——走班制分层教学的实践与思考 [M]. 重庆：西南师范大学出版社，2016.

25. 樊艳芳 . 浅谈我国集体主义教育的新思路——马卡连柯的集体主义教育理论对我国思想政治教育的启示 [J]. 学理论，2009（22）.

26. 聂存虎 . 对社会转型期集体主义价值观重新建构的几点反思 [J]. 探索，2007（03）.

27. 刘丹 . 试论班级学生干部“139”组织机构管理模式 [J]. 科学咨询（教育科研），2015（10）.

28. 陈辉 . 孩子们　让我们携手奋进——班级目标管理法心得 [J]. 教育教学论坛，2014（12）.

29. 肖家芸 . 以温馨班级建设培育爱心 [J]. 中国德育，2008（12）.

30. 潘笑也 . 蒙以养正——小学六年一贯制班集体建设实践探索 [J]. 班主任，2017（08）.

31. 陈惠文 . 让师生、生生关系生动而温暖 [J]. 广东教育（综合），2017（12）.

32. 帅飞飞，李臣之 . 米德符号互动理论的教学意蕴 [J]. 教育理论与实践，2017（07）.

33. 李太，涂乙冬，李燕萍 . 团队中的关系、迎合与职业成功——基于戏剧理论的解释框架 [J]. 南开管理评论，2013（02）.

34. 冯梦阳 . 感情融洽是班级认同的核心 [J]. 教育实践与研究（A），2018（02）.

35. 周玉娟 . 论“以人为本”的教育理念 [J]. 文教资料，2012（22）.

36. 胡麟祥 . 班集体建设的过程和基本策略——现代班集体建设系列讲话之五 [J]. 中国德育，2007（06）.

37. 陈亚球 . 以人为本，缔造和谐班集体——有关班主任对班级管理策略的探讨 [J]. 中国科教创新导刊，2009（11）.

38. 罗国杰 . 弘扬集体主义精神 [J]. 复印报刊资料（思想政治教育），1993（09）.

39. 於进华 . 班级管理也需创新 [J]. 师道，2005（01）.

40. 黄丽云 . 浅谈小学班主任班级管理的创新及实践 [J]. 语文学刊，2012（22）.

41. 刘璐，曾素林 . 美国高中选课走班制的历史、现状及启示 [J]. 教育探索，2017（05）.

42. 任学宝 . 新高考背景下如何实施选课走班教学？——基于杭州师范大学附中的实践与探索 [J]. 教育测量与评价，2016（04）.

43. 黄斌 . 全员导师制下教师德育专业发展路径探新——基于普通高中课程改革的研究与思考 [J]. 中小学德育，2018（02）.

44. 邵河根，雷虹彩 . 演绎集体智慧：河南省鹤壁市淇滨中学探索“班主任组合制”[J]. 中国德育，2015（05）.

45. 曹彦彦 . 1+1+1>3: 解读北京古城中学每班三位班主任制度 [J]. 中小学管理，2012（10）.

46. 邢思珍 . 诺丁斯关心理论对小学德育的启示 [J]. 教学与管理（小学版），2009（17）.

47. 李家成 . 莫以丢弃中国教育特色为“教育改革”[J]. 中国德育，2014（19）.

48. 肖川 . 日常生活中的教育学 [J]. 人民教育，2004（07）.

49. 霍晓宏 . 关注师德 [J]. 天津教育，2013（01）.

50. 张旭宁 . 走班制下“班主任 +”育人力量的整合 [J]. 教学与管理，2018（19）.

51. 文覃，罗晗 . 选课走班制下学生自主管理策略研究——“四川省双流棠湖中学选课走班制下班级管理”个案分析 [J]. 教育科学论坛，2017（11）.

52. 邱祥莺 . 以人为本的道德教育研究 [D]. 江西师范大学，2006.

后 记

多年的德育研究与实践,使我深知集体教育独特的魅力。从2009年开始,我就萌生了编撰一本关于集体教育专著的想法，而且拟订了该书的基本框架。鉴于该选题的难度以及本人诸多工作需协调等原因，在很长一段时间内，没有集中主要精力去研究、思考、攻关，但这个想法始终没有动摇过。2014 年 6 月，光明日报出版社出版了由本人主持撰写的专著《集体教育新视界》；2016 年年底，在《集体教育新视界》的基础上，我正式启动了本书的编撰工作。从《集体教育新视界》到本书,可以说是我认识上的一次升华。2017 年年初，同北京凤凰师轩文化发展有限公司签订了组稿协议。经过近 10 年的酝酿、策划、编撰、修改，今天，这本书终于和读者见面了，我如释重负，甚感欣慰。本书凝结了整个团队的艰辛和睿智，它是集体劳动的结晶：第一章、第二章由李德善先生撰写；第三章、第六章由叶雨润校长撰写；第四章由张国良主任撰写；第五章由李颖主任撰写；第七章、第九章由林茂主任撰写；第八章由柳立新老师撰写。

在编撰过程中，林茂主任、张国良主任对全书进行了统审、修正和完善；徐绍艳老师对全书进行了认真的审校。另外，北京市大兴区教师进修学校、新疆和田地区第二中学、安徽省亳州市第一中学南校以及天津市蓟州区桑梓镇中心小学、天津市宝坻区第一中学、天津市宝坻第九中学、天津市河头学校、天津市北辰区沿河小学、天津市北辰区李咀小学也对本书的编辑、组稿做了大量的工作，在此，一并表示深深的谢意！

限于水平、能力，本书定有许多不当之处，敬请各位领导、专家、同行批评指正。